KB113512

위대한 사람들의

위대한 정신

이 민 수 지음

위대한 사람들의
위대한 정신

이 민 수 지음

철학과현실사

책머리에

사람은 누구나 좋아하는 말이나 표현 한두 가지쯤 있기 마련이다. 필자가 좋아하는 말은 멋, 행복, 자존감, 위대함 등이다. 이중에서도 가장 좋아하는 표현은 '위대함(greatness)'이다.

일반적으로 볼 때, 위대하다는 것은 평범한 것과는 거리가 멀다. 위대한 것은 평범한 것, 일반적인 것, 보통의 것을 뛰어넘는 비범함(extraordinariness)을 담고 있는 것처럼 생각되기 때문이다. 필자가 위대함이라는 표현을 좋아하는 까닭은 스스로가 평범한 사람이어서인지 비범함에 대한 부러움과 동경 탓일 게다. 하기야 세상에 그 누군들 비범함을 부러워하지 않을 사람이 있겠는가?

그런데 실제로는 위대함과 비범함은 서로 다른 범주 속에 있는 말이다. 비범(非凡)하다는 것은 글자 그대로 평범하지 않은 것, 그래서 보통 사람들로서는 결코 도달할 수 없는 특출함을 뜻한다. 또 사실 비범한 사람들 가운데 위대한 인물도 많다. 하지만 이것이 비범한 사람은 모두 위대하다든지, 혹은 평범한 사람은 결코 위대한 사람이 될 수 없다든지 하는 의미를 함축하는 것은 아니다.

비범함과 위대함의 차이는 다음 두 가지 점에서 찾아볼 수 있다. 첫째, 비범하다고 할 때는 보통 사람으로서는 결코 도달할 수 없는 간극이 있지만, 위대하다고 할 때는 평범한 사람들도 그 대열에 오를 수 있다는 점이다. 예컨대, 비범한 인물로서 플라톤이나 모차르트 대열에는 똑같이 비범한 인물로서 칸트나 쇼팽을 꼽을 수 있고, 또 나폴레옹 같은 천재적 군인의 대열에는 카이사르나 알렉산더처럼 특출한 군인을 꼽을 수 있다. 하지만 평범한 학자나 음악가, 군인은 누구도 그 대열에 합류할 수 없다. 비범함과 평범함 간에는 결코 넘을 수 없는 간극이 있기 때문이다.

그렇지만 위대함의 경우는 다르다. 링컨과 이순신은 누구나 인정하는 위대한 정치가와 군인이지만 그들이 처음부터 비범한 정치가와 군인으로 주목받은 것은 아니었다. 그들은 평범한 사람들이 겪었던 숱한 실패와 좌절을 겪은 후에야 위대한 인물의 대열에 합류했던 것이다. 이렇게 볼 때 위대함과 평범함은 너무나 큰 거리가 있는 것은 사실이되, 결코 넘을 수 없는 간극은 아닌 것이다. 비범함과 평범함은 서로 반대 개념이지만 위대함과 평범함은 결코 반대 개념이 아닌 것이다. 아직은 평범한 인물에 불과할지라도 때가 되면 위대한 인물로 거듭날 수 있는 가능성이 있는 것이다.

물론 초기에는 평범한 인물에 불과했지만 훗날 비범한 대가(大家)의 반열에 오른 인물도 없는 것은 아니다. 베토벤과 아인슈타인, 에디슨이 그 경우라 할 수 있다. 이들의 초창기는 평범하다 못해 그보다도 낮은 수준이었다. 이들에 대한 평가는 두 가지로 나뉜다. 타고난 천재성이 뒤늦게 발휘된 경우라는 것과, 끊임없는 노력으로 대가의 대열에 올랐다는 주장이 그것이다. 전자라면 비범함의 경우요, 후자라면 위대함의 경우다. 어느 경우건 이들은 모두 위대한 인물임에 틀림없기에 이에 대한 논의를 계속하지는 않겠다.

비범함과 위대함의 두 번째 차이점은 결과에 대한 평가에 있다. 비범한 재능을 가진 이들 가운데 위대한 인물로 꼽히는 경우가 적지는 않지만, 그렇다고 해서 비범함이 반드시 위대한 결과를 가져오는 것은 아니라는 것이다. 천재 음악가나 문필가, 과학자의 경우 비범한 인물로서 역사에 기록될 수는 있다. 하지만 그들 가운데 정작 위대한 음악가나 문필가, 과학자로 꼽히는 경우는 그리 많지 않다. 위대하다고 할 때는 세상을 변화시킬 만한 업적을 남기거나, 훌륭하거나, 혹은 그렇게 말할 수 있는 또 다른 이유나 근거가 있어야 하기 때문이다.

세상에 남긴 훌륭한 업적이라는 이 평가야말로 평범한 사람도 위대한 인물의 대열에 오를 수 있게 하는 요인이다. 평범한 사람은 결코 비범한 인물일 수는 없지만, 평범함을 뛰어넘어 위대한 인물로 거듭날 수 있다는 근거가 이것이다. 필자가 '비범한'이라는 말보다는 '위대한'이라는 표현을 더 좋아하는 까닭도 여기에 있다.

이 책에는 많은 위대한 인물들의 사례가 담겨 있다. 이들 가운데는 비범한 인물로서 위대한 사람의 대열에 오른 천부적 재능의 소유자도 있지만, 비범함과는 거리가 먼 보통 사람으로서 위대한 업적을 이루어낸 인물들의 경우도 있다. 그렇다면 이들 평범한 사람들을 위대한 인물의 대열에 오르도록 만든 것, 즉 그들로 하여금 그만한 결과물을 남기도록 한 힘은 과연 무엇이었을까? 필자는 그 힘을 그들이 지녔던 정신에서 찾고자 하였다. 그리하여 그 정신을 '위대한 정신'이라고 부르고자 하는 것이다.

이 책에 수록된 어떤 사례는 사회적인 업적이라기보다는 개인적인 경우도 있어서 이것을 과연 위대하다고 할 수 있겠느냐 하는 의문을 제기할 독자들도 있을 것이다. 하지만 비록 개인적인 성과의 경우라 할지라도 그들이 처했던 상황에서 일구어낸 결과가 보통 사람이라면 결코 해낼 수 없는 것들이기에 '위대한 사람'이라는 표현도 과하지 않을 것이라 생각된다. 이 책의 제목을 '위대한 사람들의 위대한 정신'이라고 한 까닭이 여기에 있다.

정신의 힘은 많은 경우에 불가능한 것으로 생각되는 일을 가능하게 한다. 결코 이길 수 없는 전투에서 승리를 이끌어내게 하고, 인간의 힘의 한계라는 절대치를 뛰어넘게도 하며, 심지어는 현대 의학이 포기한 불치병 환자를 되살려내기도 한다. 일종의 기적인 셈이다. 이처럼 우리가 소위 기적이라고 일컫는 일들을 정신의 힘은 종종 해낸다. 이 힘을 위대하다고 말하는 까닭이 여기에 있는 것이다. (하지만 진정한 의미에서 정신의 힘을 위대하다고 말하는 것은 결코 이것만이 아니다. 정작 이 힘을 위대하게 하는 것은 다른 데 있다. 이것에 대해서는 이 책의 결론인 에필로그에서 논할 것이다.)

이 책의 주제가 되고 있는 위대한 정신의 힘들, 충성, 용기, 명예, 신념, 무퇴(임전무퇴), 애국은 전장에 임하는 군인들에게 요구되는 필수 덕목들로서, 이른바 군인정신 6대 요소다. 하지만 책에 수록된 많은 사례들이 보여주듯이 이 정신들은 군인에게만 요구되는 덕목들이라고 할 수는 없다. 이 정신을 구비할 때 군인들은 전쟁에서 승리할 가능성이 크다는 사실이 이 덕목들을 군인 정신이라 부르게 하지만, 실제에 있어서는 인간사 어느 곳에서건 똑같이 필요하고 중요하게 쓰일 수 있는 덕목들이기 때문이다. 그래서 필자는 이 덕목들에서 과감히 '군인'의 의미를 빼고자 하였다. 이 정신들의 힘을 보여주는 많은 사례를 군인의 사례보다는 가능한 한 일반인들의 사례에서 찾아 이 책에 담은 까닭이 여기에 있다.

그러므로 충성, 용기, 명예, 신념, 무퇴, 애국 등, 이 정신들은 위대한 군인은 물론이요, 위대한 리더, 위대한 사람이 되기를 꿈꾸는 모든 이들에게 요구되는 필수 덕목들이라고 말해도 좋을 것이다.

모쪼록, 이 책에서 다루어지고 있는 위대한 정신들과, 이 정신의 힘을 입증하기 위해 수록된 많은 사례를 통해 독자들이 정신력의 위대성을 믿고 그 힘을 실천하는 기회를 갖게 된다면 필자로서 그보다 더 큰 보람은 없을 것이다.

2014년 2월
어학원 교정에서 이민수

차 례

제2부 위대한 정신, 용기

제4부 위대한 정신, 신념

15

제 1 부

위대한 정신, 충성

제1장 충성의 참다운 의미와 근거

조직의 리더에게 있어서 충성의 덕목만큼 중요한 것은 없다. 어떤 조직이건 조직은 목표를 갖고 있으며, 그 목표달성을 위해 강조되는 가장 중요한 덕목이 충성이기 때문이다. 하지만 리더가 아니라 평범한 구성원이라 할지라도 충성의 덕목은 필요하다. 조직의 목표를 성공적으로 달성하는 데 있어서는 리더뿐만 아니라 구성원들의 충성이 절대적인 힘을 발휘할 것이기 때문이다.

그렇지만 충성은 그 의미를 정확하게 이해하지 못한다면 조직을 위험에 빠뜨릴 수도 있다. 잘못 오해된 충성으로 말미암아 무조건적인 충성이 강요된다면 충성병이 만연할 수도 있고, 그로인해 조직의 윤리 자체가 와해될 수도 있기 때문이다.

이 장에서는 충성의 참다운 의미가 무엇인지, 그 특징과 대상은 무엇인지, 충성의 근거는 무엇인지를 살펴보고, 참다운 충성이 아니라 그릇된 충성을 불러일으키는 조직의 잘못된 가치 현실에 대해 군조직을 중심으로 비판적 관점에서 고찰하고자 한다.

1. 충성의 의미와 특질

모든 조직에서도 그렇지만, 충성은 특히 군인에게 있어서 가장 중요한 덕목이다. 군의 존재 이유가 궁극적으로는 전쟁의 승리에 있기 때문이다. 군대가 만약 충성심이 없는 군인들로 구성된다면 전쟁에서 승리할 수 있겠는가? 결단코 그럴 수는 없다. 충성이 군에서 강조되는 까닭이 여기에 있다. 그렇다면 충성은 구체적으로 무엇을 의미하는가?

국어사전을 보면 '충성(忠誠)'은 "참 마음에서 우러나는 정성"이라고 되어 있다. 이것은 중국 유학자인 주자(朱子)의 말에서 유래한 것으로 보인다. 주자는 진기지위충(盡己之謂忠)이라고 하였다. 즉 "자기 자신의 정성을 다하는 것이 충성"이라는 것이다. '충(忠)'이 본래 정성을 다한다는 뜻이고 '성(誠)'이 참된 마음을 의미하니까, "참된 마음으로 정성을 다하는 것"이 충성이라는 것이다. 하지만 충성의 이와 같은 해석은 문제가 있다. 충성을 바쳐야 할 대상이 무엇인지에 대해 아무런 언급이 없기 때문이다.

이런 점에서 충성의 의미 연구에 많은 노력을 기울였던 미국의 철학자 로이스(Josiah Royce)의 견해를 살펴볼 필요가 있다. 로이스는 충성에 대해 정의하기를 "대의명분을 위해 자기 자신을 기꺼이 헌신하는 것"이라고 말한다. 이때 대의명분이란 로이스에 따르면 참다운 가치(real value)다. 즉 참다운 가치를 위해서 기꺼이 헌신하는 것, 그것이 충성이라는 것이다.

그런데 충성의 뜻을 이렇게 본다면 충성은 한 가지가 아니라 여러 가지가 될 수도 있다. 왜냐하면 참다운 가치를 갖고 있는 대상은 여러 가지가 있을 수 있기 때문이다. 내가 존경하는 상관은 참다운 가치를 가진 대상이다. 내가 몸담고 있는 부대나, 내가 살고 있는 국가도 물론 참다운 가치를 가진 대상이다. 내가 믿고 있는 종교도 참다운 가치가 있고, 인류가 바라는 세계평화도 분명 참다운 가치가 있는 대상이다. 결국 참다운 가치가 있다는 점에서는 똑같겠지만 대상이 무엇이냐에 따라서 충성도 여러 가지가 있을 수 있다는 말이 된다.

이것이 충성의 특징인데, 문제는 대상이 여럿이다 보니 때에 따리시는 '잘못된 충성'도 생긴다는 것이다. 물론 참다운 가치를 대상으로 삼는 충성은 '참다운 충성'이겠지만 실제로 우리 사회에는 잘못된 의미의 충성도 적지 않게 존재한다고 해야 할 것이다. 예를 들어보자.

1980년대 중반에 조직폭력배들 간에 집단 패싸움이 일어났고 여러 사람이 죽었다. 그런데 그때 사용됐던 흉기가 이른바 '사시미' 회칼이었기 때문에 당시 이 사건은 사회적으로 큰 물의를 일으켰다. 사람을 회칼로 무자비하게 난도질했다는 점에서 사람들의 관심이 집중된 것이다.

그때 살해 용의자로서 한 조직의 행동대장이 체포됐는데, 그 사람을 TV에서 지켜봤던 많은 사람들은 놀라움을 금치 못했다. 그 행동대장의 태도 때문이었다. 그 사람은 회칼로 사람들을 잔인하게 죽이고도 검거됐을 때 조금도 반성이나 후회의 빛이 없어 보였다. 오히려 보스의 명령에 따른 행위였기 때문에 자신으로서는 마땅히 해야 할 의무를 다한 것으로 당당하다는 태도였다. 법정에서도 그는 자신의 행위가 조직과 두목에게 충성을 다한 것이었고, 그래서 조금도 후회가 없다고 진술하였다.

이 사람의 경우는 어떠한가? 과연 그는 충성의 덕목을 지니고 있는 인물이라고 할 수 있는가? 어떤 사람은 그를 보고 남자답고 멋있다고도 할지도 모른다. 갱스터 무비나 폭력소설을 즐겨 읽는 일부 청소년들은 그와 같은 인물을 충성심이 강한 자라고 생각하기도 할 것이다. 그리고 그를 사나이다운 의리의 소유자로 생각해 본받고 싶다고 여길지도 모른다.

하지만 이 사람의 충성은 결코 참다운 충성이 아니다. 잘못된 충성, 그릇된 충성이다. 충성의 참 의미는 참다운 가치를 위해 자기 정성을 다하는 것인데, 폭력조직이나 그 두목이 참다운 가치가 있는 존재라고는 말할 수 없기 때문이다. 폭력조직은 불법적인 집단이고, 따라서 그 보스 또한 범죄조직의 일원으로서 사회로부터 지탄받는 대상이기 때문이다. 그럼에도 불구하고 청소년들이 그 같은 인물을 충성스러운 인물로서 본받고자 한다면 사회의 심각한 문제가 아닐 수 없다.

반면에 하얼빈에서 이토 히로부미를 사살한 안중근 의사의 경우는 어떠한가? 똑같은 살인행위였지만 안의사의 행위는 조국을 위한 애국적인 충정에서 비롯된 것으로서 참다운 충성의 사례라고 할 것이다. 비록 일제의 강점기에서 수난을 당하고 있었을지라도 대한민국은 합법적인 국가로서 참다운 가치를 지닌 존재이기 때문이다. 조직폭력배의 살인행위와 안의사의 저격행위는 근본적으로 다르다. 폭력배의 행위는 참다운 가치를 대상으로 삼고 있지 않은 잘못된 의미의 충성이요, 안의사의 행위는 참다운 가치를 대상으로 삼고 있는 참다운 충성인 것이다.

요컨대, 참다운 충성이냐 아니냐 하는 것은 그 대상이 참다운 가치를 가졌느냐 아니냐에 달려 있다는 것이다.

이처럼 충성은 반드시 대상을, 그것도 참다운 가치를 지닌 대상을 필요로 한다는 특징을 가지고 있다.

이것 이외에도 충성은 또 다른 특징을 갖고 있는데, 그것은 충성은 마음에서 우러나오는 것이지 결코 강요에 의해서 이루어지는 게 아니라는 것이다. 가령, 어떤 사람에게 충성을 다한다고 할 때, 자신의 정성을 다해 그 사람을 위하는 것이 충성인데, 그때 그 정성이 강요나 강제로 이루어질 수 있겠는가 하는 것이다. 그것은 결코 불가능하다. 참마음에서 정성을 다하는 것이 충성의 속성인데 어떻게 강제나 강요가 있을 수 있겠는가?

바로 이 점에서 충성은 복종과는 다르다. 흔히 충성과 복종은 같은 개념으로 쓰인다. 충성스러운 부하라면 복종 잘하는 부하다. 상관의 말을 따르지 않는 부하를 어떻게 충성스럽다고 하겠는가? 그래서 충성과 복종은 일반적으로 같은 뜻으로 사용되고 있다.

하지만 이것은 잘못된 일이다. 충성과 복종은 다른 개념이다. 복종은 우러나오는 복종도 있지만 강압적인 복종도 가능하다. 군에서 가장 강조되고 있는 복종의 의미도 실제로는 강압적인 것이 대부분이다. 하기 싫어도 어쩔 수 없이 따르는 것, 그것이 군에서의 복종인 것이다. 안 하면 처벌받게 되니까 할 수 없이 따르는 것, 그것이 군대건 사회건 복종의 실제 의미라 해도 과언이 아닐 것이다.

하지만 충성은 그렇지 않다. 강요된 충성이란 있을 수가 없다. 강요된 충성이란 용어부터가 잘못이다. 충성은 오직 우러나오는 (inspired) 충성만이 있을 뿐이다. 만약에 충성과 복종이 같이 쓰일 수 있다면 강요된 복종이 아닌, 우러나오는 복종의 경우만이 정당하다 하겠다. 스스로 우러나오는 복종의 경우만이 충성과 같은 의미라고 할 것이다.

2. 충성의 대상들

충성의 참 의미는 참다운 가치를 위해 정성을 다하는 것이라 하였고, 그 특징은 대상이 있어야 한다는 것, 그리고 오직 우러나오는 것이어야 한다고 하였다.

그렇다면 이제 참다운 가치를 갖는 충성의 대상에는 어떤 것들이 있는지 살펴보자. 참다운 가치를 갖고 있는 대상들이야 우리 주변에 무수히 많겠지만 군대의 관점에서만 생각해 보기로 한다.

가령 군에서 정성을 바칠 참다운 대상들에는 무엇이 있을까? 우선 나 자신이 있다. 내가 맡고 있는 직책이 있고, 또 동료나 상관, 부대, 국가 등을 꼽을 수 있을 것이다. 그런데 여기서 나 자신이나 직책, 동료에 대한 충성은 조금 달리 취급될 수 있겠다. 충성은 강압이 아니라 우러나와서 하는 복종과 같은 뜻으로 사용된다고 했는데, 가령 나 자신에게 복종한다거나 직책에 복종한다는 것, 또 동료에게 복종한다는 건 좀 이상해 보인다. 따라서 충성과 관계되는 대상은 크게 상관과 부대, 국가, 이 세 가지라 하겠다.

충성의 대상을 상관, 부대, 국가로 나누어보았는데, 사실 일반적인 의미에서는 모두 하나다. 상관에 대한 충성이 곧 부대에 대한 충성이고, 그것이 또 국가에 대한 충성이기 때문이다. 따라서 부하의 입장에서는 가장 가까운 상관, 흔히 직속상관이라고 하는데, 직속상관에게 충성할 때 부대에도 충성하는 것이고, 나아가 국가에 대해서도 충성하는 것이 된다.

그런데 문제는 상관의 명령이 부대 이익이나 국가 이익에 반할 때, 그래서 양자가 서로 대립할 때 생긴다. 상관에게 충성해야 하는가, 아니면 부대나 국가에 충성해야 하는가 하는 딜레마가 생길 수 있다는 것이다. 사실 이런 일은 군에서 결코 있어서는 안 될 일이다. 하지만 역사에서 보듯이 간혹 개인적 야망이나 공명심에 사로잡힌 상급자가 있을 수도 있다. 그런 경우 그는 자신의 개인적인 야망이나 목적을 위해 부대 이익이나 국가 이익에 반하는 명령을 내릴 수도 있는 것이다.

이 경우 **참다운** 충성은 무엇이겠는가? 당연히 더 큰 것, 즉 국가 이익을 좇는 것이 참다운 충성이다. 다시 말하면 국가에 대한 충성만이 절대성을 갖는다는 것이다. 그 까닭은 대의명분에 있다. 국가 이익보다 더 크고 중요한 것이 없다는 것이다.

예를 하나 들어보자. 롬멜은 제2차 세계대전 당시 사막전의 영웅이라 불린 독일군 장군이다. 비록 적군이긴 했지만 연합군의 많은 장병들도 그에게 찬사를 보냈던 인물이다. 그런 롬멜이 그의 직속상관이자 총통이었던 히틀러의 암살 계획에 동참했다. 어떻게 롬멜 같은 인물이 총통의 암살 계획에 참여했겠는가? 직속상관인 히틀러에게 계속 충성하는 것이 국가에 대해서는 불충이라고 생각했기 때문이다. 국가에 대한 충성을 더 높이 평가했기 때문에 직속상관에 대한 충성을 버린 것이다. 이미 전세가 기울었고 독일의 패망이 눈앞에 보이는데도 국민의 고통은 외면한 채 자신의 정치적 야심만을 위해 끝까지 전쟁을 고수했던 히틀러가 오히려 독일과 국민에게는 문제가 됐던 것이다. 이 계획은 실패했지만 오늘날까지도 롬멜은 위대한 군인으로 역사 속에 기록되고 있다.

국가에 대한 충성이 최고의 가치를 갖는다는 것은 다른 예에서도 찾아진다. 가령 중국에서 목화씨를 붓대 속에 감춰 온 행위는 어떤가? 분명 불법행위지만 우리는 이를 애국적인 행위로 받아들인다.

또한 전쟁이 나면 군인들은 적을 향해 총을 쏴야 한다. 살인행위임에도 불구하고 더 많은 적군을 죽일수록 위대한 전쟁영웅으로 추앙된다. 그 행위 자체가 국가에 대한 충성에서 비롯된 것이기 때문이다. 국가는 최고의 가치로서 절대적이 아닐 수 없다.

물론 이처럼 국가지상주의 또는 국가 중심적 사고에도 문제가 없는 것은 아니다. 국제정치나 스포츠에서 볼 수 있듯이 자국중심주의는 사실상 매우 심각한 문제를 일으킬 수도 있다. 외국 선수들과 축구경기를 벌일 때, 우리 선수가 하는 것은 태클이고 외국 선수가 하는 건 반칙이라는 사고방식은 분명 잘못된 일이다. 그럼에도 불구하고 어느 나라에서나 홈 어드밴티지라 해서 묵인해 주고 있다. 이것이 현실이다. 따라서 오늘날과 같은 국제적 현실 속에서는 국가가 대상인 한에 있어서, 충성의 의미는 언제나 참된 가치라는 것을 인정해야 할 것이다.

3. 국가에 대한 충성의 근거

국가가 최고의 가치인 까닭에 국가에 대한 충성은 절대성을 갖는다고 했는데, 여기서 아주 중요한 질문 하나가 제기된다. 그것은 내가 왜 국가에 대해 충성해야 하는가, 내가 왜 내 목숨까지 희생하면서 국가에 충성해야 하는가 하는 근본적인 물음이다.

이에 대한 대답은 두 가지 관점에서 가능하다.

하나는, 국가가 위기에 빠지고 그래서 멸망하게 된다면 국가의 소멸과 더불어 내 존재도 사라지게 된다는 사실이다. 솔직히 말하면 내가 이 나라 이 땅에 태어났다는 것은 내 의지와는 전혀 상관없는 일이다. 극히 우연일 뿐이다. 그런데 문제는 내 의지와는 상관없는 그 우연으로 말미암아 내 운명이 결정돼 버렸다는 것이다. 국가가 바로 내 운명의 주인이라는 말이다.

우리나라의 역사를 한번 되돌아보자. 우리는 참으로 많은 외침을 받은 민족이다. 한국전쟁에 이르기까지 무수히 많은 전쟁을 치른 나라다. 게다가 일제강점기에는 치욕의 세월을 36년이나 보내기도 했다. 내가 이 땅에 태어났다는 사실은 내 의지와는 상관없는 일이면서도 나는 그것을 부정할 수가 없다. 이 땅에 태어난 조상들 모두가 어쩔 수 없이 이 나라와 운명을 함께했던 것이다. 나라가 잘될 때는 나도 생존할 수 있지만, 나라가 위기에 빠졌을 때는 죽음도 치욕도 가능하다는 이야기다. 그래서 대한민국 사람인 우리는 대한민국을 '조국'이라고 부르는 것이다. 조국과 나는 바로 운명공동체, 공동운명체가 아닐 수 없다. 이것이 내가 국가에 충성해야 하는 첫째 이유다.

그렇지만 이 이유는 국가에 대한 충성의 근거로서 조금은 소극적이라 하겠다. 좀 더 적극적인 이유는 내가 이 나라를 사랑하고 있다는 사실에 있다.

이것은 얼핏 이해가 되지 않는 논리처럼 보인다. 내가 이 나라를 사랑하고 있다는 사실이 실감되지 않기 때문이다. 하지만 사랑의 참 의미와 그것이 생겨나는 과정을 생각해 본다면 쉽사리 이해될 것이다.

생각해 보라. 우리는 우리가 진정 사랑하는 사람에게는 뭐든지 주고 싶고 또 베풀고 싶어 한다. 영화나 소설 속 얘기가 아니더라도 진짜 사랑하는 사람을 위해서는 뭐든지 할 수 있다. 헤엄도 못 치는 어머니가 물에 빠진 자식을 구하기 위해 물속으로 뛰어드는 일은 결코 드문 일이 아니다. 이것을 무엇으로 설명할 수 있겠는가? 오직 하나뿐, 자식에 대한 사랑이 아니라면 설명이 불가능하다.

영화나 소설 속에 등장하는 희생이나 봉사의 이유가 그 대상에 대한 사랑인 예는 너무나 많다. 『가을의 전설』은 어떤가? 아버지를 향해 날아오는 총탄을 아들이 몸을 던져 막아낸다. 아버지에 대한 사랑이 아니라면 설명할 길이 없다.

똑같은 논리로, 위기에 빠진 이 나라를 구하기 위해 수많은 젊은이들이 전쟁터에서 목숨을 잃었다. 이것을 무엇으로 설명할 수 있는가? 나라에 대한 사랑, 바로 애국심 아니고는 불가능한 일이다.

결국 나라를 위해 목숨을 바친 수많은 선열들은 나라를 사랑했기 때문이라는 말이 된다. 그런데 여기서 의구심이 하나 생긴다. 그런 논리라면 만약 이 땅에 전쟁이 일어나 내가 나라를 위해 목숨을 바치게 된다면 나도 나라를 사랑하기 때문이라는 말이 될 것이다. 그런데 문제는 아무리 생각해 봐도 지금 내가 나라를 사랑하는지 어떤지에 대한 확신이 없다는 것이다. 나는 정말 대한민국이라는 나라를 사랑하고 있는가?

이 물음에 대한 대답은 사랑이 생겨나는 과정을 보면 가능할 수도 있다.

충성이 강요에 의해서 생기는 것이 아니듯, 사랑도 결코 강요에 의해서 생겨나는 것이 아니다. 사랑은 어떻게 형성되는가? 사랑이 형성되는 데는 두 가지 길이 있다. 하나는 자신의 의지에 의해서 생겨나는 것이고, 다른 하나는 자신도 모르는 사이에 저절로 생기는 경우다. 마음에 드는 사람을 만나 사랑하게 됐다면 그것은 의지적인 사랑이다. 하지만 이보다도 훨씬 많은 건 자신도 모르게 생겨나는 사랑이다. 단지 좋아하는 감정만 있다고 생각했는데 어느새 사랑에 빠지는 경우도 있고, 심지어는 싫은 감정만 있다고 생각했는데 그 사람이 눈앞에서 사라지자 그때서야 사랑하고 있었다는 사실을 깨닫게 되는 경우도 있다.

『바람과 함께 사라지다』의 여주인공 스칼렛 오하라가 그 경우다. 그녀는 남편 버틀러가 자기 곁을 떠나기 전까지는 그에 대한 사랑을 깨닫지 못한다. 버틀러가 떠나고 나서야 비로소 자신이 진정 사랑했던 사람이 그였다는 사실을 깨닫고 뒤늦게야 눈물을 흘린다.

국가에 대한 사랑이 이와 같다. 내가 이 땅에 살고 있는 동안에는 느끼지 못하던 감정(곧 나라 사랑의 마음)이 국가를 떠나 있게 되거나, 혹은 국가가 위기에 빠지게 되면 물밀 듯이 솟아오르게 된다는 것이다. 흔히들 외국에 나가면 모두 애국자가 된다고 하는데 그 이유가 여기에 있다. 나라를 떠나 있어 보면 그때서야 나라의 소중함을 알게 된다는 것이다.

내가 나라를 진정으로 사랑하고 있는지에 대한 물음은 아직은 확신이 없을지라도 알게 모르게 내 안에 싹터 있다고 대답해야 할 것이다. 지금 내가 깊이 깨닫지 못하고 있을 뿐, 나라가 위기에 처하게 되면 나라 사랑의 마음이 활화산처럼 터져 위기 극복을 위해서는 내 목숨마저도 아끼지 않게 될 것이다. 내가 국가에 충성해야 하는 적극적인 이유가 여기에 있는 것이다.

4. 상충하는 충성들과 충성병

지금까지 우리는 충성은 "대의명분 혹은 참다운 가치를 위해 참마음으로 기꺼이 자신의 정성을 다하는 것"이며, 군에서 충성의 대상이 되는 것으로 국가, 부대, 상관, 세 가지를 들고 그 가운데서도 최고의 가치는 국가라고 하였다.

군의 존재 이유는 국가 보위에 있다. 따라서 국가에 대한 충성은 군인이 구비해야 할 최고의 의무요 덕목임은 당연하다. 부대에 대한 충성, 상관에 대한 충성도 궁극적으로는 국가에 대한 충성의 연장선상에 있음은 물론이다.

그런데 상관에 대한 충성은 명령에 대한 절대적인 복종을 함축한다. 군의 상관들은 하급자의 불복종을 불충(不忠)이라 여긴다. 그러나 하급자의 불복종이 반드시 충성심의 결여를 의미하는 것은 아니다. 외적으로는 충성심의 결여로 여겨질지 모르지만 사실은 불복종이 상관에 대한 사랑과 국가에 대한 충성에서 비롯되는 경우도 있을 수 있는 것이다. 그릇된 판단에 기초하여 불법적이거나 비도덕적인 명령을 내리는 상관의 경우, 그에 대한 복종은 상관과 하급자 자신을 범죄자로 전락시킬 수가 있는 것이다. 이 경우 충성과 복종의 덕목은 상호 충돌할 수가 있다.

복종의 덕목 역시 충성과 더불어 가장 훌륭한 군인의 덕목 가운데 하나임을 부인할 수는 없다. 그러나 그것이 오도된 충성심에 기인한 것으로서 참다운 충성과 대립하는 복종이라면, 이러한 복종은 오히려 군대윤리를 타락시킨다. 오도된 충성심에서 요구되는 복종과 참다운 충성심에 기인하는 복종은 상호 대립한다. 바꾸어 말하면 그릇된 충성과 올바른 충성 간의 대립, 혹은 잘못된 충성심에서 비롯되는 복종과 참다운 충성이 요구하는 복종 간에는 충돌이 일어나는 것이다.

충성과 복종 사이에 야기되는 갈등을 필립 플래머(Philip M. Flammer)는 군 체제의 모순성에서 찾고 있다.[1] 명령에 대한 무조건적인 복종은 군에서는 매우 필요한 것이지만, 군인들이 신이 아닌 이상 무조건적인 복종으로 말미암아 군 스스로가 만든 군대윤리에 거역되는 결과를 초래할 수가 있다는 것이다. 「상충하는 충성과 미국의 군대윤리」라는 플래머의 글은 바로 이와 같은 충성과 충성, 충성과 복종 간의 대립을 잘 묘사하고 있다. 그의 논지를 따라 그가 지적하고 있는 몇 가지 충성 간의 대립을 살피기로 한다.

잘못된 충성의 첫 번째 사례는 상관의 권력 남용, 또는 상관의 권력에 대한 하급자의 아첨과 관련된다. 진급에 크게 영향을 미치게 될 하급자에 대한 상관의 평정은 하급자를 옭아매는 하나의 구속이 아닐 수 없다. 지금까지 잘 쌓아온 경력도 단 한 번의 불리한 평정으로 말미암아 물거품이 될 수도 있기 때문이다. 부패한 상관은 이러한 자신의 권력을 이용하여 하급자에게 그릇된 복종을 강요할 수 있다. 복종하지 않는 부하라면 자기 밑에 두지 않을 수도 있는 것이 지휘관의 권한이다. 오도된 충성심은 여기에서 싹튼다. 한편으로는 상관에 대한 공포심에서, 또 한편으로는 자신의 야심에서 비롯되는 것이다. 상관의 비행을 보면서도 어쩔 수 없이 그의 지시에 복종해야 할 때, 하급자는 갈등을 느낄 수밖에 없을 것이다.

---

1 Philip Flammer, "Completing Loyalties and the American Military Ethics"(Wakin), pp.163-178 참조.

이와 같은 상관이라면 앞의 논리로 볼 때, 참다운 가치를 상실한 대상으로서 그와 같은 이들에 대한 충성은 잘못된 충성이다.

두 번째 사례는 '출세주의' 혹은 '경력제일주의(careerism)'에서 나온다. 직업군인에게 있어서 계급은 성공의 척도일 수 있다. 계급은 보수와 직위를 결정할 뿐만 아니라 스스로의 자존심에 큰 영향을 미칠 수 있다. 단순히 빵을 벌기 위한 수단으로서 군인을 직업으로 선택한 사람이 아니라면 더 상위 계급으로의 승진은 꿈의 실현이 아닐 수 없다. 야심만만한 사람에게는 더더욱 그러할 것이다. 건전한 '전문 직업인'으로부터 야심에 찬 '출세주의자'로의 변모는 그렇게 이해하기 어려운 것이 아니다.

세 번째 사례는 '완벽주의(zero error mentality)'다. 국가 위기시에는 상황 판단이나 명령 수행에 있어서 한 치의 오차도 허용되어서는 안 된다는 점에서 완전무결 정신은 군인에게 꼭 필요한 덕목으로 인식되어 왔다. 그리고 이에 대한 강조는 과오를 용납하지 않기 때문에 군 업무수행에 탁월한 효과를 가져온 것도 사실이다.

그러나 대외적인 군의 이미지를 중시하는 야심적인 지휘관들에 의해 이 정신은 왜곡되어 군에 뿌리박기 시작하였다. 군인들도 신이 아닌 이상 실수가 있을 수 있으며, 실수가 아니더라도 불운의 경우도 있기 마련이다. 그러나 야심적인 지휘관들은 실수는 물론이요 불운의 경우도 용납하지 않음으로써 군 내에 허위와 보신(保身)이라는 그릇된 풍조를 낳게 한 것이다. 결함을 용납하지 않는 지휘관들에게 있어서는 실수에 대한 사실적 인정보다는 실수에 대한 보고 자체를 더 나쁜 것으로 간주하는 까닭에 군 내에는 허위보고가 암암리에 존재하게 되었고, 또한 실수나 사고를

피하기 위한 소극적인 근무자세가 뿌리 내리게 된 것이다. 요컨대, 충성이라는 덕목의 적극적 실현에서 비롯된 완벽주의는 그것의 참 의미를 잃고 글자 뜻에만 매달림으로써, 그 자체의 모순으로 말미암아, 참다운 충성과는 거리가 먼 파행을 낳게 된 것이다.

참다운 충성은 무조건적인 복종이 아니다. 그럼에도 무조건적인 복종을 요구하거나 강요하게 되면 마침내 '충성병'이라고 말할 수 있는 비합리적인 상황이 도래할 수 있다. 리더가 충성병에 걸리면 어떻게 될 것인가? 슈메이커(David Shoemaker)가 지적하는 '충성병'의 사례를 소개해 보자. 비록 미군들의 윤리적 부패상이긴 하지만, 우리 주변에도 충성병에 걸린 리더들이 적지 않아 보이므로 교훈이 될 수도 있을 것이다.2

충성병은 자신의 승진만을 추구하는 출세주의 장교에게서 쉽사리 발병한다. 그는 남들의 시선을 집중시켜 점수를 딸 수 있는 행위만을 시도하고 논란의 소지가 있거나 보상이 없는 일은 회피함으로써 자신이나 부대의 전시효과를 높이는 데 힘쓴다. 종종 규정된 책임 계통을 무시하기도 하고 뛰어넘기도 하면서 다른 사람들의 업무관계를 복잡하게 만들기도 한다. 자신의 부대나 군 발전을 위해 최선의 노력을 다하기도 하지만 그것은 자기 경력을 훌륭하게 만들기 위한 방편이다. 지휘관이 싫어하는 보고는 회피하고 좋아하는 말만 골라 하면서 상관에 대한 무조건적인 복종이 최고의 충성이라 여겨 절대적인 '예스 맨(yes man)'이 된다.

충성병이 있는 사람은 상관에게는 절대적인 충성을 바치는 반면, 하급자들에 대한 헌신과 봉사에는 인색하기 짝이 없다. 자신

---

2 Major David Shoemaker, "Personal Ethics", *Infantry Magazine*(July/August, 1975). Reprinted in *MQS1*, 9장, pp.23-27 참조.

의 이미지 손상을 염려하여 부하들의 실수에는 냉정하고, 군의 발전을 기대할 수 있는 하급자들의 창의력도 실패에 대한 두려움에서 일단 제한한다. 자신을 드높일 수 있는 일에 대해서는 임무 수행을 구실로 하급자들에게 일과 후까지 일 시키기를 마다하지 않지만, 과오를 저질렀을 때 그들의 실수에 대해서 스스로 책임지기는커녕 발뺌하기에 바쁘다. 하급자들의 역할을 명시된 임무와 지향하는 목표에 의해서 규정해 주기보다는 상관의 눈에 잘 들도록 하는 것이라고 정의한다. 주어진 업무를 신속히 처리하는 것이 상관으로부터 점수를 딸 뚜렷한 특징이라 여겨, 일의 우선순위를 무시하고 가시적인 효과가 드러나는 단기적인 일에 하급자들을 내몰아 혹사시킨다. 계급에 부여되는 특권은 임무수행의 효율성을 높이는 데 있다는 사실을 무시하고, 계급은 계급 자체로서의 특권이 있다고 주장함으로써 계급에 대한 권위만을 내세운다.

문제는 이와 같은 부류의 충성병에 걸린 장교들이, 묵묵히 자신의 업무에 충실했던 장교들에 비해 승진도 빠를 경우가 종종 있을 뿐만 아니라, 또한 능력 있는 장교로 평가되기도 한다는 현실이다. 내려진 명령에 비판 없이 따르고 주어진 업무를 단기간 내에 처리한다는 사실이 상관에게는 뛰어난 능력의 소유자로 평가되는 근거가 될 수 있다는 것이다. 동시에 그와 같은 업무 처리는 충성병에 걸려 있는 하급자들로부터 존중받을 수 있고, 또한 충성병에 걸려 있는 상급자들에게는 더욱 돋보일 수도 있는 것이다. 이 모든 것이 이루어지는 데는 성실한 다른 장교들의 피와 땀과 눈물이 배어 있다는 사실과, 장기적으로 볼 때 이것이 군의 능률을 저하시키는 곰팡이가 된다는 사실을 그들은 망각하고 있는 것이다.

충성병은 결코 참다운 충성이 아니다. 대상 자체가 참다운 가치를 상실했다고 보아야 할 것이기 때문이다. 그래서 충성병이라고 부르는 것이다.

진실로 국가와 상관에 충성하는 사람은 문제를 은폐하거나 왜곡시킬 것이 아니라 있는 그대로 제시할 수 있어야 한다. 자기 자신의 전문분야라면 현명하지 못한 상관의 방책이나 판단에 대해 조언과 비판도 할 수 있어야 한다. 늘 '예스'가 아니라 '노' 할 수도 있어야 하는 것이다. 상관의 눈에 들기 위하여 부정한 이익을 제공하거나 실수를 감출 것이 아니라 부정을 거부하고 과오를 인정해야 한다. 참으로 충성스러운 하급자라면 충성병이 상관의 개인 도덕을 파괴할 뿐만 아니라 군대윤리, 나아가 국가의 장래마저도 위협할 수 있는 독버섯이 될 수 있다는 사실을 진언해야 하는 것이다. 충성병에 의한 절대적인 복종은 충성병이 참다운 충성이 아닌 까닭에 진정으로 가치 있는 복종이라고 할 수가 없는 것이다.

제 2 장   위대한 충성의 사례들

1. 백범 김구
"나의 소원은 첫째도, 둘째도 대한 독립이오."

"너의 소원이 뭐냐고 물으면 서슴지 않고 '대한독립'이라고 말하겠다. 다음 소원이 뭐냐고 물어도 '우리나라 독립'이요, 세 번째 소원을 물어도 '우리 대한의 완전한 자주 독립'이라 답하겠다."

『백범일지』에 기록된 백범 김구(金九) 선생의 말이다. 그는 또한 「삼천만 동포에게 눈물로 호소함」이라는 성명서에서 "이 육신을 조국이 원한다면 당장에 제단에 바치겠다"고도 했다.

그의 표현처럼 평생을 조국과 민족에 대한 사랑과 충성으로 일관했던 민족의 지도자 김구 선생.

그는 1876년 황해도 해주에서 태어났다. 열여덟 살에 동학의 지역 책임자였던 접주가 됐고, 당시 재야 학자라고 해야 할 고능

선과 안중근 의사의 부친 안태훈 선생으로부터 배움을 익혔고, 임시정부 활동 시절에는 늘 석오 이동녕 선생을 존경하고 따랐던 그는 을미사변을 맞아 명성황후를 시해(弑害)했던 일군에 대한 원수를 갚고자 일본 육군 중위 쓰치다를 주살하면서 그때부터 평생을 파란만장한 애국과 충성의 삶을 이어가게 된다.

국가에 대한 헌신적인 충성심의 표현으로 일본군 중위를 살해한 죄로 감옥에 긴히 있던 시절, 선생의 어머니는 아들의 행동에 대해 "경기 감사를 지낸 것보다도 더 장하고 기쁘다"고 격려를 아끼지 않았다. 조국에 대한 사랑과 국가에 대한 충성심이 부모님에게서 물려받은 숭고한 것임을 말해 주는 대목이다.

일본군 중위의 주살 사건이 국모였던 민비의 시해에 대한 보복 행위라는 점이 인정되어 감옥에서 풀려난 선생은 그 후 항일 비밀 결사대였던 신민회에 가입해 군자금을 모으는 등 항일활동을 벌이게 되고, 그 활동이 발각되어 17년형을 선고받아 또다시 투옥되고 만다.

감옥에서 풀려난 후, 1919년 상해로 건너갔던 그는 임시정부 초대 경무국장을 지내고 국무령을 역임한 뒤 주석으로 추대되어 한인애국단과 광복군을 조직하는 등 이후 임시정부 27년사를 이끌게 된다.

1945년 8월 조국이 해방되고 그해 말 신탁통치 문제가 제기됐을 때 선생은 제2의 독립운동을 하겠다는 심정으로 반탁운동을 선언한다. 신탁통치는 민족적 자주의식에 커다란 상처가 될 것이라 생각됐기 때문이다.

선생은 실패를 예상했지만 북한행을 했고 김일성과 남북협상의 길을 모색하고자 했다. 하지만 남북협상은 실패하고 말았고

1948년 8월과 9월, 남과 북은 각각 단독정부를 수립했고 조국은 분단되고 만다.

이승만 정부가 수립되자 선생은 통일정부가 아닌 정부에는 참여할 의사가 없음을 공식 선언하고 독자적인 길을 걷기 시작한다. 조국의 광복이 실현된 그에게 있어서 또 다른 소원은 조국의 통일이었고, 통일된 하나의 정부 수립이었던 것이다. 하지만 선생의 통일조국에 대한 한결같은 충성의 꿈은 그의 생전에 결코 이뤄질 수 없는 일이 되고 말았다. 1949년 안두희의 저격을 받고 선생은 파란만장했던 그의 생애를 마감하고 말았기 때문이다.

조국에 대한 충성은 부모에 대한 효도로부터 시작된다고 했다. 평생을 애국과 충성으로 일관했던 삶이지만 그는 민족의 지도자로서의 삶 이전에 또한 효성이 지극한 인물이기도 했다. 그가 어렸을 때 그의 부친이 병환으로 위독하게 되자 그는 자신의 넓적다리의 살을 베어서 부친의 생명을 붙들고자 했고, 모친에게 회갑잔치를 해드리지 못한 것이 평생의 한으로 남아 이후 단 한 번도 자신의 생일을 기념하지 않았다고 한다.

조국에 대한 충성으로 일관된 선생의 삶은 또한 공산주의를 배격했던 부분에서도 잘 드러난다. 당시 공산주의자들은 민족독립운동이라는 미명 아래 자연스럽게 독립운동단체에 스며들어 갔고, 그리하여 임시정부 내에서도 좌우의 대립과 갈등이 작지 않았다. 하지만, 선생은 식민지 사회에서는 공산주의 운동보다는 독립운동에 더 우선을 두었고, 독립이 이뤄진 다음에는 공산주의 운동에 대한 선을 분명히 하였다. 그 까닭은 공산주의 운동이 레닌의 지령에 따른 한반도의 공산화, 곧 적화(赤化)에 있음을 간파하였기 때문이다. 혈통과 혈족을 무시하는 프롤레타리아 운동은 우리 민족이 가야 할 참다운 길이 아니라는 것이 선생의 생각이었던 것이다. 철학도 변할 수 있고 정치 경제도 변하기 마련이지만 민족의 혈통은 영원하다는 것이 선생의 의식 한가운데 자리잡고 있었던 것이다.

오직 조국과 민족에 대한 사랑과 충성만이 삶의 전부였던 민족의 지도자 백범 김구 선생. 선생의 육신은 떠나갔지만 선생의 조국을 향한 뜨거운 충성심은 영원히 우리들 가슴에 살아남아 있다고 하겠다.

2. 넬슨 제독
"나는 나의 의무를 다했다."

트라팔가 해전으로 유명한 영국의 넬슨 제독. 그는 그 해전에서 프랑스와 스페인의 연합함대를 섬멸시켜 영국 최고의 전쟁영웅으로 떠오른 인물이다.

1758년 영국의 동북부에 위치해 있는 노픽에서 당시 교구 목사였던 에드먼드 넬슨의 둘째 아들로 태어난 넬슨은 어려서부터 가난했지만 학식 있는 명문가의 후손답게 매사에 용기가 있었고 또 리더십이 있는 소년이었다.

그가 노스 월섬 초등학교에 다닐 때의 일이다. 소년들이 살고 있었던 기숙사 옆에는 교장 사택이 있었고 그 사택 안에는 배나무 한 그루가 있었는데, 그 나무에 배가 주렁주렁 열려 늘 학생들의 군침을 돌게 했다. 하지만 누구도 감히 교장 사택의 나무에서 배를 딸 생각은 못했다.

동료 소년들이 배나무에 매달린 배를 보고 침을 흘리기만 하는 것을 본 넬슨은 곧 지붕을 타고 건너가 나무에서 배를 따 학생들에게 모두 나눠주었다. 자기 몫은 하나도 챙기지 않고 따온 배를 모두 나눠주자 소년들이 너는 왜 먹지 않느냐고 물었다. 넬슨의 대답은 배가 먹고 싶어서 딴 것이 아니라 그들이 먹고 싶어하는 것을 볼 수가 없어서 따왔다는 것이었다. 그만큼 넬슨은 소년 시절부터 용기 있고 또 남을 위할 줄 아는 인물이었던 것이다.

그는 월섬 학교를 졸업한 뒤 1771년 13세가 되자 해군에 입대해 항해 경험을 쌓았고, 15세가 되자 북극 탐험대에 참가하여 본격적인 해군 훈련을 받는다. 하지만 그 훈련에서 그는 말라리아에 걸려 어쩔 수 없이 의병제대해 집으로 돌아오고 만다. 그의 파란만장한 인생에서 첫 번째 시련은 이렇게 다가왔다.

하지만 말라리아를 앓고 있던 순간 그는 설명하기 어려운 어떤 영적 체험을 하게 된다. 그리고 그로 인해 말라리아도 물리치게 되는데 이 일에 대해 훗날 그는 이렇게 회상한다.

"어느 날 갑자기 나는 나를 낳아준 조국과 국왕 폐하를 위해 목숨을 바치겠다는 충성심이 가슴으로부터 치밀어 왔고, 나도 모르게 '나는 영웅이 될 것이다. 그래서 어떤 위험도 두려워하지 않게 될 것이다'라고 외치게 됐다."

1777년 19세가 된 그는 해군사관학교 시험에 응시해 합격했고, 곧 서인도제도로 향하면서 훗날 해군 영웅으로서의 활약을 위한 시동을 건다.

1793년 35세가 되던 해 그는 프랑스 혁명군과의 전투를 위해 프랑스 남부 툴롱 항으로 진출했고 그곳에서 프랑스 혁명군의 상륙을 저지하는 전투 중에 또 한 번의 시련을 겪어야 했다. 적탄에 오른쪽 눈을 맞아 실명하고 만 것이었다. 하지만 눈 하나 잃은 것이 그의 충성심과 기상을 유지하는 데 문제가 되지는 않았다. 그는 그 상황에서도 그에게 주어진 임무를 충실히 수행했다.

하지만 그에게 닥친 시련은 그것으로 끝나지 않았다. 1797년 해군 소장으로 진급한 그는 카나리아 제도의 테네리페를 공격하던 중 적의 포탄에 오른쪽 팔꿈치를 맞아 오른팔이 절단되고 만 것이었다. 조국을 위해 싸우다가 눈과 팔을 하나씩 잃어버린 불구의 몸이 됐던 것이다. 하지만 이 역시 조국에 대한 그의 충성심을 약화시키지는 못했다. 왜냐하면 아직도 그에게는 또 다른 눈과 팔, 그리고 조국에 대한 충정으로 뜨거운 가슴이 있었기 때문이었다.

1805년, 그의 나이 47세 때 넬슨 제독은 '빅토리아' 호를 타고 프랑스와 스페인의 연합함대를 격파하기 위해 출항한다. 그 유명한 트라팔가 해전의 서전이었다. 10월 20일 12시 정각 그가 지휘하던 빅토리아 호는 33대의 적 연합함대를 향해 일제히 포문을 열었고 400여 명의 적군을 쓰러뜨렸다. 하지만 그 와중에 그는 또다시 적 유탄에 온몸을 관통당하는 부상을 입었고 선실로 옮겨와야 했다.

예하 함대 함장인 하디 제독이 그에게 다가와 적 15척을 괴멸시켰고 영국의 승리가 확실하다고 말하자, 그제야 그는 고통으로 숨을 몰아쉬던 생명의 끈을 놓고 조용히 눈을 감았다. 그에게 이제는 조국을 위해 바칠 것이 아무것도 남아 있지 않았다. 조국을 위한 충성심에서 그는 그의 모든 것을 바쳤기 때문이다.

　　"나는 나의 마지막 임무를 다했소. 신이여, 감사합니다."

그가 하디에게 남겼던 마지막 말이다.

3. 두문동 72 현인
　"누군가 한 사람은 살아남아야 하오."

　'두문동 72현(賢)'이라는 말을 들어본 적이 있는가? 많은 이들에게 생소하게 들릴 수도 있는 이 말에는 조금은 충격적이고 그래서 안타깝기도 한 72명에 달하는 고려 말 충신들의 충성심이 담겨 있다.

　이성계 장군이 위화도 회군을 계기로 전권을 장악하기 시작한 지 4년 후, 마침내 이성계와 그를 따르던 사람들은 고려왕조를 폐하고 조선왕조를 창건했다. 하지만 고려의 많은 충신들은 선비 된 도리로서 두 왕조를 섬길 수 없다 하여 모두 관직을 버리고 두문동 골짜기로 숨어들었다.

　한 번 그곳에 들어간 사람은 두 번 다시 바깥출입을 하지 않는다 해서 훗날 '두문불출(杜門不出)'이라는 말이 생겨나게 됐던 그 두문동 골짜기는 오늘날까지도 망국의 한을 품고 스스로 유랑민 생활을 자처했던 고려 말 충신들의 슬픈 성지(聖地)로 남아 있다.

　당시 사람들은 그곳 두문동 숲속에서 은둔생활을 했던 그들을 가리켜 '두문동의 72 현인'이라고 불렀다.

하지만 새 왕조를 건설했던 태조 이성계는 고려시대 때의 선비들의 협력이 필요하였고, 새 왕조의 정통성 유지를 위해서 뿐만 아니라 민심을 얻기 위해서라도 어떻게 해서든지 이들을 밖으로 끌어내 그들에게 관직을 줘야만 했다.

태조가 고려 선비들의 지지를 얻기 위해 과거시험을 치렀을 때 이색, 길재, 원천석 등 덩내의 선비를 모두가 과거를 무시하고 두문동으로 들어갔다. 심지어는 이성계를 도와 새 왕조 건립에 일조를 했던 개국공신 조준의 아우 조윤은 그 스스로 조선왕조의 협력자였음에도 불구하고 이성계가 새 왕조를 세우자 그에 반대하여, 자신에게 돌아올 모든 영예를 떨치고 산속으로 숨어버렸다. 그것은 실로 이성계에게 큰 충격이었다.

태조는 두문동에 숨어 지내는 선비들을 밖으로 이끌어내기 위해 조정 대신들을 그곳으로 보냈다. 그들에게 새 왕조 건립의 당위성을 설득하기도 했고 회유하기도 했으며, 심지어는 협박하기도 했다. 하지만 그들 중 아무도 태조에게로 향한 사람은 없었다.

"충신은 모두 두문동에 있다"는 말이 점차 번져가자 태조는 결단을 내릴 수밖에 없었다. 그들이 두문동에 그대로 버티고 있는 한 나랏일을 제대로 볼 수가 없었기 때문이었다. 마침내 이성계는 두문동에 최후 사절을 보낸다. 그날 밤 안으로 두문동에서 나오지 않는다면 그 마을 전체를 불바다로 만들겠다는 무시무시한 전갈이었다.

두문동의 선비들은 최후통첩을 받자 그날 밤 모두 모여 마지막 회의를 했다. 그들은 한결같이 두 임금을 섬기는 일에 동참할 수 없다고 했고, 함께 죽을 것을 각오했다.

그때 누군가 한 사람이 말하였다. 모두가 죽음을 택한다 할지라도 그들의 죽음을 후세에 남기기 위해서는 적어도 한 사람은 살아남아야 한다는 제안이었다. 그들은 전체의 의견을 모아 젊은 선비 한 사람을 그 대상으로 선택했다.

그 선비는 눈물을 흘리면서 골짜기를 나왔고 다음 날 두문동 골짜기 마을은 불바다가 되고 말았다. 그 밤으로 그곳을 떠났던 젊은 선비 한 사람을 제외한 72명의 당대 현인들은 모조리 불에 타 숨지고 말았다.

한 나라의 관직에 봉직했던 선비로서 두 임금을 섬길 수 없다는 그들의 충성심과 일편단심의 절개는 죽음마저도 불사했던 것이다. 그들의 마지막 회의에서 그들의 충성심과 절개를 역사에 기록하라는 사명을 받들어 눈물을 뿌리며 두문동 골짜기를 떠났던 젊은 선비, 그는 훗날 세종대왕 밑에서 18년간이나 명재상으로서 널리 명성을 떨쳤던 황희 정승이었다.

4. 장개석
"패인은 우리들 마음에서 비롯되었소."

장개석이란 이름을 모르는 이는 거의 없을 것이다. 대만의 총통으로서 그만큼 세계사적인 인물이기도 하지만, 우리나라와도 매우 깊은 관계를 맺었던 인물이기 때문이다.

일제강점기 때는 임시정부를 이끌고 있었던 백범 김구 선생을 도와 독립운동을 펼칠 수 있게 하였고, '카이로 회담'에서는 우리 대한민국의 자유와 독립을 위해서 루스벨트 미 대통령과 장장 다섯 시간에 걸쳐 설득 회담을 했던 것으로 알려진 그이기에, 장개석은 우리 한국의 독립에 여러모로 도움을 준 인물이라고 해야 할 것이다.

일본군이 중국을 침략했을 당시 그는 국민당군을 이끌고서 팔로군을 이끌었던 모택동과 함께 항일전쟁을 했다. 하지만 일본군과의 전쟁에 임하는 태도에 있어서 모택동은 장개석과는 달랐다고 전해진다. 모택동은 항일전에서 전력을 3분의 1 정도밖에 쓰지 않았지만, 장개석은 백 퍼센트 항일전에 전력을 쏟아부었기 때문에 전쟁이 끝났을 때는 국민당군은 3백만 명 이상의 사상자를 냈다고 한다.

동시에 모택동은 나머지 3분의 2의 병력을 공산당 세력 확장에 투입했기 때문에 전쟁이 끝난 뒤 국민당군과의 내전 때 큰 힘을 발휘할 수 있었던 것이다. 항일전쟁 중에도 국민당군과 공산당군은 간혹 충돌하긴 했지만 제2차 세계대전이 끝난 뒤에는 본격적으로 세력 다툼에 들어간다. 이른바 '국공내전(國共內戰)'으로 알려진 전쟁이 그것이다.

초반의 전투에서는 그래도 정규군이었던 장개석의 국민당군이 우세를 보였지만 시간이 흘러 내전이 장기화되어 감에 따라 공산당의 세력이 점차 커져간다. 게다가 국민당군은 널리 알려졌듯이 지휘관의 비도덕성으로 말미암아 점차 부패해 갔고, 1949년 마침내 장개석은 국공내전의 패배를 인정하고 대만으로 쫓겨 가는 신세가 되고 만다.

대만에 정착하게 된 장개석의 국민당 정부는 내정을 개혁하고 철저한 도덕정치를 구현하면서 착실한 경제기반을 다져나간다. 하지만 장개석의 중국 본토를 향한 애국심과 충성심은 필생의 과업을 본토 회복에 둘 만큼 크고 절절한 것이었다. 그는 중국 본토 수복을 위해 대만이 유엔에서 상임이사국으로 활약할 수 있게 하였고, 본토 회복의 꿈을 달성하기 전까지는 군복을 벗지 않겠다고 다짐해, 1975년 4월 이승에서 하직할 때까지 결코 군복을 벗은 일이 없이 지냈다.

그의 평생의 꿈이었고 희망이었던 중국 대륙의 회복은 아직까지도 달성되지 않았고, 어쩌면 그것은 영원히 불가능한 일일지도 모른다. 지금 국제사회에서 더 두각을 나타내는 나라는 대만이 아니라 본토인 중국이라고 해야 할 것이기 때문이다.

그가 꿈을 이룰 때까지는 군복을 결코 벗지 않겠다고 다짐하면서 했던 말은 우리에게도 커다란 교훈을 준다. 그 말은 다음과 같다.

"우리는 대륙에서 완전히 패배하였다. 하지만 우리가 패한 까닭은 적이 우리보다 강했기 때문이 아니라 우리들의 마음이 강하지 못했기 때문이다. 패인은 우리들 마음속에 있었던 것이다."

진정 조국을 사랑했고 중국을 위해 충성을 다했던 인물 장개석 총통. 대륙에서의 패배를 한으로 삼아 본토 수복을 일생의 목표로 죽는 날까지 군복을 벗는 날 없이 살았던 그. 정치적, 사회적, 경제적 개혁을 통해 오늘날의 살기 좋은 나라, 부강한 대만을 이룩했던 그의 애국심과 충성심이 있었기에 오늘날까지도 대만의 모든 국민들이 그를 존경하고 추앙하는 것이 아니겠는가?

5. 오스본과 마빌

"내 마음의 충성은 따로 있습니다."

영국의 찰스 2세 때의 일이다. 토머스 오스본 백작은 그 당시 재무장관을 역임하고 있었다. 그는 정부 여당이 국가를 위해 어떤 중요한 일을 계획하고 있는데 의회에서 그 안을 통과시키기 위해서는 야당을 지지하고 있는 사람들 가운데 적어도 넷 사람의 협력이 필요하다는 걸 알고 그의 어린 시절 학교 동창이자 절친한 친구였던 마빌 의원을 찾아갔다. 어떻게든 그를 설득해서 정부를 위해 국회에서 한 표 던져줄 것을 요청하기 위해서였다.

친구 마빌의 집을 찾았던 오스본 백작은 그가 사는 모습을 보고 깜짝 놀랐다. 야당 생활을 하고 있는 처지였기에 호화롭게 살고 있지는 않을 것이라고 생각했지만, 마빌은 생각했던 것보다 더 심하게 참으로 비참한 환경 속에서 살고 있었기 때문이었다. 그는 의원 신분임에도 불구하고 남의 집 다락방 한 칸을 세내어 참으로 어렵사리 살아가고 있었던 것이다.

오랜만에 만난 두 사람은 옛날 학창 시절로 돌아가 허물없이 기억을 되살리며 담소를 나눴다. 그렇게 이런저런 이야기를 나누는 동안에도 오스본은 마빌의 성향을 관찰하고 은근히 현 정부가 내세우고자 하는 법안에 대해서 의견을 떠봤다. 하지만 마빌의 입에서 나오는 말은 새롭게 상정하려는 법안에 대해서 철저히 비판적인 입장이었다. 마빌은 야당 의원 중에서도 자신의 생각이 확고한 요지부동의 인물이라는 사실을 오스본은 새삼 느낄 수 있었다. 그 사실을 안 이상 그에게 섣불리 여당을 위해 한 표 행사해 줄 것을 부탁한다는 것은 비록 아무리 가까운 옛 친구라 할지라도 결코 해서는 안 되는 일임을 오스본은 잘 알고 있었다. 그래서 그는 더 이상 정치 이야기를 화제로 삼지 않고 그저 즐거웠던 학창 시절의 기억만 회상하면서 그렇게 시간을 보냈다.

그렇게 옛 시절의 이야기로 대화를 끝맺고 그들이 작별하게 됐을 때, 오스본은 마차에 오르기 직전 그를 배웅하기 위해 마당으로 나온 마빌에게 정말 순수한 마음으로 수표 한 장을 쥐어주었다. 어렵게 살고 있는 옛 친구에 대한 우정에서였을 뿐 아무런 사심이 없는 행동이었다. 그런 다음 오스본은 마차에 올라 집으로 향했다.

그런데 그가 막 출발하려고 했을 때 마빌이 소리쳐 마차를 멈추게 했다.

"장관님, 잠깐만 기다려주십시오. 할 말이 좀 남은 것 같습니다."

마빌의 말을 들은 오스본은 행여 그가 마음을 돌리기라도 한 것 아닐까 해서 마차에서 내렸고, 마빌이 이끄는 대로 다시 그 좁은 다락방 안으로 들어갔다.

조금 전처럼 두 사람이 다시 마주 앉게 되자 마빌이 하인을 불렀다. 그리고는 어제 저녁에 먹었던 메뉴가 무엇이었느냐고 물었다. 하인이 양고기 한 조각을 구워 드셨다고 말하자 마빌은 다시, 그럼 오늘 저녁 메뉴는 무엇이냐고 물었다. 하인이 다시, 살이 좀 붙어 있는 소뼈다귀를 저녁 식탁에 올릴 것이라고 대답했다.

그러자 마빌은 하인을 돌려보낸 뒤 오스본을 마주 보며 말했다.

"장관님, 들으신 바와 같이 나는 아직까지는 굶지 않고 잘 버티고 있습니다. 각하가 주신 수표는 천 파운드나 되는 거액이었고 제가 각하의 순수한 우정을 모르는 바 아니지만 천 파운드는 우정으로만 생각하기에는 너무 큰 액수입니다. 제가 충성을 바치기로 작정하고 또 그렇게 충성을 바쳐온 사람은 이미 정해져 있습니다. 장관님께는 죄송한 말씀이지만 제 마음을 바꾸려 설득하지 마시기 바랍니다."

그것이었다. 비록 재무장관의 직책에 있었지만 장관이기에 앞서 옛 친구였던 오스본의 순수한 마음을 헤아려 손에 쥐어준 수표를 받았지만 그것이 천 파운드나 되는 거액이었기에, 비록 친구인 그가 어떤 정치적인 부탁도 하지 않았고, 또 정말 가난한 자신을 돕기 위해 순수한 마음에서 건네준 돈이라 할지라도, 그가 떠난 다음 흔들릴지도 모를 자신의 마음을 다잡기 위해 마빌은 그 수표를 돌려준 것이다.

참다운 충성심은 가난을 극복할 수 있는 재산이나, 함께 우정을 나눈 친구의 설득에도 흔들리지 않는 진정성 있는 것임을 보여주는 예화라 하겠다.

6. 사육신
"왕실의 정통은 보전되어야 하오."

조선시대 최고의 명군으로서 태평성대를 구가했던 세종대왕은 여섯 명의 부인에게서 스물두 명의 자녀를 두었는데, 그중 정비

(正妃)였던 소헌왕후에게서 8남 2녀를 낳았다. 장남인 향은 여덟 살의 어린 나이에 세자로 책봉됐고 그로부터 29년 후 왕위에 올랐는데 그가 바로 문종이다.

문종은 어릴 때부터 학문을 좋아하고 서예는 물론 천문학까지도 관심이 높아 성군이 됐지만 몸이 약해 즉위한 지 2년 3개월 만에 39세의 나이로 세상을 뜨고 말았다. 문종이 죽은 후 단종이 왕위에 올랐는데 그는 불과 열두 살밖에 안 된 소년이었다. 어린 아들을 왕위에 오르게 하고 눈을 감은 문종은 고명대신이었던 김종서, 황보인 등에게 단종을 충심으로 보필할 것을 유언하고 죽었다.

하지만 어린 단종에 비해 문종의 동생이자 단종의 삼촌들이었던 일곱 명의 대군들은 모두 건재했고, 그중에서도 둘째인 수양대군과 셋째인 안평대군, 넷째인 임영대군은 정치적으로도 영향력을 행사할 만큼 막강한 세력을 보유하고 있었다.

1453년 10월 단종이 즉위한 지 불과 1년 6개월이 지난 무렵, 수양대군과 한명회는 좌의정 김종서를 죽이고 이른바 계유정난을 일으킨 뒤 정권을 장악했고, 1455년 수양대군이 보위에 올랐으니 그가 바로 조선 7대 임금인 세조다.

그로부터 1년 후 1456년 1월 조정에서는 명나라 사신들을 접대하기 위한 연회를 베풀고자 했다. 집현전 학사 출신으로서 예승부지였던 성삼문은 도총관이었던 아버지 성승, 그리고 유응부, 박팽년, 이개, 하위지, 유성원, 김질 등과 함께 단종을 복위시키고자 하는 거사를 준비하고 있었고, 거사일을 바로 연회일로 잡았다. 연회일을 거사일로 잡은 까닭은 그의 부친 성승과 유응부가 왕을 바로 곁에서 호위하는 별운검의 임무를 맡고 있었기 때문이었다. 왕 바로 곁에서 무장을 한 채 호위를 하게 됐으니 세조를 죽일 수 있는 절호의 기회였고, 또한 그것은 그들이 지난 1년 동안 암암리에 꿈꾸고 준비해 왔던, 단종을 복위시킬 수 있는 마지막 기회였다.

하지만 그들의 계획은 한명회에게 사전에 발각됨으로써 수포로 돌아가고 말았다. 거사가 성공할 수 있다는 데 대해 회의를 품었던 긴질이 기사 계획을 서사 직전에 한명회에게 고발하였기 때문이었다. 1년 동안이나 준비해 왔던 그들의 계획은 결국 내부고발자의 배신으로 인해 허무하게 막을 내리고 만 것이었다.

김질로부터 거사 계획을 들은 한명회는 행사 당일 별운검을 폐지해 버렸고 연회 장소도 다른 곳으로 옮겨버렸다. 그런 다음 한명회는 한밤중을 틈타 의금부 군사들을 동원하여 거사 관련자들을 모조리 잡아들였다.

역사에서 보듯이 실패한 쿠데타의 뒤끝은 참혹하기 이를 데 없다. 그날 밤 인류가 고문이라는 극악한 체벌 형식을 고안해 낸 이래 가장 혹독하고 참혹한 광경이 전개됐다. 유성원은 거사 계획이 탄로 나자 스스로 목숨을 끊었고, 성삼문, 이개, 하위지 등은 형언할 수 없이 가혹한 고문 끝에 죽임을 당하고 말았다. 그들은 불에 달군 쇠꼬챙이로 온몸을 지지는 고문을 받았고 차례대로 능지처참을 당하고 말았다.

단종을 복위시킴으로써 조선왕조의 정실을 바로잡고자 하는 충성심에서 죽기를 각오하고 거사를 계획했던 성삼문과 박팽년, 이개, 하위지, 유응부, 유성원은 이렇게 처참하게 죽고 말았다. 사람들은 훗날 단종 복위를 꾀하다 죽임을 당한 이들 여섯 명의 충신들을 일컬어 사육신(死六臣)이라고 불렀다.

7. 악비

"군왕의 명령은 따라야만 합니다."

중국 송나라의 장수 악비(岳飛)에 관한 이야기는 임금에 대한 충성심에서 여러모로 이순신 장군의 백의종군을 떠올리게 한다.

악비는 중국 송나라 때의 장수로서 금나라와의 전투에서 큰 공을 세워 송나라 고종으로부터 '정충악비(精忠岳飛)'라고 손수 써준 장수기(旗)까지 하사받았던 인물이다.

그는 어려서부터 학문에 힘썼을 뿐만 아니라 손자, 오자 병법을 즐겨 읽어 병법에도 통달했고, 또한 힘이 장사여서 무인으로서 갖추어야 할 모든 것을 구비한 인물로도 알려져 있다.

당시 송나라는 이웃에 있는 금나라에게 북녘 땅을 대부분 빼앗기자 분연히 일어나 사무친 원수도 갚고 빼앗긴 땅도 회복하자는 기운이 팽배해 있었지만, 금나라의 세력이 워낙 막강한지라 전쟁을 하기보다는 차라리 화평을 청하자는 의견도 적지 않았다. 특히 당시 송나라 재상이었던 진회(秦檜)는 대표적인 화평론자였다.

하지만 악비를 비롯한 무인들과 명분을 중시하는 학자들은 송나라가 이대로 머물러서는 안 되며 전쟁을 해서라도 잃은 땅을 되찾자는 의견을 내었고 이들의 기세도 만만치 않았다. 이 모든 것의 최종 결정은 고종에게 달려 있었다.

하지만 고종은 마음이야 원수 금나라를 쳐서 고토를 회복하고 싶었지만, 금나라에 인질로 가 있는 두 동생과 생모인 위태후의 생사가 걱정되어 전쟁보다는 화의를 요청하고자 했다.

그럴 즈음 금나라는 장수 종필(宗弼)이 재상에 오르자 또다시 남침을 꾀했고 송나라로서는 다시금 전쟁에 휘말려야만 했다. 금나라의 침공으로 전쟁을 하게 되자 그 전쟁은 악비를 비롯한 전쟁론자들에게는 고토를 되찾을 수 있는 호기가 아닐 수 없었다.

악비의 군사는 금나라 군과 맞아 싸웠고 그는 싸우는 족족 승리를 거뒀다. 악비의 군대는 화북의 여러 주를 되찾는 데 성공했으며 그 여세를 몰아 계속해서 북진해 나아갔다. 그의 군대가 송나라의 옛 두시였던 변경까지 북진해 가사 그 고장 백성들은 환호성을 지르며 악비의 군사들에게 먹을 것과 마실 것을 대줬고 군사들의 사기는 말할 수 없이 충천했다. 악비 스스로도 승리를 의심하지 않아 머잖아 황룡부로 돌격해 그곳에서 승리의 축배를 들 것을 병사들에게 약속하기도 했다.

이제 당황한 것은 금나라의 재상 종필이었다. 그는 악비의 군대가 승승장구해 오는 걸 보자 점차 그가 두려워졌다. 그는 새로운 전략이 필요했다. 종필은 꾀를 써 송나라 재상 진회에게 서한을 보낸다. 서한의 내용은 이러했다.

"그대가 전부터 조석으로 금나라와의 화평을 요구해 왔는데 그대의 장수 악비가 화북까지 진격해 온 걸 보면서 내 어찌 화평의 요청에 응할 수가 있겠소. 바라건대 악비를 잡아 그 목을 베면 쾌히 화의에 응하리다."

서한을 받은 진회는 그 즉시 금자패를 악비에게 보냈다. 금자패란 황제의 특사만이 가지고 다니는 것으로 알려진 패였기에 그 패를 본 악비는 북진을 멈추었고, 어쩔 수 없이 말 머리를 돌려 진중으로 돌아와야만 했다.

악비가 진중으로 돌아오자 진회는 그 즉시 그를 체포해 옥에 가두었다. 악비가 옥에 갇히자 장수 한세충이 진회에게 죄도 없는 사람을, 더구나 전쟁에서 큰 공을 세우고 돌아온 장수를 왜 옥에 가두느냐고 따져 물었다.

진회는 죄가 있는지 분명치는 않지만 있을 수도 있다고 대답하고는 그런 일이 되풀이될 것을 염려해 그 밤으로 악비를 죽이고 말았다. 실로 비참하고도 억울하기 짝이 없는 죽음이 아닐 수 없다. 악비의 나이 불과 39세로 아직은 한창 젊을 때의 일이었다.

간신배에 의해 억울한 죽음을 당했던 악비. 그는 정녕 임금인 고종에게 절대적인 충성심을 바쳤던 참다운 군인이었다. 임금이 그에게 술이 좀 과하다고 말하자 그날로 술을 끊어버렸고, 그를 위해 저택을 지어주자 아직 나라가 태평치 못한데 무슨 집이 필요하냐며 거절했고, 승승장구하는 북진 속에서도 임금의 금자패를 보고는 그 즉시 말 머리를 돌렸던 악비 장군. 그의 모습은 정녕 고종이 하사했던 '정충악비', 곧 마음과 정성을 충심으로 다 바치는 악비 장군이라는 말에 조금도 손색이 없는 군인이라 하겠다.

조선의 이순신 장군도 아무런 죄 없이 그를 모함했던 무리들에 의해 두 번씩이나 백의종군해야 했다. 억울함에 어찌 할 말이 없었으랴마는 선조의 명령이라 묵묵히 따랐을 뿐, 그 충성심이 악비와 다르지 않다. 다만 악비의 죽음은 감옥이었고, 이순신의 그것은 다시금 위기에 놓인 조정의 부름으로 인해 전선이었다는 것만 다를 뿐.

8. 김유신

"우리 집 물맛은 여전하구나."

신라의 김유신 장군은 가야를 세운 김수로왕의 12대손으로서 아버지 소현과 어머니 만명부인 사이에 태어났다. 소현과 만명부인은 중매 없이 오늘날로 말하면 연애 결혼한 사이였고 유신을 가질 때는 둘 다 태몽을 꾼 것으로 알려져 있다.

훗날 유신이 청년이 되어 기생 천관의 집을 자주 드나들었을 때 아들의 장래를 생각해 그를 호되게 꾸짖었던 이가 바로 만명부인이다. 어느 날 밤 술에 취한 유신이 말을 타자 말은 평상시처럼 천관의 집으로 갔고 정신이 든 그가 말의 목을 베어버리자 천관이 삭발하고 절로 들어갔다는 일화는 너무도 유명한 이야기다. 하지만 어머니 만명부인의 그런 가르침이 있었기에 김유신은 훗날 삼국통일의 주역으로 성장할 수 있었다고 해야 할 것이다.

신라 선덕여왕 14년 김유신 장군이 52세 때의 일이다. 당시 그는 왕명을 받아 9월에 백제의 일곱 성을 진격해 함락시킨 다음 이듬해 정월 귀로에 올랐다. 하지만 신라에 도착해 성으로 들어가던 중 그는 백제의 대군이 매리포 성으로 쳐들어왔다는 급보를 전해 들었고 그 길로 다시 말 머리를 돌려 백제군을 물리치기 위해 떠났다.

그 이듬해 3월 장장 6개월간의 긴 전쟁을 모두 끝내고 신라로 돌아왔지만 왕에게 결과를 보고도 하기 전에 다시금 백제군이 변방에 침입했다는 소식을 듣고 장군은 또다시 말 머리를 돌려야만 했다. 지친 몸을 채 쉬지도 못하고 다시 원정길에 오르던 그는 도중에 자신의 처자가 기다리고 있는 집을 지나치게 된다. 그의 부인과 자식들, 식솔들 모두가 문 밖에 나와 그의 얼굴이라도 보고자 원해 기다리고 있었지만 유신은 자기 집 대문을 그대로 지나쳐 군졸들을 이끈 채 가버린다. 그렇게 50여 보를 더 나가던 그는 그곳에서 잠시 말을 세우고는 군졸을 시켜 자기 집에서 물 한 바가지만 떠오라고 시킨다.

그렇게 물 한 그릇을 다 마시고 난 그는 "우리 집 물맛은 여전하구나"라고 말하고는 그대로 전선을 향해 떠났고, 장군의 행동을 지켜본 휘하 장졸들 역시 장군의 속마음을 알아차리고 모두가 그대로 그 뒤를 따라갔다.

장군이 집 앞을 지나면서도 식솔들의 얼굴도 보지 않고 그냥 출정했다는 소문은 삽시간에 전군에 퍼졌고, 보고 싶은 가족들의 얼굴도 외면한 채 전선으로 떠나는 장군에 대한 충성심이 불같이 타올랐다. 부하 장병들도 가족에 대한 그리움이 없으랴마는 장군부터 그 마음을 지워버리니 감동하지 않을 수 없었던 것이다. 장군의 군대가 전쟁에서 승리한 것은 너무도 당연한 일이라 하겠다.

6개월간이나 집과 떨어져 지냈고 지척에 가족들이 있는데, 사실 장군도 얼마나 그들이 보고 싶었겠는가? 하지만 김유신은 그 마음을 참아 눌렀던 것이다. 그가 만약 가족들과 잠시일망정 재회라도 한다면 휘하의 장병들도 부모와 처자에 대한 그리움을 떠올릴 것이고 군의 사기는 말할 수 없이 떨어졌을 것이다. 그 모든 것을 예견한 그는 스스로부터 사사로운 감정을 버렸던 것이다. 대의(大義)를 위해 작은 것을 물리쳐야 했던 그의 마음은 국가에 대한 충성심이 아니고서는 설명하기 힘들다. 그와 같은 충성심이 휘하 장졸들에게도 그대로 전달됐고 그들 역시 장군을 향해 그와 같은 충성심을 쏟아부었던 것이다. 장군의 부대가 승리할 수 있었던 원동력이 바로 여기에 있다.

대의를 위한 장군의 충성심과 솔선수범이 그의 부대가 항상 승리하는 최강의 군대가 되게 했던 것이다.

9. 이완

"그대는 잘 때도 갑옷을 벗지 않았구려."

병자호란은 인조 14년에 청나라가 이 땅에 쳐들어옴으로써 발생한 전쟁이지만, 이 전쟁은 이 나라의 왕 인조가 삼전도에서 신흥국인 청나라 태종에게 무릎을 꿇고 머리를 땅에 찧어야 했던 치욕의 역사적 사건을 낳게 한 전쟁이었다. 당시 홍익한, 윤집, 오달제 등 이른바 삼학사는 청나라에 끌려가 순절했고, 훗날 효종이 된 태자는 왕세자인 소현세자와 부인과 함께 볼모로 잡혀가 7-8년 동안이나 굴욕적인 세월을 보내야만 했다.

중국 심양에서 긴 세월을 보내면서 나라가 허약하면 이처럼 굴욕을 겪게 된다는 뼈아픈 기억을 아로새긴 효종은 훗날 보위에 오르자 복수심에 불타 비밀리에 청나라와의 전쟁을 꾀하는 북벌 계획을 세운다. 효종은 김상헌, 김집, 송시열 등 병자호란 당시 전쟁을 해서라도 나라를 지키자고 눈물로 호소했던 대청(對淸) 강경파들을 중용해 북벌 계획의 기초를 닦고, 한편으로는 젊고 영기(靈氣)가 뛰어난 이완 장군을 훈련대장으로 삼아 병사들을 강하게 키우게 했다. 모든 면에서 문무를 새롭게 정비하였고, 그 기반에는 북벌을 성공하겠다는 효종의 굳은 신념이 깔려 있었다.

훈련대장 이완은 그 자신 북벌에 대한 신념이 누구보다도 강한 인물이었기에 왕의 명을 받아 장병들에게 강한 훈련을 시켰다. 그는 장병들로 하여금 모래주머니를 열 개씩 차고 산과 강을 건너게 하는 훈련을 주야로 하게 했고 그와 같은 강한 훈련 덕에 장병들은 정예군으로 변모해 가고 있었다.

어느 날 저녁 자정이 막 지날 무렵이었다. 막 잠자리에 들었던 이완은 효종이 급히 찾는다는 전갈을 받았다. 한밤중에 자신을 찾는다는 보고를 받은 그는 행여 왕의 신상에 무슨 일이라도 생기지 않았나 걱정하면서 급히 말을 달려 대궐로 들어섰다.

그 순간 화살 하나가 날아와 그의 등에 박혔다. 그는 말에서 떨어져 뒹굴었지만 왕의 신변이 위험할 수도 있다는 생각이 들자 등에 박힌 화살도 빼지 못한 채 그대로 어전으로 달려갔다.

어전에 당도하자 다행히도 효종의 얼굴이 밝은지라 그제야 그는 안도의 한숨을 내쉬었다.

효종이 이완에게 등에서 화살을 빼내라고 말했고 이완이 화살을 빼내자 왕은 다시 그 화살을 부러뜨리라고 지시했다. 이완이 화살을 부러뜨리자 그 안에서 둘둘 말린 채 꽂혀 있던 하얀 종이가 나왔는데 그것은 지도였다. 지도 안에는 청나라의 주요 시설들이 여기저기 그려져 있었다. 그리고 효종의 말이 이어졌다.

"이건 내가 청나라에 볼모로 있을 때 여러 곳을 답사하면서 그린 지도요. 내 북벌 계획의 기초입니다. 잘 봐두시오. 북벌에 대한 내 꿈을 장군에게 알려주고 싶어 이렇게 오라고 했소이다. 그런데 소문이 또한 사실인 것 같소. 그대는 잠을 잘 때도 갑옷을 벗지 않는다고 하던데, 화살을 맞고도 피 한 방울 흘리지 않으니 말이오.

고맙소. 그대의 충성심에 정녕 감탄하는 바요. 부디 더욱 정진하여
내 꿈을 꼭 이루게 해주시오."

이완은 그제야 모든 일의 진상을 깨달았다. 그에게 화살을 날
린 것도 임금이 시킨 것이었고, 그 자신의 정신상태를 점검해 보
고 왕의 포부와 희망을 자신에게 말하고자 했다는 것을 모두 깨
달은 것이었다. 그것은 임금이 그만큼 자신을 믿고 충애하고 있
다는 것을 보여주는 것이기도 했다. 그는 임금 앞에 다시 절을
올리며 혼신으로 충성을 다할 것을 다짐했다.
　하지만 효종의 북벌 계획은 이루어지지 못했다. 소국이 대국을
치기에는 조선의 힘이 너무 부족해 준비기간이 길어야 했고, 무
엇보다도 북벌 계획을 줄기차게 강조했던 효종이 일찍 죽고 말았
던 것이다. 역사에 가정(假定)이란 있을 수 없지만 효종이 오래
재위하였다면 북벌 계획의 실현도 가능했을지, 그래서 삼전도의
굴욕도 보복으로 만회할 수 있었을지 모를 일이다.

10. 신숭겸
"폐하의 옷을 제게 입혀 주소서."

신숭겸(申崇謙)은 고려시대의 장수이자 개국공신으로서 왕건으
로부터 '아우' 호칭을 받던 인물이다. 하지만 그를 고려시대 최고
의 충신으로 꼽는 까닭은 위기에 처한 왕건을 대신해 스스로 목
숨을 바침으로써 왕에 대한 충성을 실천했던 인물이기 때문이다.
　고려의 후삼국 통일 과정은 후백제와의 쟁패 과정이라 해도

과언이 아니다. 그 시절 이미 신라는 국운이 쇠락해 무기력해졌고, 그래서 나라 형태도 제대로 유지하기 어려울 만큼 몰락해 가는 상황이었다.

그와 같은 신라를 후백제의 견훤이 그냥 내버려둘 리가 없었다. 그는 군사를 이끌고 신라를 향해 쳐들어갔고 후백제의 갑작스러운 기습을 받은 신라는 당황해 어쩔 줄 모르다가 급기야 고려의 왕건에게 구원을 요청했다.

신라에 대한 견훤의 침략 행위를 전해 들은 왕건은 김락, 신숭겸 등의 장수들을 이끌고 정예기병 5만을 거느린 채 친히 대구에 있는 공산(公山)으로 들어갔다. 하지만 공산에서 공교롭게도 왕건은 백제군에게 포위를 당하고 말았고, 밀려오는 견훤에 의해 목숨을 잃을 위태로운 지경에 이르게 된다. 역사서에 나오는 이른바 유명한 공산성 전투가 바로 그것이다. 견훤의 군사가 지척으로 다가오고 있어서 왕건의 목숨은 그야말로 풍전등화와 같았다. 바로 그때 신숭겸이 나서며 말했다.

"폐하, 폐하는 지금 위기에 처했습니다. 이 위기를 극복하는 길은 단 한 가지 방법밖에 없습니다. 다행히도 제 외양이 폐하의 모습과 비슷하므로 제가 폐하의 수레를 타고 폐하처럼 행세하면서 전진하겠습니다. 그러면 적들은 저를 폐하로 알고 제가 탄 마차를 추격해 올 것입니다. 그 틈을 이용해 폐하께서는 이곳을 빠져나가시면 됩니다."

충정 어린 신숭겸의 말을 들은 왕건은 단호하게 그럴 수 없노라고 말하고 끝까지 싸우다가 죽더라도 함께 죽을 것을 지시했다. 그렇지만 신숭겸은 다시 간곡한 어조로 옷을 바꿔 입을 것을 요청했다. 자신이 죽는다고 해서 나라가 망하는 건 아니지만 왕건이 죽으면 고려의 역사는 끝이 나고 만다는 것이 그의 주장이었다.

눈물로 호소하는 신숭겸의 충절에 그 역시 눈시울을 적시며 왕건은 왕의 옷을 그에게 내주고 평범한 병사 옷으로 갈아입었다.

왕의 옷을 입고 왕건으로 변장한 신숭겸은 곧바로 수레를 몰고 적진을 향해 나아갔다. 견훤은 그 수레가 왕건의 것이라 생각해 신숭겸이 탄 수레를 집중 공격했고 신숭겸은 목숨이 다할 때까지 시간을 끌며 적과 싸우다 수십 발의 화살을 맞은 채 장렬히 전사하고 말았다.

외양이 비슷했던 까닭에 견훤의 군사들은 끝까지 신숭겸을 왕건으로 오인해 그의 목을 잘라 가지고 진영으로 돌아갔다.

신숭겸의 목숨을 바친 헌신으로 말미암아 가까스로 살아난 왕건은 싸움이 끝난 뒤 전쟁터로 돌아와 신숭겸의 시신을 찾고자 하였으나 목이 잘린 시체가 많아 어느 것이 그의 시체인지 알 수가 없었다. 하지만 그의 왼쪽 발에 난 북두칠성 모양의 사마귀를 보고 그의 시신을 찾아 후하게 장례를 치른 뒤 그곳에 지묘사(智妙寺)란 절을 지어 그의 명복을 빌어주었다.

훗날 고려 16대 임금인 예종은 신숭겸과 김락 장군을 추모해 「도이장가(悼二將歌)」를 지어 두 충신의 죽음 애도했으며, 신숭겸을 비롯해 장렬하게 싸우다 전사한 여덟 장군을 추모해 그 산을 팔공산이라고 개명했다고 전해진다.

임금이 절체절명의 위기에 빠졌을 때 자신의 목숨을 걸고 임금을 구한 충신 신숭겸 장군, 그의 충성심과 용기가 아니었다면 후삼국 통일의 주역은 고려의 왕건이 아니라 백제의 견훤이 됐을 것이다.

제 2 부

위대한 정신, 용기

제1장　용기의 참다운 의미와 근거

일반적으로 용기는 "씩씩하고 굳센 기운", "사물을 겁내지 않는 기개"로 정의된다. 이는 분별력이 있어 미혹당하지 않는 지혜로운 사람을 지자(智者)라 하고, 근심 걱정 없는 인자한 사람을 인자(仁者)라 하며, 기개가 있어 두려워하지 않는 사람을 용자(勇者)라 칭한 공자의 말에서 비롯된 것이라 여겨진다.[3]

그러나 용기의 참다운 정의가 쉽지 않음은 플라톤의 대화록에 수록된 소크라테스와 라케스 간의 대화가 잘 보여준다. 하지만 대화의 끝에 이르면 용기에 대한 확실한 윤곽이 그려지고 있음을 볼 수 있다.

---

3 "智者不惑, 仁者不憂, 勇者不懼", 『論語』, 「子罕」편 참조.

1. 분별력 있는 인내력

플라톤의 대화록 중 「라케스」 편에 보면, 소크라테스가 '용기'라는 것을 젊은이들에게 어떻게 가르칠 수 있을까에 대하여 아테네의 유명한 장군 두 사람, 라케스와 니키아스와 함께 대화하는 장면이 나온다. 소크라테스와 이 두 장군 간의 대화를 살펴보는 것도 매우 흥미로운 일이지만, 이를 토대로 용기의 참다운 의미를 찾아볼 수 있다고 생각되어 여기 그 대강을 소개한다.[4]

검술 시합을 구경하던 아테네의 두 귀족이 자기 자식들에게 검술을 가르칠 필요가 있겠는가를 알고자 함께 그곳에 있던 두 장군 라케스, 니키아스와 검술 수업 방식에 대해 토의하던 중, 의견이 서로 분분하자 소크라테스를 그곳에 초청한다. 소크라테스는 검술 수업을 통해 얻을 수 있는 덕(德)에 대해 설명하고, 그 덕들 가운데서도 최상이라 여겨지는 용기에 대해 토의할 것을 제의한 뒤, 용기에 대해 충분한 이해를 갖고 있을 것으로 생각된 두 장군에게 용기의 정의를 내려줄 것을 요청한다. 두 장군은 이미 전쟁터에서도 용감히 싸우고 진두지휘한 사람들이므로 서슴없이 대화에 응해 용기의 정의를 내린다.

라케스 : 용기의 정의는 별로 어렵지 않다. 그것은 "전열에 머물러 서서 적에 대항하고 퇴각하지 않는다면 그 인물은 용감하다"고 말할 수 있다.

소크라테스 : 그 대답은 나의 질문과 다르다. 전열에 머물러 적과

---

4 고트프리트 마르틴, 김여수 옮김, 『소크라테스 평전』(삼성문화재단, 1974), pp.167-188 참조.

싸우는 사람은 분명 용감하지만, 만일 퇴각하면서 싸우는 사람은 어떠한가? 퇴각의 명인이라 불리는 아이네이아스 장군은 용감한 사람이 아닌가? 또한 보병만이 아니라 기병에 있어서 용감한 사람은 어떠한가? 물러서지 않고 싸우는 자만이 용감한 것인가? 그뿐만 아니라, 전쟁에서가 아니라 해난(海難) 때 용감한 사람들, 질환이나 빈곤과 국정(國政)에 있어서 용감한 사람들은 어떤 사람들인가? 또한 고통이나 공포에 대해 용감한 사람들, 그뿐만 아니라 욕망과 쾌락에 대해서 용감한 사람들은 어떠한 사람들인가? 분명히 이러한 사항에 대해서도 용감한 사람이 있는 것 아니겠는가?

라케스 : 확실히 그렇다.

소크라테스 : 그러니까 이 사람들은 모두가 용감하지만, 어떤 자는 쾌락, 어떤 자는 불쾌, 어떤 자는 욕망, 어떤 자는 공포에 대해서 용감한 태도를 취하는 것이다. 반대의 태도를 취한다면 비겁한 자라고 말할 것이다. 그런데 실상 내가 묻고자 하는 것은 쾌락에 대해서건 불쾌에 대해서건, 기타 용감한 태도가 인정되는 예로서 우리가 들고 있는 모든 사항에 걸쳐 동일한 것으로서의 용기라는 것은 어떤 힘인가 하는 것이다. 즉 용감한 모든 행위에 포함되고 있는 어떤 힘은 무엇인가 하는 것이다.

라케스 : 모든 경우에 대하여 인정되는 것이라면, 용기는 혼(정신)의 어떤 인내력이라 여겨진다.

소크라테스 : 그러나 모든 인내력을 용기라고 말할 수는 없을 것이다. 예컨대 무분별한 인내력은 악하고 해로운 일일 것이다. 용기는 가장 훌륭한 것 중의 하나일 텐데 악한 것을 훌륭한 것이라 여기지는 않을 테니까. 그렇다면 당신은 분별 있는 어떤 인내력을 용기라고 말하고자 하는 것인가?

라케스 : 그런 셈이다.

소크라테스 : 그렇다면 그것은 어떤 종류의 일에 한해서 분별 있는

인내력인가, 아니면 모든 일에 관해서 분별 있는 인내력인가? 가령 어떤 사람이 투자에 의해 이득을 보는 것을 알고 있고, 그 투자에 관해 분별 있는 인내심을 발휘한다면 그는 용기 있는 사람이라 말하겠는가?

라케스 : 제우스에 맹세하고 그렇게 말하지는 않을 것이다. …

이 대화록의 끝은 결국 라케스나 니키아스처럼 전쟁터에서 큰 공을 세운 장군도 소크라테스 자신과 마찬가지로 용기에 관해서 실상은 정확히 알고 있지 못하다는 사실을 보여준다. 그러나 대화의 흐름을 눈여겨보면 진정한 용기에 관한 정의가 세 단계로 발전하고 있음을 알 수 있다.

라케스에 의해서 내려진 첫 단계에서의 정의는 그저 용감한 것들의 나열이다. 두 번째 단계는 용감한 것들의 공통된 힘으로서의 분별 있는 인내력이다. 그리고 세 번째 단계에서는 용기가 모든 종류의 분별 있는 인내력일 수는 없음을 시사하고 있다.

용기에 대한 정의를 내리고자 하였던 소크라테스와 라케스의 대화를 토대로 할 때, 우리는 다음과 같은 세 가지 중요한 요소가 용기라는 개념에 포함되어 있음을 알 수가 있다.

첫째, 용기는 모든 용감한 행동에 담겨 있는 공통된 특질로서의 정신적인 어떤 인내력이다. 둘째, 모든 종류의 인내력이 아니라 분별 있는 인내력이다. 왜냐하면 용기는 훌륭한 것이기 때문이다. 셋째, 분별 있는 인내력이라 할지라도 그것이 지향하는 바가 개인적인 사소한 이익을 위한 것이어서는 안 된다.

그렇다면 이들의 대화 속에서 이끌어낼 수 있는 용기의 참 의미는 "대의(大義)를 위한 분별 있는 인내력"이라고 할 수 있겠다.

대의는 정의(正義)와 맥을 같이한다. 따라서 용기는 대의 혹은 정의와 불가분의 관계 속에 있으며, 분별없는 용기, 정의와 관계없는 용기는 참다운 용기가 아님을 알 수 있는 것이다.

2. 정의를 위한 인내력

한편, 아리스토텔레스는 덕이란 일반적으로 지나침과 모자람이 없는 중용이라고 보았는데,5 용기란 덕은 만용이라는 지나침과 비겁(비굴)이라는 모자람의 중용이라는 것이다. 용기란 결코 어떠한 위험이나 위기를 알지도 느끼지도 못하는 철모르는 청소년의 객기와 같은 만용이 아니다. 용기란 또한 당면한 위기 상황에 압도되어 쉽사리 굴복해 버리는 비겁함도 아니다. 용기란 닥쳐온 위기와 위험 상황을 분명히 인지하고 있기에 공포를 느끼면서도 그것을 극복하려는 힘으로서의 행동적 기질이요, 정신적 특성인 것이다. 더욱이 덕이란 도덕적 선(善)과 정의에 기반한 것이므로 참다운 용기는 선과 옳음 혹은 정의로부터 벗어난 것이어서는 안 되는 것이다.

요컨대, 참다운 용기는 소크라테스건, 아리스토텔레스건, 정의 혹은 옳은 것을 위한 행동이나 정신에 깃들어 있는 것임을 알 수가 있다.

이와 유사한 관점을 우리는 『논어』에서도 발견한다. 「술이(述而)」편을 보면 "포호빙하(暴虎馮河)"란 말이 나오는데 이는 공

---

5 아리스토텔레스, 최명관 옮김, 『향연, 파이돈, 니코마코스 윤리학』(을유문화사, 1994), pp.231-235.

자의 용기에 대한 개념을 살펴볼 수 있는 좋은 예다.

하루는 공자가 제자 안연(顔淵)과 더불어 얘기하는 중 "조정에 등용이 되면 나아가 도를 행하고, 해임되면 물러가서 초야에 묻히는 것이 군자의 도리인데, 이는 너와 나만이 할 수 있을 것이다"라고 하였다. 이를 옆에서 듣고 있던 자로(子路)가 "만약 선생께서 삼군을 거느리고 전쟁터에 나가신다면 누구와 더불어 하시겠습니까?"라고 물었다. 이때 공자는 스스로 용기 있음을 과시하고자 하는 그의 뜻을 알고 말하기를 "맨손으로 범을 때려잡으려고 덤비거나 큰 강을 배 없이 건너다가 죽어도 후회하지 않겠다는 자와는 더불어 일하지 않는다. 반드시 어떤 일에 임하여 조심하면서 계획을 잘 세워 성사시키는 자와 더불어 할 것이니라"고 하였다.[6]

공자는 이처럼 참된 용기를 '포호빙하(暴虎馮河)'하려는 무모하기 짝이 없는 저돌적 만용과 구별했을 뿐만 아니라, 또한 그것이 지향하는 바가 정의로워야 함을 일깨워준다. 공자는 다음과 같이 말한다.

"의를 보고도 행하지 않는 것은 용기가 없는 것이다."[7]

"군자가 용기가 있으되 정의감이 없으면 난을 일으키게 되고, 소인이 용기가 있으되 정의감이 없으면 도둑질을 하게 된다."[8]

---

6 "포호빙하(暴虎馮河)", 맨손으로 범을 때려잡겠다거나 큰 강을 배도 없이 건너겠다고 하는 무모함을 일컬음, 『論語』, 「述而」편 참조.

7 "見義不爲無勇也", 『論語』, 「爲政」편 참조.

8 "君子有勇而無義爲亂, 小人有勇而無義爲盜", 『論語』, 「陽貨」편 참조. "무의위란(無義爲亂)"에 대해서는 신정근, 『마흔, 논어를 읽어야 할 시간』(21

참다운 용기는 도(道)와 정의(正義)를 위해서는 자기의 이익이나 목숨마저도 희생할 수 있는 기개라는 것이 용기에 대한 공자의 생각인 것이다.

소크라테스와 아리스토텔레스, 그리고 공자의 이와 같은 논의를 종합해서 용기를 정의해 본다면 다음과 같이 말할 수 있겠다.

"참다운 용기는 위기 앞에서도 대의(정의)를 위해 인내하고 극복해 내는 정신의 힘이다."

3. 육체적 용기와 도덕적 용기

대화록에서도 언급된 것처럼, 용기는 여러 가지 종류가 있을 수 있으나, 일반적으로 육체적 용기와 도덕적 용기로 구분하고 있다.[9]

육체적 용기란 육체적 공포를 극복하고 자신의 의무(참다운 가치로서의 대의 혹은 정의를 위하는 일)를 수행하는 것을 말한다. 인명을 구하기 위해 불에 뛰어드는 소방관, 전장에서 물러서지 않고 싸우는 군인 등 생명의 위협을 무릅쓰고도 자신의 임무를 완수하는 육체적 행동들이 여기에 속한다. 도덕적 용기란 도덕적 비난, 명예의 실추, 경력상의 불이익 등을 무릅쓰고서도 자신의 의무를 수행하는 정신적 힘이다. 그것은 자신에게 닥칠 모든 위험을 각오하고 참다운 가치, 도덕원칙, 신념에 따라 행동하는 것

세기북스, 2011), pp.313-315 참조.
9 FM22-100, *Military Leadership*(1990), p.23.

을 말한다. 일반적으로 말할 때 진정한 용기는 이 두 가지를 모두 포함한다.

따라서 용기 있는 사람은 정의를 위해 육체적으로 뿐만 아니라 도덕적으로도 강한 사람이라고 할 것이다. 생명의 위협 속에서도 '지구가 돈다'는 진리를 위해 끝까지 자신의 신념을 굽히지 않았던 갈릴레이, 자유와 인권의 도덕적 원칙과 신념을 위해서 식민주의와 인종차별주의에 대항해 비폭력투쟁을 벌였던 간디와 킹 목사, 나라와 민족의 독립을 위해 일본 제국주의자들을 단죄한 안중근과 윤봉길 의사, 자신의 생명을 던져 부하들의 목숨을 구했던 강재구 소령의 기개는 진정 용기 있는 사람들의 표본이 아닐 수 없다.

참된 용기는 때로는 상급자와의 견해 대립에서도 발휘된다. 약자와 하급자에게는 필요 이상으로 권위주의적이고 강압적이면서도 강자와 윗사람 앞에서는 직언은커녕 자신의 소신마저도 밝히지 못하고, 윗사람 말이라면 무조건 받아들이는 '예스 맨' 같은 사람은 결코 용기 있는 사람이라고 할 수 없다. 자신이 정의임을 확신하고 상대가 불의임을 알게 된 경우에는 그가 아무리 상급자라 할지라도 정당한 절차를 거쳐 자신의 의견을 직언함으로써 불의를 막는 것이 용기 있는 사람의 행동일 것이다.

미 **ROTC** 교범에 나와 있는 도덕적 용기의 예는 상급자와 의견 대립이 생길 가능성과, 그럴 경우 어떻게 행동하는 것이 참된 용기로서의 도덕적 용기를 구현하는 것인지를 잘 보여준다.

"모든 지휘관이 군대생활을 해나가는 중에 상관과 의견이 근본적으로 맞지 않을 경우가 있을 수 있다. 이때 부하가 그의 반대 입장을 자기 상관에게 알리기 위해서 도덕적 용기를 가질 것을 군대는 기대한다. 개인 간의 의견 차이를 조정하는 것은 정상적인 인간의 반응이지만, 이것이 원칙의 타협을 의미하지는 않는다."

4. 용기처럼 보이지만 참다운 용기가 아닌 것들

일반적으로 용기는 두려움이 없는 기개라 하였다. 두려움에 굴하지 않고 의무를 다하면 용기 있는 것이고, 두려움 때문에 도망치면 용기 없는 것이다.

그런데 공자는 호랑이를 앞에 두고 맨손으로 덤비면 만용이라 했는데, 그렇다면 호랑이를 보고 도망치는 건 비겁한 행위인가 아닌가? 지금까지 살펴본 내용에 따르면 호랑이를 보고 도망치는 것을 비겁한 행위라고 할 수는 없겠지만, 그 또한 용기 있는 행위는 결코 아닐 것이다.

그런데 만약 정말 중요한 임무수행을 앞두고 호랑이와 마주쳤다면 어떻게 해야 할 것인가? 호랑이를 사살할 총도 칼도 없는 상황에서 호랑이를 죽이지 않고서는 임무수행이 불가능할 때, 그때는 과연 어떻게 하는 것이 참다운 용기일까? 아리스토텔레스는 만용과 비겁의 중용으로서의 덕이 용기라 하였는데, 이 경우 참다운 용기는 과연 무엇일까? 비록 맨손일지언정 호랑이를 맞아 싸우는 건 정말 만용인가?

대답하기 곤란한 이 물음에 대한 답을 얻기 위해 아리스토텔레스가 제시하고 있는 사례들, 진정 용기 있어 보이는 행위들이지만 결코 참다운 용기라고 할 수 없는 사례들을 살펴보자. 그는

두려움을 극복함으로써 용기 있는 행동처럼 보이는 다섯 가지의 예를 제시하고 있다.10

첫째, 어떤 병사가 모두가 보기에 참으로 용감한 행동을 하였지만, 그것이 그 행동을 하지 않았을 때 돌아올 법적 제재나, 사람들의 비난, 혹은 그 행동을 통해서 자신에게 돌아올 명예를 기대하고 행해진 것이라면 그것은 결코 참다운 용기에 의한 것이 아니다. 특히 군에서 이루어지는 용감한 행동들에는 이와 같은 것들이 많이 있어서 종종 용기 있는 행동으로 취급되지만, 실상 이 행동들은 참다운 용기에 의한 것이 아니다. 그 까닭은 법적 제재나 비난, 기대되는 명예라는 조건들이 없었다면 그 병사가 그와 같은 행동을 하지 않았을 수도 있기 때문이다.

둘째, 어떤 장교나 병사가 전투에서 두려움을 극복한 행동을 했는데 그것이 상대와 대등한 관계를 벗어나서 이루어진 것이라면 그 행동은 참다운 용기의 사례라고 할 수 없다. 예를 들어 자신은 무기를 지녔지만 상대는 비무장이거나, 둘 다 무기를 가졌다 해도 그가 상대에 비해 훨씬 우수한 성능의 무기를 가졌거나, 혹은 자신은 프로인데 상대는 아마추어일 때, 그때 그가 발휘하는 두려움의 극복, 곧 용기는 결코 참다운 용기라고 할 수 없다. 그 까닭은 상대가 자신과 똑같은, 혹은 그보다 우수한 성능의 무기를 가졌거나 훈련된 정예군이라고 한다면 그 자신 두려움을 이겨내는 용기를 발휘하지 못했을 수도 있기 때문이다.

---

10 아리스토텔레스, 최명관 옮김, 『니코마코스 윤리학』(서광사, 1984), 제2권, 제8장, pp.100-104 참조. 여기 소개되는 다섯 가지 사례는 아리스토텔레스의 표현을 직접 인용한 것이 아니라 필자의 이해를 토대로 요약 서술된 것이다.

셋째, 격정(激情)에서 두려움을 극복한 행동은 그 결과가 아무리 용기 있는 행동처럼 보인다 할지라도 참된 용기는 아니다. 술에 취한 경우처럼, 격정이 종종 사람들로 하여금 두려움을 무릅쓰고서도 위험한 일을 하게끔 하고, 그래서 평상시는 할 수 없는 일들을 이루게 하기도 하지만, 참된 목적과 선택이 없는 격정적 행동은 결코 용기 있는 행동이 아니다. 격정의 순간이 아니면 그와 같은 결과를 가져오지 못힐 수 있을 뿐만 아니라 참다운 용기는 참된 목적과 선택 위에서 발휘되어야 하는 것이기 때문이다.

넷째, 과거의 경험에 비추어 낙관론에서 비롯된 두려움의 극복은 참다운 용기라고 할 수 없다. 물론 과거에 있었던 경험이 두려움을 극복하는 중요한 하나의 요인임에는 틀림없지만, 그 경험이 가져온 결과에 근거해서 두려움을 극복한다는 것은 참다운 용기와는 거리가 있다. 경험은 산출할 결과를 계산하게 하고 그래서 예측 가능하게 하지만, 용기가 발휘되어야 할 상황은 늘 예측 가능한 경우만이 아니다. 참다운 용기는 돌발적인 상황에서도 요청되는 것이고, 돌발상황에서 두려움을 극복하게 하는 것은 예측 결과가 아니라 그 사람의 성품, 곧 덕이기 때문이다.

다섯째, 위험에 대해 알지 못한 상황에서 발휘된 두려움의 극복은 참다운 용기에서 비롯된 것이라 할 수 없다. 무식하면 용감하다는 표현도 있지만, 그것은 한갓 우스갯말일 뿐 정작 위험한 상황이라는 것을 알게 되면 그 상황에서 도망치는 비겁자가 될 수도 있기 때문이다.

이처럼 아리스토텔레스는 다섯 가지 상황에서 발휘된 두려움의 극복은 참다운 용기와는 거리가 멀다고 말한다. 그에 따르면 참다운 용기는 두려움을 알고, 두려움에 굴하지 않고, 두려움을 이겨내는 중용의 덕이다. 법적 제재나, 비난 때문도 아니고, 고통에서 벗어나고자 하는 격정에서도 아니요, 오직 그 행동이 자신에게 주어진 의무이기에, 그 이유 하나만으로 그것을 선택하는 의지, 그것이 참다운 용기인 것이다. 진정한 용기는 성품, 곧 덕에서 비롯되는 것이다.

그렇다면 호랑이와 마주친 상황에서의 용기는 무엇인가?

이 경우라 할지라도 그가 군인인 이상, 도망치는 것은 임무수행을 저버리는 비겁한 행위가 될 것이다. 그렇다면 맨손일망정 싸워야 하는가? 그것이 참다운 용기인가? 앞서 살폈던 아리스토텔레스의 다섯 가지 예들을 이 물음에 적용해 보자.

(1) 임무수행을 하지 못했을 때 돌아올 법적 제재나 비난이 두렵다. 그래서 용기를 내어 호랑이와 싸운다. (2) 호랑이를 물리칠 총이나 칼, 활도 없는 불리한 상황이다. 하지만 용기를 내어 호랑이와 싸운다. (3) 호랑이를 만나 너무나 놀란 나머지 격정적인 상태가 되었다. 격정에서 오는 고통이 너무 크다. 이 고통을 피하기 위해 용기를 내어 호랑이와 싸운다. (4) 과거에 호랑이와 싸워본 경험도 없다. 그야말로 예측 불가능한 돌발사태다. 그래도 용기를 내어 호랑이와 싸운다. (5) 호랑이에게 물려죽을 수도 있다는 걸 잘 안다. 무섭고 두렵지만 그래도 용기를 내어 호랑이와 싸운다.

이상 다섯 가지 정황을 살펴볼 때, 그 어느 것도 맨손으로 호랑이와 싸우게 하는 합당한 이유는 없다. 그럼에도 불구하고 호랑이와의 싸움을 선택했다면 그것은 참다운 용기가 아니라 만용에 불과하다.

그렇지만 위의 다섯 가지 정황에서도 호랑이와 맨손으로 싸우는 것이 만용이 아니라 참다운 용기임을 보여주는 선택이 있다. 그 선택이란 바로 임무수행이라는 숭고한 의무감이다. 법적 제재나 비난도 아니고, 무기도 아니고, 격정도, 경험도, 무지도 아닌, 오직 임무수행의 의무만이 맨손으로 호랑이와 싸우는 행동을 용기 있는 행위로 만들어주는 것이다.

그가 진정한 군인이라면, 중요한 임무수행을 위해 맨손일지언정 호랑이와도 죽기를 각오하고 싸우는 것, 그것이야말로 참다운 용기다. 그의 싸움이 참된 용기인 까닭은 목적과 선택이 정의롭고 분명하기 때문이다. 법적 제재나 비난 때문이 아니고, 무기가 있어서, 격정적이어서, 경험이 있어서, 무지해서가 아니라, 임무수행이라는 숭고한 목적과 올바른 선택에서 비롯된 것이기에 맨손으로 호랑이와 싸우는 행위도 참다운 용기가 되는 것이다.

그렇다면 숭고한 목적과 올바른 선택은 무엇에서 비롯되는가? 아리스토텔레스에 따르면 그것은 성품, 곧 덕이다. 그러므로 참다운 용기는 어떤 다른 조건이나 이유가 아니라 오직 성품, 곧 덕에 있다는 것이 그의 주장의 핵심인 것이다. 아리스토텔레스가 직접 그렇게 표현한 것은 아니지만, 그의 주장에 비추어볼 때, 임무수행의 목적이 정의롭고 분명하다면 맨손일망정 죽음을 무릅쓴 호랑이와의 싸움도 결코 만용이 아니라 숭고한 용기(덕)의 발휘인 것이다.

제2장 위대한 용기의 사례들

1. 롱스트리트 장군
"전술을 다시 한 번 검토해 주십시오."

미국 남북전쟁 당시 남군 총사령관은 리(R. E. Lee) 장군이었고 북군 총사령관은 그랜트(U. S. Grant) 장군이었다. 훗날 이 전쟁에서 승리한 그랜트 장군은 미국의 제18대 대통령으로 선출된다. 하지만 승자였던 그랜트 못지않게 패자였던 리 장군 역시 위대한 지휘관의 반열에 올라 후배 군인들로부터 존경을 받고 있다. 어떻게 전쟁에서 패한 군인임에도 훌륭한 지휘관으로 기록될 수 있을까? 이 사례는 비록 리 장군의 휘하에 있었던 롱스트리트 장군에 얽힌 예화지만 이 속에서도 리 장군의 뛰어난 인격적 리더십은 여전히 빛을 발한다고 하겠다.

롱스트리트(J. Longstreet) 장군은 남군 총사령관인 리 장군 휘하에 근무하고 있었다. 그는 당시 앞서가는 전술과 전략적 비전을 지닌 탁월한 전술 전략가였을 뿐만 아니라 전장에서는 용맹을 떨치던 군인이었다.

남북전쟁의 최대 고비가 됐던 게티즈버그 전투를 앞두고 남군과 북군은 최후의 일전을 위한 준비작업에 들어갔다. 게티즈버그 전투 하루 전날, 롱스트리트 장군은 남군의 전투배치 상황을 살펴보고는 깜짝 놀라고 말았다. 남군의 전투배치 상황은 북군의 위치에 비해 훨씬 불리하나고 판단됐기 때문이었다. 적어도 당시까지의 전술적 경험에 비추어볼 때 북군이 위치한 지역은 남군보다 고지대였기 때문에 자칫하면 싸워보기도 전에 남군이 참패할 것이 뻔해 보이는 전략 구도였기 때문이었다.

롱스트리트 장군은 그냥 있을 수가 없었다. 하지만 그렇다고 해서 함부로 사령관을 찾아가 자신의 견해를 말한다는 것은 대단히 위험한 일이기도 했다. 이 전술은 이미 예하 지휘관들과 함께 충분한 토론을 거쳐 최고사령관이 결정한 것이었기 때문이다. 지휘관의 결심이 서기 전에는 어떤 전술적 제안이나 정책도 건의가 가능하지만, 이미 결심이 내려진 상황에서 그것을 번복하게 한다는 것은 있을 수 없는 일이기 때문이다. 더욱이 전투가 다음 날 벌어진다는 사실도 롱스트리트를 위험에 처하게 할 수 있는 일이었다. 그렇지만 이 전술에 따를 때 패배가 뻔해 보이는 작전을 보면서도 자신에게 불이익이 올 것이 두려워 그냥 묵과한다는 것은 비겁할 뿐만 아니라 용기 있는 군인의 태도가 아니라는 생각이 롱스트리트의 마음을 움직였다.

벌떡 일어선 그는 곧바로 리 장군이 묵고 있는 막사로 찾아가 조심스럽게 자신의 생각을 말씀드렸다. 현재의 전술 전략적 상황에서 볼 때 남군의 위치는 북군에 비해 너무나 노출되어 있다는 것, 그래서 남군을 조금 더 후퇴시킨 다음, 더 나은 전술적 위치를 찾아 그곳에 남군을 배치함으로써 북군에게 위협을 가하자는 것이 그의 제안이었다.

롱스트리트 장군의 견해를 듣고 난 리 장군은 그의 주장에도 일리가 있다고 판단하여 휘하 참모 장군들을 모두 불러들였다. 그리고 롱스트리트 장군의 견해를 놓고 함께 전술 토의를 했다.

하지만 대부분의 다른 장군들은 후방으로 진지를 옮긴다는 건 적군에게 후퇴한다는 인상을 줄 것이고 그것은 적군의 사기만 북돋아주는 격이 되고 말 것이기에 끝까지 그곳의 진지를 확보한 채 싸우자는 것이었다. 마침내 리 장군도 대다수의 장군의 의견을 좇아 롱스트리트 장군의 견해를 부결시키고 말았다.

롱스트리트 장군은 숙소로 돌아오면서 남군의 패배를 막을 수 없는 자신의 무력함을 통탄했다. 진지의 후퇴는 군의 허약함을 내보이는 결정적인 계기가 된다는 고정관념에 빠져 있는 대다수의 다른 장군들을 그로서는 설득할 수가 없었기 때문이었다.

하지만 그는 곧바로 자신의 생각을 버렸고, 그래서 원래의 계획에 따라 죽을 때까지 싸울 것을 굳게 다짐했다. 그만큼 그는 리 장군의 충실한 부하였던 것이다.

다음 날 마침내 게티즈버그 전투는 시작됐고, 싸움은 롱스트리트 장군의 예견처럼 첫날부터 남군에게 절대적으로 불리하게 돌아갔다. 마침내 남군은 북군에게 손을 들고 항복할 수밖에 없었다.

그 첫날 저녁 리 장군이 그를 찾아왔다. 리 장군은 그의 건의를 묵살하고 최초의 계획을 고집한 자신의 잘못을 인정하고 롱스트리트 장군의 전략적 탁월성을 높이 샀지만 그건 이미 엎질러진

물이었다.

이 사례 속에서 우리는 롱스트리트 장군이 참으로 용기 있는 훌륭한 장군이었다는 사실을 찾아볼 수 있다. 첫째, 그는 남군의 전투배치 상황이 자신의 전략적 비전에 비춰볼 때 문제가 있다는 걸 발견하자 총사령관에게 찾아가 재검토해 줄 것을 요청했다. 사령관의 결정을 번복시키고자 하는 것은 결코 아무나 할 수 있는 일이 아니다. 그것은 오직 용기 있는 자의 몫일 뿐이다. 그런 점에서 롱스트리트 장군은 참으로 용기 있는 군인이었다.

또 한편, 그는 자신의 의견이 수용되지 않고 묵살됐을 때도 사령관의 최종 결정을 겸허하게 받아들일 만큼 용기 있는 군인이었다. 비록 그것이 남군의 패배를 가져오게 될 것을 예견하게 하는 결정이었다 할지라도 그는 그것이 남군의 운명이라고 생각했을 뿐, 사령관의 결정을 비방하거나 무시하지 않고 오히려 그 결정을 자기 결정처럼 따르면서 휘하 장병들을 독려했다. 오직 참으로 용기 있는 군인만이 가질 수 있는 태도를 롱스트리트는 두루 가졌다고 하겠다.

2. 에릭
"집 안의 불을 모두 꺼주십시오."

1953년 11월 13일에 있었던 일이다. 새벽 3시경 소방단의 신고센터에 전화벨이 울렸고 야간당직이던 에릭이 전화를 받았다.

수화기 속에서는 한 여인의 가느다란 목소리가 새어나왔는데, 내용은 한밤중에 뒤로 넘어져 머리를 다쳤고 피를 많이 흘려 움직일 수가 없으니 빨리 좀 도와달라는 것이었다.

에릭이 장소가 어디냐고 묻자 여인은 자신이 지금 집에서 넘어져 다쳤다는 사실 말고는 아무것도 기억나는 게 없다고 대답했다. 에릭은 다시 그녀의 눈에 보이는 것을 죄다 말해 달라고 요청했고, 그녀는 창문으로 불빛이 흘러 들어오고 방 안이 환한 걸 보니 집 안에 불이 켜져 있다는 등, 그 밖의 것은 아무것도 보이지 않는다는 말뿐이었다.

에릭은 여인에게 전화를 절대 끊지 말라고 말한 뒤 그녀를 구할 수 있는 여러 가지 방법을 생각해 봤다. 그녀가 사는 곳은 창문을 통해 불빛이 보이니 시내라고 생각되는 것 이외에는 알 수가 없었다. 여인은 가느다랗게 숨만 쉬고 있을 뿐 말할 기력도 없는 듯 아무런 대꾸도 없었다.

어쩔 수 없이 그는 한밤중이긴 했지만 소방대 소장에게 전화를 걸어 상황을 보고한 뒤 조언을 구했다. 하지만 소장에게도 뾰족한 방법이 있을 리 없었다. 오히려 소장은 여인과 전화를 연결한 상태라 진짜 화재가 발생해도 사람들이 신고하지 못하지 않겠느냐 하는 것만 걱정하고 있었다.

에릭은 어떡하든 이 여인을 구해야겠다고 생각하고, 있는 지혜를 다 짜보았다. 별별 생각을 다해 보았지만 실현 가능한 것은 아무것도 없었다. 그러다가 그는 불현듯 엉뚱한 발상 하나를 생각해 냈다. 그 생각 역시 실현 불가능할지도 모른다고 여겼지만 그는 지체 없이 그의 생각을 소장에게 말하고 협조를 요청했다. 하지만 소장은 그건 불가능할 뿐만 아니라 시민 전체에게 고통을 줄 수도 있는 일이라고 말하고 선뜻 결단을 내리지 못했다.

에릭은 소방대원의 궁극적 임무가 생명을 구하는 데 있다는 점을 소장에게 강조했고 마침내 그의 동의를 구해 냈다.

　소장은 즉시 비상을 걸어 전 대원을 불러들였고 시내 곳곳을 사이렌을 울리며 지나가도록 했다. 한밤중에 울려 퍼진 사이렌 소리에 사람들은 모두 잠에서 깼고 어떤 사람들은 창문을 열고 구경까지 하고 있었다.

　에릭은 수화기를 귀에 바짝 대고 수화기를 통해 행여 사이렌 소리가 들려오지 않을까 온 신경을 집중시켰다. 그리고 머지않아 자신의 판단이 옳다는 걸 깨달았다. 수화기를 통해 멀리나마 사이렌 소리가 들려왔기 때문이다.

　에릭이 그 사실을 소장에게 보고하자 소장은 1번 차량부터 차례로 사이렌을 끄도록 명령하였다. 그리고 마침내 12번 차량이 사이렌을 끄자 수화기에서도 소리가 멈췄다. 마침내 여인이 있는 장소를 찾아낸 것이었다.

　소장은 이어 불이 켜진 집을 찾으라고 지시했다. 하지만 집집마다 창문을 열고 소방차를 구경하고 있었기에 불이 켜진 집이 한둘이 아니었다.

　에릭은 확성기를 들고 시민들에게 호소했다. 지금 죽어가는 한 여인을 살리고자 하니 집 안의 불을 모두 꺼달라는 당부였다. 하나둘 불이 꺼지기 시작하더니 마침내 모든 집의 불이 꺼지고 단한 집만이 남았다.

　그리고 머지않아 에릭은 수화기를 통해 그 집 문이 부서지는 소리를 들었고 여인을 구출했다는 다른 대원의 보고를 들을 수 있었다.

　터무니없을 것 같던 그의 생각이었지만 그것을 실천으로 옮겼던 에릭의 용기가, 죽어가는 여인을 구하겠다는 그의 의지와 더불어 빛을 발하는 순간이었다. 참된 용기는 머릿속에 있는 것만으로는 의미가 없다. 행동으로 옮겨 실현될 때만이 참다운 용기로서의 가치가 구현되는 것이다.

3. 로버트 월딩
"바퀴를 집어넣고 그냥 착륙하겠습니다."

견습 비행사인 로버트 월딩은 비행교관인 조셉 가너의 인도를 받아 텍사스 상공을 기분 좋게 날고 있었다. 월딩이 조종하고 있었고 교관은 그 옆에서 지켜보고만 있었다.

밤 10시 45분이 됐을 때 갑자기 오른쪽 제트엔진이 화염에 휩싸이기 시작했다. 엔진 과열로 비행기에 불이 붙은 것이었다. 가너 교관은 상황을 살핀 뒤 그대로 가다가는 비행기가 폭발할 것으로 보여 곧바로 탈출할 것을 지시하고 조종석의 덮개를 열었다.

바로 그때 시속 700킬로미터로 날고 있는 비행기 안으로 엄청난 강풍이 들이닥쳤고 월딩은 교관의 지시대로 즉시 탈출 버튼을 눌렀다. 하지만 버튼은 작동되지 않았다. 뭔가 고장 난 것이 틀림없었다. 순간적으로 당황한 그는 옆자리의 가너 교관을 돌아보고는 소스라치게 놀라고 말았다. 그가 그만 사라져버린 것이었다. 월딩에게 갑자기 공포심이 엄습했다. 믿고 있었던 교관이 없어졌고, 어떻게든 탈출해야 하는데 어떻게 할지를 모르기 때문이었다. 비행기가 폭발하기 전에 비행기에서 떠나야 한다는 생각뿐이었다. 그래서 그는 행여 낙하산이 있을까 좌석 아래를 찾아봤지만 그가 발견한 것은 낙하산 대신에 좌석 밑으로 쓰러져 있는 가녀 교관이었다. 강풍이 몰아닥쳤을 때 그는 그만 의식을 잃고 만 것이었다.

의식을 잃은 가녀 교관을 발견하자 그는 또다시 새로운 고민에 빠지기 시작했다. 가녀를 남겨둔 채 혼자만 탈출한다는 게 비겁하다고 생각됐기 때문이었다. 그는 순간적으로 다시 혼란에 빠졌지만 그 짧은 찰나에 바보 같은 결정을 내려버렸다. 혼자서는 탈출하지 않겠다는 것이었다. 가녀를 남겨둔 채 혼자서만 살 길을 찾을 수는 없다는 결론에 도달한 것이었다.

그렇게 생각하자 남은 일은 비행기가 폭발하기 전에 교관에게서 배웠던 대로 착륙을 시도해 보는 것뿐이었다. 그는 용기를 내어 조종간을 부여잡고 하강하기 시작했다. 하강 속도가 800에서 900, 1천 킬로미터에 육박하자 차가운 바람이 온몸을 감쌌다. 비행기 안의 온도는 영하 40도로 그는 온몸이 마비되어 옴을 느낄 수 있었다. 눈을 부릅떴지만 떠진 눈은 얼어서 감기지 않았고 그래서 눈동자가 말할 수 없이 아팠다.

하지만 그는 그 고통을 이를 악물면서 이겨냈고 어느 정도 지면에 가까워졌다는 생각이 들자 관제탑을 불렀다. 다행히 관제탑과의 교신이 이루어졌다. 이제 비행기가 폭발하기 전에 어떻게든 착륙하는 것만이 사는 길이었다.

그는 사고를 말한 다음 착륙할 수 있도록 유도해 줄 것을 요청했다. 천만다행하게도 관제탑에서 그가 탄 비행기를 발견했고 차근차근 유도하기 시작했다. 관제탑에서는 그에게 더 하강하라고 했고 마침내 활주로에 들어서자 수평을 유지하고 착륙할 것을 지시했다. 그렇지만 그가 막 착륙을 시도하려 했을 때 비행기는 또다시 요동을 쳤고 그런 상태로는 착륙할 수가 없었다.

관제탑에서 침착한 말소리가 들려왔다.

"젊은이, 방법이 없네. 선택하게나. 다시 속도를 올려 선회하거나 아니면 바퀴를 집어넣고 동체만으로 착륙하게."

그는 그대로 착륙하겠다고 답했다. 비행기의 불길이 더 심해져 또다시 정상 루트를 잡을 시간이 없다고 판단됐기 때문이었다. 바퀴를 집어넣은 그는 그대로 동체만으로 착륙을 시도했다. 굉음을 울리며 비행기는 땅에 닿았고 그렇게 수십 미터를 끌려갔다. 곧이어 대기하던 소방차가 화염에 휩싸인 비행기를 향해 물을 뿜었고 두 사람은 소방대원에 의해 구조됐다. 가너 교관은 병원에 도착한 지 얼마 지나지 않아 의식을 회복했고, 월딩은 얼어붙은 눈이 약하나마 시력을 찾기까지 사흘이 걸려야 했다.

월딩의 용기 있는 선택이 교관도 또 자신도 살린 셈이었다.

4. 쉬에르머 상사
"뭘 꾸물대는가? 빨리 뛰어내려!"

쉬에르머 상사가 베트남에서 근무하고 있을 때의 일이다. 그는 베트남에 주둔하고 있던 프랑스군 부대원 가운데 가장 유능한 운전병이었다.

1948년 6월 5일, 쉬에르머는 신참 운진병 한 명을 조수석에 앉힌 채 폭발물을 나르고 있었다. 그는 총 100대의 화물차량 가운데 네 번째 차량을 운전하고 있었는데, 실상은 다른 어떤 화물 차량보다도 그가 모는 차량이 가장 중요하고 또 위험했다. 그의 차에 탑재된 탄약과 폭발물은 만약 적에게 탈취당하기라도 한다면 프랑스군에게는 막대한 피해가 갈 고성능의 폭발물들이었기 때문이다. 그래서 병사들은 우스갯소리로 쉬에르머 상사가 탄 폭발물 차량을 '고통 없는 화물차'라 불렀다. 만약 적에게 공격이라도 당한다면 그의 몸은 폭발물과 함께 날아가 순식간에 재가 되고 말 것이기 때문이었다. 그래서 그의 차량은 적에게는 가장 좋은 목표물이었다. 만약 그들이 그의 차량을 식별해 낼 수만 있다면.

그런데 바로 그날, 100대의 차량이 이동 중이던 바로 그날, 어떻게 알았는지 적들은 가장 협소한 계곡로에 매복해 있다가 바로 쉬에르머가 탄 차량만을 공격했던 것이다. 그 계곡로는 좁고 가파른 지역으로서 오른쪽으로는 수풀이 우거진 산허리가 하늘을 찌를 듯 높이 솟아 있었고 왼쪽은 낭떠러지여서, 만약 폭발물을 실은 그의 차가 공격을 당해 폭발한다면 모든 차들이 길에 갇히게 되어 다른 차량들도 고스란히 적의 공격에 꼼짝없이 당하게 될 그런 상황이었다.

갑작스러운 적의 공격에 쉬에르머의 차는 엔진에 불이 붙었고 오른쪽 바퀴에 펑크가 났다. 이제 곧 차 전체가 폭발할 것은 불을 보듯 뻔한 일이었다.

적의 의도를 간파한 쉬에르머는 조수석에 있던 신참에게 빨리 뛰어내리라고 말했다. 병사는 그 순간 쉬에르머 상사가 무슨 생각을 하고 있는지를 알아차렸다. 그래서 그는 그렇게 할 수 없다고 대답했다. 상사는 벼락같은 소리를 지르면서 병사를 차 밖으로 내보냈다. 오른쪽 바퀴가 펑크 난 차는 계속해서 오른쪽으로 쏠렸고 그렇게 쓰러지려고 했다. 그리고 그 차가 오른쪽으로 쓰러지게 되면 모든 차는 이동할 수가 없게 되고 적의 공격에 고스란히 당할 수밖에 없는 절체절명의 순간이었다. 적이 노리는 것이 바로 그것이었던 것이다.

그 순간 쉬에르머는 있는 힘을 다해 핸들을 왼쪽으로 꺾었다. 그런 다음 액셀을 있는 힘껏 밟았다. 그가 탄 차는 왼편 난간을 들이받았고 그대로 낭떠러지로 곤두박질쳤다. 곧이어 천지를 뒤흔드는 굉음을 울리면서 차량은 장엄하게 폭발하고 말았다.

그 뒤를 따르던 96대의 차량은 신속하게 계곡로를 통과했고 그 덕에 다른 차량은 아무런 피해도 입지 않고 무사히 목적지에 도착할 수 있었다.

쉬에르머 상사의 순간적인 판단과 노련한 운전 솜씨, 그리고 무엇보다도 자신을 희생해서라도 전체를 구하겠다는 용기가 일구어낸 결과였다. 그의 용기와 희생이 아니었다면 프랑스군 수송부대는 그 협소한 계곡로에 갇혀 전멸하고 말았을 것이다.

그 다음 날 프랑스 특수부대는 그의 시신이라도 거두기 위해 차량이 폭발했던 지역으로 가 그 지역을 샅샅이 뒤졌지만 너무나 엄청난 폭발이었기에 그의 흔적은 아무것도 남아 있지 않았다.

5. 이반 모이세유
"주님을 배반하지 않도록 용기를 주소서."

이반 모이세유, 세상에 태어난 뜻을 오직 그리스도교의 전교

(傳敎)로만 받아들여 젊은 나이로 순교하고 만 러시아군의 병사. 하지만 그의 공식적인 사망 원인은 익사였다. 1972년 7월의 일이다.

아들이 사망했다는 소식을 군 당국으로부터 듣게 된 이반의 부모는 그 시체를 한 번이라도 보고자 했다. 하지만 군 당국에서는 시신을 보여줄 수가 없다고 했다. 부모는 수차례에 걸쳐 시신 보기를 눈물로 간청했지만 군 당국에서는 이를 거절했다.

군 당국에서 아들의 시신 보여주기를 계속 거부하자 이반의 부모는 그것을 수상쩍게 여겼다. 부모는 완강히 버텼고 다른 많은 사람들까지 청원을 하게 되자 마침내 군 당국이 두 손을 들었다. 관 뚜껑이 열리고 이반의 죽은 모습이 드러났을 때 장례식에 참석했던 모든 사람들은 그 모습을 보고 경악을 금하지 못했다. 이반은 결코 익사한 게 아니었고 누가 보아도 차마 눈을 뜨고 볼 수 없을 정도로 심한 구타와 고문의 흔적이 역력했다.

이반의 부모는 군 당국에 항의했지만 아무 소용이 없었다.

부모는 이반의 죽음에 대해서 그들 나름대로 추측해 보았다. 기독교인으로서 이반이 군대의 명령을 따르지 않자 군에서는 그에게 혹독한 고문과 기합을 부여했을 것이며, 그래도 이반이 기독교를 배교(背敎)하지 않고 명령에 불복종하자 고문과 구타를 계속해 마침내 죽음에 이르게 되었을 것이라고 생각했다.

그리고 그것은 그대로 사실이었다. 왜냐하면 이반의 유품을 정리하면서 그가 그동안 부모에게 썼던 편지 묶음이 발견됐기 때문이었다. 편지에는 하루하루 그가 기독교인으로서 받아왔던 박해의 내용들이 고스란히 적혀 있었던 것이다.

1972년 7월 14일의 편지에는 이렇게 적혀 있었다.

"어머니, 아버지, 이제 앞으로는 제 편지를 받지 못하시게 될 겁니다. 군 당국은 제가 예수 그리스도에 관해 말하는 걸 금지시켰기 때문입니다."

그 며칠 후의 편지에는 이런 글이 적혀 있었다.

"지금 너무도 배가 고픕니다. 그들이 나를 닷새 동안이나 아무것도 주지 않고 굶겼기 때문입니다. 그들은 지금도 내게 마음을 바꿨느냐고 묻고 있습니다. 하지만 저는 지지 않겠습니다. 어떤 고통이 다가온다 할지라도 그리스도를 배반할 수는 없기 때문입니다."

이반이 죽기 직전에 쓴 것으로 보이는 편지에는 다음과 같은 내용이 들어 있었다.

"이제 저는 그리스도를 위한 전투에 그분의 명령을 받고 나갑니다. 저는 그리스도를 믿는 자가 정녕 어떻게 살아야 하는지를 그들에게 보여줄 것입니다. 그들은 저를 설득하는 데 실패했고, 이제는 제가 그들에게 그리스도인으로서 제 삶의 모습이 어떤 것인지를 똑똑히 보여줄 작정입니다. 그 이후엔 어떻게 될 것인지 그건 저도 잘 모르겠습니다. 하느님, 제가 끝까지 주님을 배반하지 않도록 제게 힘과 용기를 주소서."

그것이 편지의 끝이었다. 아마도 그날 밤 이반은 다시 그들에게 불려 나갔고 최후로 다시 한 번 배교를 지시받았을 것이다. 하지만 그는 자신에게 했던 약속처럼 그리스도인으로서의 삶의 자세를 흐트러뜨리지 않고 당당했을 것이다. 그리고 그것이 그가 죽은 이유였을 것이다.

젊은 병사, 이반 모이세유, 그는 그렇게 순교의 길을 아무런 두려움도 회한도 없이 걸어갔다. 이반의 이야기는 참된 용기란 자신의 올바른 신념을 위해 죽음도 불사하는 정신임을 보여주는 하나의 예화라고 하겠다.

6. 이차돈
"부처님의 신통력이 기이한 일을 보일 것이오."

신라왕국이 아직 융성해지기 이전이었던 지증왕 7년에 성(姓)은 박이요 자(字)는 염촉이라는 사내아이가 태어났다. 훗날 이차돈이라고 불렸던 이 아이는 어려서부터 총명하기 이를 데 없었고 또한 인내심까지 강해 큰 인물이 될 것이라는 기대를 주변 사람들로부터 받았다.

일찍부터 불교에 눈이 떠 불교 신자가 됐던 그는 신라가 불교를 정식으로 허용하여 불교가 국교로 인정되기를 간절히 염원했다. 고구려나 백제에서는 이미 100여 년 전부터 불교가 국교로 인정되어 널리 전파되었는데 오직 신라만은 토속신앙이 깊어 외래 종교인 불교에 대해 지극히 배타적이었던 것이다.

당시 이차돈은 사인(舍人)이라는 벼슬에 몸담고 있으면서 법흥왕으로부터 큰 신임을 받고 있었다. 그는 왕을 대할 때마다 불교에 대해 이야기했고 왕 또한 불교에 대해 깊은 관심을 표명했다.

그러던 어느 날 이차돈은 법흥왕에게 불교를 일으키기 위해서는 우선 절을 지어야 한다는 것을 강조한 다음, 그 장소로서 이미 100여 년 전 눌지왕대에 고구려의 승려인 아도(阿道)가 흥륜사라는 사찰을 지었던 곳인 천경림을 추천했다. 당시 아도는 그곳에 절을 세우고 불교의 전도에 힘썼지만 반대 세력에 밀려 지하로 숨어버린 터였다.

이차돈은 그곳 천경림을 성지(聖地)라 여겼고 그곳에 다시 사찰을 짓고자 왕에게 건의를 한 것이었다. 그의 간곡한 청에 왕은 절을 지을 것을 허락했고 이차돈은 신명이 나 창사 작업에 나섰다.

그러나 절을 세우는 공사가 시작되기가 무섭게 불교를 반대하는 세력들이 왕에게 상소를 올리기 시작했다. 외래 종교에 대한 배척 때문이었다. 게다가 일이 꼬였던 탓인지 그해에는 가뭄과 장마가 심해 한재(寒災)와 수재(水災)까지 겹쳐 농사가 말할 수 없이 황폐했다. 자연히 나라 안에는 병이 돌아 많은 백성이 죽어갔고 민심이 흉흉해지자 불교에 대한 나쁜 유언비어가 나돌기 시작했다. 천경림에 사찰을 짓고 있는 것이 모든 화의 근원이라는 것이었다.

급기야 불교를 배척하는 무리들은 사찰 건립 중지를 상소하고 그 책임자를 찾아 처단해야 한다고 왕에게 건의했다. 왕은 문제를 해결하기 위해 모든 군신들을 모아놓고 어전회의를 열었다. 이차돈은 이 회의에서 불교의 정당성과 중요성을 강조해 사찰 건립의 당위성과 필요성을 역설했지만, 어전회의의 결과는 그에게 불리하게 돌아갔다. 마침내 회의 결과는 천경림 사찰 공사의 총책임자를 극형에 처해야 한다는 것으로 마무리됐다.

총책임자란 바로 이차돈이었고 그것은 왕의 허락 아래 시작된 공사였기 때문에 그가 그 사실만 밝혀도 극형은 면할 수 있을 터였다. 하지만 그는 그로 인해 왕의 입지가 난처해질 것을 우려했고 그래서 스스로 모든 책임을 질 것을 결심했다. 불교에 대한 사랑과 불교를 전파하겠다는 일념이 그로 하여금 그와 같은 용기 있는 결단을 내리게 한 것이었다.

법흥왕 14년, 형장으로 끌려간 이차돈은 겨우 스물한 살이라는 너무도 짧은 인생을 세상에 남긴 채 목이 잘리고 말았다. 이 땅에서 있었던 죄초의 순교였다.

일설에는, 형이 집행되기 직전, 그는 불교에 대한 자신의 생각이 틀리지 않았다면 부처님의 신통력에 의해 반드시 기이한 일이 벌어질 것이라는 유언을 남겼고, 그의 목을 베자 목에서 붉은 피가 아니라 흰 피가 솟아올랐다고 한다. 그제야 사람들은 그의 주장이 헛된 것이 아니었다는 사실을 인정하기 시작했고, 그 사건으로 말미암아 불교에 대한 신앙심이 신라에 널리 퍼지게 됐다고 한다.

실제로 이차돈의 순교 후 그 이듬해에 법흥왕은 불교를 국교로 선포했고, 몇 년 후 천경림에 흥륜사 창건 공사를 재개하도록 지시했다. 불교가 명실공히 신라의 정교가 된 것은 바로 이차돈의 죽음을 무릅쓴 용기와 순교가 가져온 결실이라고 할 것이다.

7. 나폴레옹
"내가 직접 앞장서 다리를 건너리라."

보나파르트 나폴레옹. 이 이름처럼 전사에 길이 빛나는 군인도 드물 것이다.

나폴레옹은 1769년 8월 15일 프랑스 속국이었던 코르시카 섬에서 태어났다. 어린 시절 그는 친구들과 잘 어울리지 못하는 아이였고, 그래서 놀이보다는 독서에 더 많은 시간을 할애하며 유년기를 보냈다. 독서라 해도 그는 학교 공부보다는 위인전과 역사, 지리 등에 더 많은 관심을 갖고 그 분야의 책을 주로 읽었다. 그런 탓인지 훗날 16세의 나이로 파리의 사관학교를 졸업할 때 그의 성적은 51명 중 42등에 머물렀다. 결코 우수한 성적이 아니었다. 하지만 유년 시절의 독서 습관은 평생 계속됐고, 그가 위대한 군인으로 성공하게 되는 밑거름이 되었음은 두말할 나위가 없을 것이다.

16세 때 포병 소위로 임관한 그는 1791년 10월 프랑스 혁명을 틈타 고국인 코르시카로 돌아와 혁명군 사령관이 됐지만 코르시카 독립군에게 패해 1793년 가족들과 함께 코르시카로부터 추방을 당하게 된다.

그해 7월 혁명정부에 반기를 들었던 반군들과 벌였던 툴롱 전투에서 승리함으로써 나폴레옹은 약관 23세에 소장으로 진급했지만 로베스피에르가 처형당한 뒤에는 반역죄로 투옥되어 옥고를 치르기도 했다.

1795년 온건파와 왕당파가 결탁해 국민군을 결성해 부르봉 왕조의 부활을 꾀하자 나폴레옹은 혁명군이었던 정부군 편에서 국민군과 대항해 싸웠고, 그해 국민군을 완전 격파함으로써 명실공히 혁명군의 지도자가 됐으며, 그 이듬해인 1796년 3월 이탈리아 원정군 사령관에 임명되면서 훗날 위대한 군인이요, 정치가로서의 발판을 구축하게 된다.

16세에 군인의 길에 뛰어들어 53세를 일기로 엘바 섬에서 최후를 마칠 때까지 그는 무려 23년간을 전쟁터에서 보냈지만 "불가능은 없다"는 신념으로 모든 어려움을 극복해 나갔다. 이처럼 그는 신념으로 뭉친 인물이기도 했지만 매사에 있어서 적극적이고 솔선수범하는 용장이기도 했다. 나폴레옹이 전쟁터에서 발휘했던 용기의 사례는 많이 있지만 그중에서도 가장 유명한 것은 1796년 5월 오스트리아와의 전투에서 있었던 사례라 하겠다. 유명한 로디 전투가 바로 그것이다.

프랑스와 이탈리아 국경의 몽테노트 전투에서 오스트리아군을 격파한 나폴레옹은 후퇴하는 적을 뒤쫓아 로디 지역까지 추격했다. 그의 군대가 로디에 도착했을 때 앞에는 아다 강이 흐르고 강 건너에는 오스트리아 1개 사단이 전열을 정비한 채 프랑스군이 강을 건너오기를 기다리고 있었다. 하지만 강을 건너기 위해서는 폭이 10미터에 길이가 200미터인 다리를 이용해야만 했다.

강 건너에는 오스트리아 대군이 대기하고 있고 다리는 노출되어 있었기 때문에 다리를 건너서 적을 공격한다는 것은 실상 무모한 작전이었다. 휘하 장교들도 돌격 계획을 취하하고 회군할 것을 건의했다. 그대로 공격을 감행했다가는 적의 화력에 의해 엄청난 군사적 손실을 감수해야만 할 것이기 때문이었다.

하지만 나폴레옹은 공격이 곤란하다는 부하 장교의 말에 "우리 프랑스인에게 곤란하다는 단어는 없다"고 말하고 모든 포를 오스트리아 포병 화력에 집중시켜 공격하게 한 뒤, 일부 병력을 강 상류로 우회시켜 적군의 배후를 치도록 하였다. 그런 다음 모두가 반대했던 다리를 스스로 앞장서서 건너기 시작했다.

사령관이 직접 공격 선두에 서서 다리를 건너가자 휘하 장병들 모두가 그 뒤를 따르지 않을 수 없었다. 그뿐만 아니라 사령관이 죽음을 무릅쓰고 직접 적을 향해 돌진하는 것을 본 부하들도 목숨을 내걸고 진격해 나갔다. 죽음도 두려워하지 않고 하늘을 찌를 듯한 함성과 함께 물밀 듯이 다리를 건너 공격해 오는 프랑스군의 사기에 오스트리아군은 혼비백산했다. 결과는 당연히 나폴레옹의 승리였다. 정녕 나폴레옹의 죽음을 무릅쓴 용기가 일궈낸 승리라 할 것이다.

8. 드골
"국민 여러분, 결코 나치에 항복해서는 안 됩니다."

프랑스의 위대한 정치가였던 드골을 모르는 이는 거의 없을 것이다. 하지만 그가 위대한 용기를 지닌 군인이기도 했다는 사실을 아는 사람은 드물다.

1890년 11월 22일, 프랑스 리에 시에서 고등학교 철학 교사의 아들로 태어난 드골은 1911년 생시르 육군사관학교를 졸업한 뒤 1914년에 발발한 제1차 세계대전에서는 전투 중대장으로 전쟁에 참여했고, 1939년에 발발한 제2차 세계대전에서는 프랑스 제4장갑 사단장으로 전쟁에 참여해 혁혁한 전공을 세웠다. 그리고 전쟁이 끝난 후에는 두 번에 걸쳐 프랑스 대통령을 지냈다.

그는 초급장교 시절에는 중대장으로서 독일군에게 포로가 될 때까지 싸웠던 용감무쌍한 군인이었고, 중견간부 시절에는 프랑스군의 개혁을 주장하는 탁월한 군사사상가였으며, 장군이 되고 또 국방차관으로서 정치 일선에 있었을 때는 독일군에게 항복하기를 거부하고 나치에 저항할 것을 온 국민에게 호소했던 애국적인 정치가였다.

그는 명석한 두뇌와 성실성, 자신감과 독창적인 사고력을 지녔을 뿐만 아니라, 무엇보다도 자신이 곤경에 빠지거나 국가가 위기에 휘말린 중요한 순간에 항상 올바른 결단을 내릴 줄 알았던 진정한 용기의 소유자였다. 바로 그런 그의 능력과 용기, 인격을 높이 샀기에 프랑스 국민들은 종전 후 그를 두 번씩이나 대통령으로 선출했던 것이다.

1916년 3월, 제1차 세계대전이 한창일 때 드골은 베르덩 전투에서 독일군과 대치하고 있었다. 10중대장이었던 그는 연대장의 명령에 따라 교체된 군을 지휘하여 적의 점령지였던 두오몽 기슭에 진영을 설치하였다.

하지만 드골의 중대가 두오몽으로 침투한다는 사실을 어떻게 알았는지 독일군은 그의 중대를 겹겹이 포위한 채 갑작스럽게 밀어닥쳤다. 총탄과 포화가 쏟아지면서 적군이 사방에서 밀려들어온 것이었다. 게다가 일부 독일군은 프랑스군 전사자들로부터 포획한 철모로 위장했기 때문에 처음에는 마치 프랑스를 지원하는 군대로 보이기도 했다.

사태는 최악이었고 빠져나갈 길은 보이지 않았다. 드골은 전 중대원에게 총검을 들게 했다. 남은 길은 독일군과 백병전을 벌여 진로를 트는 것밖에 없었다. 그는 중대원을 진두지휘하며 끝까지 싸웠고 그러던 중 넓적다리에 관통상을 입은 채 쓰러져 정신을 잃고 말았다. 그가 깨어났을 때 그는 이미 독일군의 포로가 되어 있었다.

하지만 포로가 됐다고 해서 그가 적과의 투쟁을 포기한 것은 아니었다. 그는 다섯 차례나 탈출을 시도하였다. 탈출에 실패할 때마다 죽을 만큼의 고통이 뒤따랐지만 그는 또다시 탈출을 시도했다. 탈출은 번번이 실패했고, 결국 그는 전쟁이 끝날 때까지 2년 8개월간이나 포로생활을 해야만 했다. 초급장교 시절 적에게 굴복하지 않고 끝까지 싸웠던 그의 용맹성을 엿볼 수 있는 부분이다.

그의 용기 있는 결단은 이후에도 계속됐다. 그가 국방차관이던 1940년 최후의 보루라고 믿었던 솜므 강 방어선마저 무너지자 일각에서는 파리를 포기하고 독일에 항복하자는 움직임이 일기 시작했다. 이른바 비시(VC)정권, 즉 독일의 사주를 받아 형성된 괴뢰정권이 그것이다. 하지만 드골로서는 항복이란 결코 있을 수 없는 일이었고, 위기의 프랑스를 구하기 위해서는 영국의 도움이 필요했다. 그리하여 그는 영국의 원조 요청을 위해 영국으로 건너갈 것을 결단한다. 그가 영국으로 떠나자 프랑스 괴뢰정권은 그에게 탈주죄를 적용해 사형을 선고한다.

하지만 그는 그를 향한 괴뢰정권의 모든 비난과 협박에도 굴하지 않고 런던에서 프랑스 민족회의를 결성했으며 라디오 방송을 통해 나치에 대항할 것을 프랑스 전 국민에게 호소한다. 프랑스 국민에 의한 대독(對獨) 애국운동인 레지스탕스 활동의 시작이다.

전쟁이 끝나고 프랑스가 다시 자유를 찾던 날 프랑스 제헌회의는 '국민해방 프랑스위원회'의 수반이었던 드골을 만장일치로 수상으로 임명했고, 이후 그는 대통령에 취임했다. 이 모두가 드골의 올바른 신념과 용기가 가져온 결실이라 할 것이다.

9. 리처드 파킨 경관

"가스가 샙니다. 모두 대피하세요."

영국의 한 도시인 일커스턴에서 일어난 일이다. 희미한 달빛이 쏟아지는 아름다운 밤에 한 경관이 골목길을 돌면서 야간순찰을 하고 있었다. 밤도 이미 늦은 시각이었고 거리에는 사람들도 별로 없었기 때문에 리처드 파킨 경관은 편안한 마음으로 콧노래까지 부르며 순찰을 돌고 있었다.

평상시 같으면 야간근무를 할 때마다 쏟아지는 잠 때문에 이따금씩 짜증을 부리곤 했던 그였지만 그날 밤만큼은 달빛이 따사로운 탓인지 기분이 좋았고 전혀 피곤함을 느끼지 못했다.

그렇게 한참 동안을 기분 좋게 걷던 그가 상가 거리를 지나 한 주택가에 이르렀을 때 불현듯 이상한 예감이 들면서 기분이 언짢아졌다. 왜 갑자기 기분이 나빠졌을까 하고 생각하던 그는 그 원인이 뭔가 정확히 잡히지는 않지만 이상한 냄새가 코끝에 실려 오고 있다는 사실을 깨달았다. 주위를 살펴보니 그 냄새는 근처에 있는 3층짜리 낡은 아파트 건물에서 나는 것 같았다. 무심코 그 방향으로 발을 옮기던 그는 순간적으로 그 냄새가 누출된 가스 냄새가 아닐까 하는 생각이 들면서 오싹한 기분이 들었다. 이것이 정말 누출된 가스라면 이 지역은 이미 위험 속에 있는 것이고, 그렇다면 언제 어떻게 가스가 폭발할지 모른다는 위기감 때문이었다.

생각이 거기까지 미치자 리처드는 바빠지기 시작했다. 평상시 몸에 밴 직업의식에서 그는 곧바로 파출소에 연락을 취해 대비책을 강구한 뒤, 곧장 문제의 그 아파트로 뛰어올라갔다. 가스 누

출이라고 확신한 그는 주민들을 신속히 대피시켜야 한다는 생각
이외에는 아무런 것도 머릿속에 없었다.

한걸음에 아파트에 도착한 그는 집집마다 문을 두드려 주민들
을 깨운 뒤 소리쳤다.

"모두 일어나십시오. 가스가 누출되고 있습니다. 빨리 대피하십
시오."

그는 있는 힘을 다해 소리치면서 가가호호 모두 문을 두드려
곤히 자고 있는 사람들을 깨웠다. 사람들은 아직까지 사태의 심
각성을 깨닫지 못하고 대수롭지 않게 생각하거나, 한밤중에 문을
두드리는 그에게 짜증을 내는 사람도 더러 있었다. 하지만 그가
아파트 진입로를 차단하고 계속해서 아파트를 돌면서 있는 힘을
다해 위험을 경고하자 주민들은 하나둘씩 건물 밖으로 나오기 시
작했다.

리처드는 단 한 명의 주민도 피해를 입어서는 안 된다는 생각
에서 아파트 전 지역을 돌고 또 돌았다. 언제 어떻게 가스가 폭
발할지 모른다는 두려움이 없진 않았지만 주민들을 살려야 한다
는 생각만이 가득했다. 온몸이 땀에 젖었고 다리 힘이 다 빠져갈
무렵이 되자 더 이상 밖으로 나오는 주민들이 없었다. 3층 건물
의 아파트 주민들이 모두 빠져나온 것이었다.

그렇게 모두 대피한 채 기다린 지 얼마 지나지도 않았는데 갑
자기 천지를 진동하는 굉음과 함께 불꽃이 일면서 그 큰 아파트
가 폭삭 주저앉고 말았다.

그 광경을 지켜본 사람들은 놀라움과 두려움으로 입을 벌린

채 다물 줄을 몰랐고, 땀방울로 흠뻑 젖은 채 그때까지도 거친 숨을 내쉬고 있던 리처드의 얼굴에는 비로소 안도의 빛이 돌았다. 그제야 그는 모자를 벗고 흐르는 이마의 땀을 손등으로 닦아 내렸다.

언제 터질지도 모르는 가스 폭발의 위험을 무릅쓰고 아파트를 수차례나 돌면서 자고 있던 주민들을 대피시켰던 그의 헌신과 용기가 아니었더라면 엄청난 인명 피해가 뒤따랐을 것은 짐작하고도 남는 일이다.

10. 마거릿 미첼
"용기를 내어 글을 써보는 게 어떻겠소."

마거릿 미첼 여사, 『바람과 함께 사라지다』의 저자로 세계적인 작가 대열에 우뚝 선 여인.

학창 시절 그녀는 사립학교를 다녔지만 공부에는 별 관심이 없었다. 학과목 중에서도 그녀는 수학을 제일 싫어해 그걸 계속 하느니 차라리 학업을 포기하고 싶을 정도였다. 공부가 지겹고 너무 힘들어 어느 날 그녀는 공부를 그만두겠노라고 어머니께 말했다. 그녀의 어머니가 미첼을 타이른 것은 당연한 일일 것이다. 그래도 그녀가 학교에 안 가겠다고 고집을 부리자 어머니는 그녀를 시골 농촌으로 데리고 가 황폐한 농가를 보여주며 말했다.

"얘야, 저 모습 보이니? 얼마나 황폐해진 모습이니? 황폐해진 저 땅에서 사람들은 무엇을 발견할 수 있을까? 아마도 많은 사람들은 저곳을 불모의 땅이라 생각하고 등을 돌리고 말겠지. 하지만 사실은 그렇지가 않단다. 불모지라 여겨 등을 돌리면 아무것도 얻지 못하게 되지만 저 땅을 갈고 닦아 기름진 땅으로 만들면 많은 것을 얻을 수가 있단다. 아마도 넌 아무것도 없는데 어떻게 일어서느냐고 말하고 싶겠지? 하지만 고난을 각오하고 도전하고자 하는 용기만 있으면 된단다. 인간이 이만큼 성장하고 발전한 건 바로 도전하고자 하는 용기 덕분일 게다. 너도 한번 해보렴. 용기를 내보거라.”

그날 어머니의 말씀은 그녀의 가슴에 깊이 각인됐고 그녀는 굳게 결심하고 공부해 1918년 당시 최고의 명문 가운데 하나였던 스미스 대학에 진학하게 된다. 도전하고자 하는 용기 덕분이었다.

하지만 탄탄할 것 같은 그녀의 삶은 이후에 많은 고통으로 점철됐다. 제1차 세계대전에 참전했던 약혼자 헨리가 프랑스에서 전사하는 슬픔을 맛보아야 했고, 유행성 독감으로 어머니를 잃기도 했다. 어쩔 수 없이 그녀는 대학을 중퇴해야 했고, 집안을 이끌기 위해 직장을 가져야만 했다.

그 후 직장에서 만난 한 남자와 단란하고 행복한 가정을 꾸리기도 했지만 결혼생활은 곧 파경에 이르렀다. 그녀는 한 신문사의 편집인이었던 존 마쉬와 재혼해 또다시 행복을 찾는 듯했지만 그녀의 이런 행복도 오래가지 못했다. 뜻밖에도 말을 타다가 말에서 떨어지는 사고를 당해 그녀는 큰 부상을 입었고 혼자서는 걸을 수조차 없는 불행을 당하고 만 것이었다.

절망에 빠진 그녀는 또다시 삶의 의욕을 잃고 말았다. 불구가 됐다는 사실이 그녀를 괴롭혔고 남편을 위해서 열심히 일해 줄 수 없다는 생각이 그녀를 부끄럽게 만들었다. 그런 그녀의 좌절을 보다 못한 남편 존은 어느 날 그녀에게 글을 써보면 어떻겠느냐고 새로운 제안을 했다. 글을 쓰는 데 있어서는 굳이 걸어야 할 이유가 없었기 때문이다.

남편의 격려를 받으면서 그녀는 '도전하고자 하는 용기'에 대해서 말해 주었던 어머니가 떠올랐다. 그녀는 고난을 각오하고 새 길을 가고자 했다. 그녀는 많은 책을 읽고 또 쓰고 하면서 그렇게 10년에 걸쳐 노력한 끝에 마침내 1936년 한 편의 장편소설을 세상에 발표했다.

도전하고자 하는 용기가 소설의 주제 가운데 하나인 그녀의 첫 장편소설 『바람과 함께 사라지다』는 이렇게 탄생하였다. 이 소설은 출판되자마자 그녀의 고향인 애틀랜타뿐만 아니라 전 세계의 독서계를 흔들었고, 그녀의 소설을 바탕으로 만든 동명의 영화는 아직까지도 세계에서 가장 아름답고 훌륭한 영화로 손꼽히고 있다.

불구의 몸이 되었지만 고난을 딛고 다시금 도전하는 용기를 갖고 새 길을 개척해 마침내 세계의 정상에 우뚝 서는 영광을 차지한 마거릿 미첼 여사. 현실에 좌절하지 않고 승리를 일궈낸 그녀의 용기는 같은 처지에 있는 많은 사람들에게도 귀감이 되어 오늘까지도 찬연하게 빛나고 있다고 할 것이다.

제 3 부

위대한 정신, 명예

제1장　명예의 참다운 의미와 근거

1. 명예의 일반적 쓰임과 의미

명예의 사전적 의미는 "남의 존경과 인정을 받으면서 이름과 평판이 높은 것"이다. 이는 자신의 지위나 하는 일의 업적에 대해 사회로부터 얻을 수 있는 좋은 평판과 존경을 의미한다고 하겠다. 맥아더 원수가 모든 해외 근무를 마치고 귀국하여 뉴욕 브로드웨이를 행진할 때, 미 국민들은 공중에 색종이 가루를 뿌리며 아낌없는 박수와 찬사로써 이 노원수를 맞았다. 이것이 우리에게 친숙한 명예 개념이다.

아리스토텔레스도 "신들에게 우리가 돌리는 것, 높은 지위에 있는 사람들이 가장 절실하게 희구하는 것, 가장 고귀한 행위에 주어지는 상"이 명예라고 말하고 있다.11 즉, 명예란 '고귀한 행

---

11 아리스토텔레스, 최명관 옮김, 『향연, 파이돈, 니코마코스 윤리학』(을유문화사, 1994), p.254.

위에 주어지는 상'으로서 타인과 집단, 사회로부터 주어지는 외적 찬사라는 측면이 있음을 말하는 것이다.

명예는 또한 "자신의 행위나 일에 대해 스스로 만족하고 보람을 느끼는 내적 심리 상태"를 의미하기도 한다. 흔히 "하늘을 우러러 한 점 부끄러움이 없는 것"을 명예롭다고 말하기도 하는데, 명예는 바로 이와 같은 마음가짐을 지칭하기도 하는 것이다. 이것은 자신의 양심이나 긍지에 비추어볼 때 조금의 거리낌도 없는, 스스로의 마음가짐이 떳떳한 상태임을 말하는 것으로 일종의 내적인 도덕성을 가리킨다고 하겠다.

아리스토텔레스도 또한, 명예란 긍지 있는 사람이 추구하고 긍지 있는 사람에게 돌려지는 것이라고 말한다.12 바로 내적 긍지로서의 도덕성을 갖춘 사람, 그와 같은 사람이 명예로운 사람이라는 것이다.

이처럼 일반적으로 사용되는 명예의 의미는 크게 두 가지, 즉 사람들로부터 받는 찬사로서의 외적인 의미와, 스스로의 긍지와 양심에 비추어 거리낌이 없는 도덕성으로서의 내적인 의미를 담고 있다고 하겠다.

그런데 우리는 또한 명예의 의미를 다음과 같이 사용하기도 한다. 가령 "이 일에 내 명예를 걸겠다"라든지 혹은 "이건 내 명예와 직접 연관된다", 또는 "내 명예를 먹칠하는 그 말에 책임져야 할 것이다"라는 표현들이 그것이다. 이때 사용되고 있는 명예의 의미는 무엇일까? 분명 위에서 들었던 명예의 의미 가운데 어느 것 하나만을 지칭하는 것이 아님은 분명하다. 이때의 명예는

---

12 같은 책, pp.253-255.

위에서 들었던 명예의 두 가지 의미를 모두 함축하고 있다고 할 것이다.

지금까지 명예의 일반적 쓰임과 의미를 살펴보았는데, 다음의 예를 생각해 보자.

2. 잘못된 명예

『이오지마의 영웅』13이라는 오래된 미국 영화가 있다. 이 영화는 도덕성에 기초하지 않는 명예가 얼마나 헛된 것인지를 잘 보여주는 영화라 하겠다.

전투가 한참 치열하게 전개되고 있을 때 겁에 질린 병사 하나가 동료들로부터 이탈한다. 산비탈 동굴 속에 숨어 오들오들 떨고 있던 그는 아군이 이겼다는 함성이 들리자 슬그머니 동굴 밖으로 기어 나와 고지로 오른다. 고지 정상에 올라온 그는 바로 옆에 전사한 전우 손에 들려 있던 성조기를 산등성이에 꽂고 환호성을 외친다.

그런데 공교롭게도 그때, 바로 그 순간을 종군기자는 카메라에

---

13 원제는 *The Outsider*. 1961년에 제작된 영화로서, 제2차 세계대전 막바지에 일본군에게는 최후의 보루라고 할 이오지마(Iwo Jima, 유황도)에서 벌어진 미군과 일본군의 치열한 전투를 배경으로, 스리바치 산에 성조기를 꽂았던 여섯 명의 전쟁영웅들의 개인적 삶을 조명한 작품이다. 실존 인물인 인디언 병사 '아이라 헤이즈'의 왜곡된 삶을 통해 전쟁영웅의 허상을 고발한 작품으로서, 몇 년 전에는 똑같은 주제를 담고 있지는 않지만 『아버지의 깃발(*Flags of Our Fathers*)』이라는 제목으로 리메이크되기도 하였다.

담았고, 성조기를 휘날리며 포효하는 이 병사의 모습은 다음 날 신문에 크게 보도되면서 병사는 일약 전쟁영웅으로 떠오르게 된다.

전투의 승리자로서 뭇 사람들의 존경과 찬사를 한 몸에 받게 된 병사의 삶은 그야말로 탄탄대로였다. 전투 당시의 모험담으로 짜인 강연과 인터뷰 등으로 그는 큰돈을 벌었고, 아름다운 여인의 사랑도 얻게 된다. 부(富)와 사람들의 찬사 속에서 그는 평생을 행복하고 명예롭게 살 수가 있게 된 것이다.

하지만 이 전쟁영웅의 삶은 그렇지가 못했다. 사람들과의 즐거운 파티에서도 끊임없이 그를 괴롭히는 것은 비겁했던 자신의 참모습이었고, 진정 용감하게 싸우다 전사한 동료 전우들의 얼굴이었다. 심적 괴로움을 견디기 힘들었던 그는 술과 약을 찾았고, 방탕한 생활을 일삼다가 마침내는 스스로 목숨을 끊고 만다.

명예와 관련해서 이 영화가 담고 있는 메시지는 무엇인가? 그것은 분명하다. 사람들로부터 아무리 외적인 찬사를 크게 받는다 할지라도 내적인 긍지나 도덕성을 갖추지 못할 때, 그 명예는 허명(虛名)에 불과하다는 것이다. 즉 참다운 명예가 아니라 거짓 명예, 잘못된 명예에 불과하다는 것이다. 여기서 알 수 있는 것은 참다운 명예의 진정한 조건은 외적인 찬사가 아니라 내적인 긍지나 도덕성이라는 사실이다.

그렇다면 내적인 긍지나 도덕성만 갖추면 참다운 명예라고 할 수 있을 것인가? 다음과 같은 예를 생각해 보자.

산속에서 홀로 살아가는 기인이 있다. 그는 산비탈 움막에 살면서 자급자족으로 연명하지만 그의 삶은 걸인이나 다름없다. 하지만 그는 자신의 삶에 긍지를 느끼며, 매일매일 도덕적인 원칙에 따라 살고 있다. 자신의 양심에 비추어 한 점 부끄러움이 없고, 그 자신 누구에게 거짓을 말하거나, 이간질을 하지도 않으며, 남의 물건을 훔치지도 탐내지도 않으면서 누구에게도 해를 끼치지 않는 삶을 살아간다. 그래서 스스로 도덕적인 사람이라고 생각한다.

이 사람의 삶은 어떤가? 위에서 들었던 명예의 일반적 의미에 비추이볼 때 하늘을 우러러 한 섬 무끄러움이 없고, 누구에게도 해악을 끼치지 않는 그야말로 도덕적인 삶을 영위하고 있기에 그를 명예로운 사람이라고 말할 수 있는가? 아마도 그렇게 칭하기 어려울 것이다. 그를 도덕적인 사람이라고 말할 수는 있겠지만 명예로운 사람이라고 할 수는 없을 것이다. 누구도 그의 삶을 주목하지 않을뿐더러 그와 같은 삶을 바람직한 삶이라고 찬사를 보낼 사람은 별로 없을 것이기 때문이다.

요컨대 내적인 긍지와 도덕성을 갖추었다 할지라도 명예의 외적인 요소로서 사람들의 부러움과 찬사가 없을 때는 이 역시 참다운 명예라고 할 수 없는 것이다. 참다운 명예는 내적 긍지와 외적 찬사를 모두 갖추었을 때만이 가능한 것이다.

3. 명예의 외적 조건으로서의 찬사

그렇다면 사람들로부터 받는 찬사는 무엇을 말하는가? 그것은 글자 그대로 무엇인가를 잘할 때, 잘 해냈을 때, 그 결과 얻게 되는 사람들의 부러움과 칭찬이다. 가령 올림픽 금메달리스트들, 전쟁영웅들, 위대한 정치인들, 은막의 스타들, 세계적인 음악가들

등 어떤 분야에서건 최고의 위치에 오른 사람들에게 우리는 열광하고 그들을 부러워하며, 그리고 그들이 일구어낸 업적에 찬사를 보낸다. 그들이야말로 참다운 명예의 한 부분으로서 외적 찬사를 갖춘 사람들이다. 그렇다면 우리는 왜 이와 같은 사람들에게 열광하며, 찬사를 보낼까?

아리스토텔레스의 관점에서 그 이유를 찾아보자.

아리스토텔레스는 신들마저도 갖고 싶어 하고 부러워하는 외적 찬사를 "덕에 대한 보상"이라고 말한다. 덕이란 무엇인가? 덕이란 '아레테(arete)'로서 존재의 본질이다. 즉 그 존재의 쓰임새인 것이다. 가령 연필 깎는 칼은 그 본질, 즉 쓰임새가 연필을 깎는 데 있다. 그런데 그 칼이 연필을 잘 깎지 못하면, 그 칼은 찬사를 받기는커녕 비난을 받고 쓰레기통에 처박힌다. 하지만 그 칼이 연필을 잘 깎을 때 사람들은 그 칼을 좋아하고, 아주 잘 깎이는 칼이라고 칭찬한다. 칼은 그것의 본질, 즉 '아레테', 바꾸어 말해 칼의 '덕'이 잘 발휘될 때 좋은 칼이라는 칭찬을 받는 것이다.

같은 논리로, 군인의 경우 그 덕은 전쟁에서의 승리이고, 마라토너의 경우 그 덕은 잘 달리는 것이다. 따라서 전쟁에서 승리한 군인은 그 덕을 최대로 잘 발휘한 것이고, 올림픽에서 금메달을 획득한 마라토너는 자신의 덕을 최대로 잘 발휘한 것이다. 그리고 그들에 대한 사람들의 찬사는 그들이 자신들의 덕을 최대로 잘 발휘한 것에 대한 '보상'인 것이다. 이순신 장군에 대한 찬사가 그렇고, 손기정 선수에 대한 사람들의 찬사는 곧 그들이 자신의 덕을 최대로 잘 발휘한 것에 대해 사람들이 보내는 외적 보상이라는 것이다.

그렇지만 덕의 발휘에 대한 보상으로서의 외적 찬사만으로 이순신 장군과 손기정 선수가 참다운 명예를 이루었다고 말할 수는 없다. 이들의 명예가 참다운 것이 되기 위해서는 스스로의 내적 긍지와 도덕성이 또한 요구되기 때문이다.

4. 명예의 내적 조건으로서의 긍지

그렇다면 명예의 내적 조건으로서의 긍지란 무엇인가?

긍지란 자부심을 일컫는다. 아리스토텔레스에 따르면 긍지 있는 사람은 스스로가 큰일에 합당하다고 생각한다. 큰일에 쓰일 수 있을 만큼의 큰 그릇이라 자부하는 마음가짐이 바로 긍지라는 것이다. 한 번 더 아리스토텔레스의 표현을 빌려보자. 그는 실제로는 작은 그릇이면서 큰 재목인 양 떠드는 사람을 '속없는 사람'(허풍선이)이라고 하고, 스스로가 큰 그릇임에도 자신을 과소평가하는 사람을 일컬어 '속 좁은 사람'(야심 없는 사람)이라고 말한다. 물론 스스로가 큰 재목임을 알지만 드러내지 않는 사람은 겸손한 사람이다.

그런데 이 자부심, 긍지는 어디서부터 오는가? 그것은 스스로의 아레테, 곧 덕으로부터 나온다. 다시 말하면 내적 긍지는 자신의 덕에 대한 자부심이다. 가령 음악에 뛰어난 덕이 있음에도 그것을 모르고 달리기에 자신 있다고 달리기만을 고집한다면 그 사람은 속없는 사람이다. 반면 음악에 뛰어난 덕이 있음에도 불구하고 음악에 자질이 없다고 포기하는 사람은 속 좁은 사람이다. 음악에 덕이 있는 사람이 음악에 대한 자부심을 갖고, 달리기에 덕이 있는 사람이 달리기에 대한 자부심을 가질 때, 그들은 내적인 긍지를 갖춘 사람들이다.

그런데 또 한편 아리스토텔레스에 의하면 내적 긍지는 그대로 내적 도덕성과 연계된다. 그의 표현을 따르면, "긍지 있는 사람은 가장 선한 사람이다." 그 까닭은 무엇일까? 그것은 긍지 있는 사람의 뜻풀이로부터 그대로 도출된다. 즉 긍지 있는 사람은 스스로가 큰 재목임을 자부하는 사람인데, 스스로가 큰 재목이라고 믿는 사람이 남을 속이거나 남에게 해를 끼치는 일을 할 수는 없다. 더욱이 큰일을 꿈꾸는 사람이 작은 이익에 연연하여 뇌물을 받거나 도덕적으로 문제가 있는 일을 하지는 않을 것이다. 참으로 긍지 있는 사람은 선한 자가 아닐 수 없다는 것이 아리스토텔레스의 논리인 것이다.

이렇듯 참다운 명예란 크게 두 가지의 조건을 구비해야 한다. 객관적(외적) 조건과 주관적(내적) 조건이다. 객관적 조건은 남들이나 사회로부터 인정과 칭찬 등 상을 받는 '보상적 명예(honor-paid)'다. 주관적 조건은 남으로부터 받는 명예가 아니라 '스스로 주는 명예(honor-felt)'로서 자신의 내부에서 나오는 자긍심, 곧 긍지다.

이순신 장군과 손기정 선수를 다시 생각해 보자. 그들은 일단 외적 보상으로서의 찬사는 어느 누구보다도 크게 받았다고 할 수 있다. 그렇다면 그들의 내적 긍지는 어떤가? 이순신 장군은 스스로의 긍지가 누구보다 크고 높았던 분이었다. 군인으로서의 자긍심이 컸기에 늦은 나이에 이를 때까지도 좌절하지 않고 군인의 꿈을 키워왔기 때문이다. 그뿐만 아니라 나라에 충성하고 자신의 도덕적 청렴성에 충실함으로써 빚어진 윗사람들의 미움과 모함으로 말미암아, 지은 죄가 없음에도 두 번씩이나 백의종군(白衣從軍)하였던 모습을 볼 때, 군인으로서의 자긍심은 물론이요, 도덕적 품성도 누구보다 높았던 인물임을 알 수가 있다.

손기정 선수는 어떠했는가? 달리기에 대한 열정과 일장기를 달고서도 금메달을 획득하였던 불굴의 의지로 볼 때, 자신의 덕에 대한 높은 긍지를 지니고 있었음을 알 수 있다. 그뿐만 아니다. 조국이 해방되기 이전에도 자신이 한국인임을 널리 알리고자 하였고, 해방된 이후부터는 죽을 때까지 자신의 금메달이 일본이 아니라 대한민국의 것임을 밝히기 위해 끝까지 노력했던 모습을 볼 때 높은 도덕성을 지닌 인물임을 알 수가 있다.

자신의 덕에 대한 긍지와 자부심으로 그 덕을 닦아, 위대한 구국의 영웅이요, 뮌헨 올림픽 마라톤 금메달리스트로서의 명성을 널리 떨쳤던 이순신 장군과 손기정 선수. 그들은 또한 내면적 도덕성에 있어서도 높은 인격으로 사람들의 찬사를 받았으니, 이분들이야말로 참다운 명예에 걸맞은 인물들이라 할 것이다.

참된 명예는 스스로의 긍지, 즉 자신의 덕에 대한 자부심으로 큰일을 해낼 수 있다는 자긍심(honor-felt)뿐만 아니라 실제로 큰일을 성취해 내야 한다(honor-claimed). 그것도 부정한 방법이나 일시적인 눈속임이 아니라 정당하고 도덕적인 자세로 성취해 내야 하는 것이다. 그럴 때만이 그에게 보내는 사람들의 찬사나 열광이 허명이 아니라 참다운 명예가 되는 것이다. 요컨대 진정한 명예는 '요청되는 명예(honor-claimed)'요, 그에 대한 '보상적 명예(honor-paid)'요, 동시에 '스스로가 인정하는 명예(honor-felt)'인 것이다. 아리스토텔레스의 표현처럼 명예는 '가장 고귀한 행위'에 주어지는 상이기 때문이다. 그래서 참다운 명예는 '가장 큰

가치를 지닌 사람', '가장 선한 사람'으로서의 긍지 있는 사람에
게 주어지는 것이다.

이처럼, 자신의 내적 도덕성과 긍지를 갖고 큰일을 해낸 사람
들에게 우리가 영광과 명예를 부여하는 까닭은 무엇일까? 그 까
닭은 그들의 삶과 행위와 업적이 평범한 사람들과는 달리 고귀하
고 헌신적이기 때문이다. 그들은 자신의 생명을 바쳐서까지 이웃
과 동료, 국가와 인류를 위험에서 구하고, 진리와 정의, 행복과
복지를 위해 봉사와 헌신을 아끼지 않기 때문인 것이다. 따라서
진정한 명예의 내용으로 요청되는 고귀한 행동이란 정의를 실현
하고, 이웃과 사회, 나아가 인류의 선을 증진시키고자 하는 보편
적 사랑에 입각한 행동일 것이다.

오늘날은 다원화, 다가치의 시대다. 따라서 고귀한 행동의 종
류도 다양하다. 그것들 중 어느 것 하나만 높은 가치를 부여하는
것은 바람직하지 않을 것이다. 생업이나 자신의 임무에 성실하여
나름의 성공에 도달하는 것은, 비록 그것이 사회정의와 이웃의
행복에 크게 기여를 못한다 할지라도 가치 있고 명예로운 일이라
해야 할 것이다. 올림픽에서 금메달을 획득하는 일뿐만 아니라
어떤 분야에서 '달인' 혹은 '장인'의 경지에 오르는 일 등은 모두
사람들의 찬사를 이끌어내는 일이기에 명예롭고 가치 있는 것임
에 틀림없다.

하지만 아리스토텔레스가 말하는 참다운 명예, 즉 "신들에게
돌리는 것, 고귀한 행동에 주어지는 상"으로서의 명예는 도덕적
가치, 윤리적 가치가 포함되어야 한다.[14] 그것은 정의를 바로잡고

---

14 이러한 견해는 미국의 유명한 저술 속에서 많이 발견된다. 특히 웨이킨
   은 이 점을 매우 강조하고 있다. Malham M. Wakin, "The Ethics of

평화를 위해 자신의 생명도 내던질 수 있는 고귀함과 숭고함이 내재된 명예다. 금메달리스트의 명예도 훌륭하고, 달인의 경지도 충분히 찬사를 받을 수 있는 명예임에 틀림없지만, 이순신과 안중근, 강재구는 물론이요, 자신의 생명을 희생함으로써 동료를 구하고, 부대를 구하고, 나라를 구했던 무명의 병사에 이르기까지, 헌신적인 군인들의 삶에서 찾아지는 명예는 그보다 숭고하고 고귀하다고 해야 할 것이다. 군인의 길을 일컬어 명예로운 길이라고 말하는 까닭이 여기에 있다.

Leadership", *War, Morality, and the Military Profession*(Westview Press Inc., 1986), p.434 참조.

미 육군의 *Army Officer's Guide*도 "명예로운 사람은 옳고 그름을 가릴 줄 아는 지식과, 옳은 것을 확고히 지키는 용기를 지닌다"고 하고, 여기서의 명예는 좁은 의미의 도덕을 함축한다고 기술하고 있다. p.31 참조.

제 2 장   위대한 명예의 사례들

1. 도슨 상병과 다우니 일병
"왜 불명예 전역인가요?"

『어 퓨 굿맨(*A Few Good Men*)』이라는 영화가 있다. 이 영화는 쿠바의 관타나모에 주둔하고 있는 미 해병대 사령부에서 일어난 한 병사의 죽음을 둘러싸고, 살인 용의자로 지목된 병사들과 그들의 무죄를 입증하려는 법관들과의 갈등과 대립, 진실과 허위, 명예 문제들을 다루고 있다.

관타나모 해병대 기지 사령관인 제셉 대령은 철저한 야전 군인으로서, 해병대 근무가 자신의 체력이나 정신력에 맞지 않는다고 타 부대로의 전출을 요구하는 한 병사의 요구를 묵살하고 소대장으로 하여금 '코드 레드'라고 하는 특수한 기합을 가해서라도 정신상태를 뜯어고치라고 지시한다. 소대장은 소대원인 도슨 상병에게 그 지시를 내리고 도슨은 다우니 일병과 함께 문제의 병사인 산티아고 일병에게 코드 레드를 가한다. '코드 레드'란 관타나모 미 해병대 사령부에만 있는 특수한 기합을 지칭하는 것으로서, 철사 수세미로 목욕을 시키는 등의 가혹 행위였다.

그렇지만 불행하게도 코드 레드를 시행하는 도중 산티아고 일병이 목숨을 잃게 되고, 도슨과 다우니는 살인죄로 기소돼 수감된다. 하지만 이들은 소대장의 명령대로 따랐을 뿐이기 때문에 결코 살인을 한 게 아니라 과실치사로서 무죄라고 주장한다. 그렇지만 그들의 주장이 입증되기 위해서는 소대장의 명령이 있었다는 사실이 밝혀져야만 하는데, 소대장을 비롯한 누구도 그런 명령을 내린 적이 없다고 주장함으로써 사건은 그들에게 불리하게 돌아간다.

이 사건을 맡게 된 법무관 캐피 중위는 처음엔 도슨과 다우니를 의심해 그들의 유죄를 인정해서 적절한 타협 속에 형량을 최대로 낮추고자 한다. 그가 방문한 관타나모 해병대 사령부의 분위기나 제셉 대령의 자신만만한 모습 등을 볼 때 그들에게는 혐의가 없어 보였기 때문이다. 무엇보다도 도슨과 다우니가 무죄라는 걸 증명할 수 있는 어떤 자료도 찾을 수 없다는 것이 문제였다. 캐피 중위는 검사 측과 법정에서의 싸움에 결코 승산이 없다는 걸 간파한다. 그래서 그는 양자 간에 관련된 최대한의 자료를 이용해서 그들이 유죄를 인정하면 6개월의 형량만 받고 전역할 수 있도록 검사관과 타협하는 데 성공한다.

콧노래를 부르며 도슨과 다우니를 찾아온 캐피 중위는 6개월의 형량으로 줄여온 자신의 능력을 자랑하면서 유죄를 인정하라고 말한다. 하지만 도슨과 다우니는 6개월의 형량을 선고받게 되면 그들은 결국 해병대에서 불명예로 제대하게 되는데, 그건 그들이 결단코 바라는 게 아니라고 말한다. 그들의 궁극적인 목적은 해병대에 입대할 때의 정신이 그랬듯이 명예롭게 제대하는 것이었기 때문이다. 캐피 중위는 사태의 심각성을 읽을 줄 모르는 그들의 어리석음을 나무라면서, 법정에서 싸우다 재판에서 지게 되면 평생 감옥에서 지내야만 하는데, 그렇게 승산도 없는 싸움에 뛰어들겠느냐고 반문한다.

도슨과 다우니는 해병대에서의 불명예제대는 그들의 삶에 사형선고나 마찬가지고, 무엇보다도 그들은 명령에 따랐을 뿐 살인 의도가 전혀 없었는데 어떻게 죄도 없이 유죄를 인정하느냐고 오히려 반문한다.

캐피 중위는, 불명예제대를 하기보다는 차라리 평생을 감옥에서 보내겠다는 순수한 두 해병대원을 위해 외롭고도 힘든 싸움을 벌인다. 그리고 그 긴 고통의 터널 속에서 마침내 제셉 대령이 모든 사건의 주모자라는 걸 밝혀내고 도슨과 다우니의 무죄를 입증해 낸다. 하지만 살인죄는 무죄를 인정받았지만 두 병사는 직무유기죄가 적용돼 결국은 불명예제대를 하게 된다. 약자인 산티아고 일병을 보호해야 할 의무를 수행하지 못했다는 것이 그 이유였다.

망연자실해 하는 두 병사에게 캐피 중위가 말한다.

"이봐, 친구들, 그렇게 기죽지 말라구. 명예란 꼭 해병대에만 있는 게 아닐세."

그렇다. 군인은 명예를 먹고 산다고 할 만큼 군인에게는 명예가 강조되어 왔다. 제레미 버다 미 해군 제독은 브이(V) 기장 하나 때문에 실추된 명예를 회복하기 위해 스스로 목숨을 끊었고, 전투에서 패전한 장수들 가운데 패전의 불명예를 견디지 못해 자살의 길을 택한 이들도 적지 않다. 그 전통은 도슨 상병과 다우니 일병에게도 그대로 심어져 그들은 명예를 잃지 않기 위해 평생 감옥에 갇힐 각오로 싸웠다. 군인에게 있어서 명예가 얼마나 소중히 다뤄져야 하는 것인가를 이 영화, 『어 퓨 굿맨』은 잘 보여주고 있다.

2. 이형근 대장
"군의 정치 개입은 나라 망치는 지름길이오."

초대 합참의장을 지낸 고 이형근 대장. 그는 1920년 충남 공주에서 태어나 일본 육사를 졸업한 뒤, 해방을 맞자 1946년 국방경비대 대위로 임관하면서 우리 군에서의 삶을 시작한다. 대한민국 군번 1번이자 창군의 주역으로서의 활동을 시작한 것이다.

6·25 전쟁이 발발하자 그는 2사단장, 8사단장을 맡아 최전방 전선에서 혁혁한 전공을 세웠고, 전쟁이 끝난 후에는 합참의장을 거쳐 1956년에는 육군참모총장을 지내기도 했다.

한국전쟁 중 당시 미국 정부 일각에서는 원자폭탄 사용이 제기됐지만, 그는 원폭을 사용할 경우 민족이 공멸한다는 논리를 내세워 원폭 사용을 한사코 반대했고, 육군참모총장으로 재직할 때에는 고질적인 군 인사 비리와 군납 관계 비리를 척결하는 데 앞장섰다. 하지만 군 정풍이라는 그의 꿈을 다 이루기도 전에 중상모략을 당해 참모총장직에서 해임된 뒤 전역하고 만다.

하지만 참 군인으로서의 그의 모습은 전역한 후에도 변함이 없었다.

1968년 전역 직후 그는 당시 장면 정권으로부터 입각을 권유받았지만 단호히 거절했다. 그 까닭은 당시의 정부는 내각책임제였기 때문에 장관이 되기 위해서는 당적을 가져야 하는데, 군인이 정치에 관여해서는 안 된다는 신념이 있었기에 입각을 거절했던 것이다.

군인이 정치에 관여해서는 안 된다는 그의 신념은 죽을 때까지 계속됐다. 박정희 대통령을 비롯해 그 후의 역대 정권이 매번 그에게 입각할 것을 권유했지만 군인은 군인으로서의 길만 가야 한다는 이유로 그때마다 거절했기 때문이다.

오직 외길, 명예로운 군인의 길만 걷고자 했던 그의 신념은 입각이 아니라 국영기업체 사장 자리에 대한 유혹마저도 떨치게 했다. 전두환 대통령 시절, 당시 대통령은 이형근 장군이 경제적으로 어려움을 겪고 있다는 이야기를 전해 듣고 그에게 기업체 사장 자리를 권유했다. 하지만 그는 그것마저도 거부한다. 행여 군인으로서의 명예가 훼손될 수도 있다고 생각했기 때문이다.

이른바 신군부의 등장으로 군이 정치 전면에 나섰을 때도 그는 늘 이렇게 말하곤 했다.

"나는 대통령 선거 때 전두환도 노태우도 찍지 않았다. 오늘날 군이 이렇게 된 것은 두 번의 쿠데타로 군이 정치에 개입했기 때문이다. 군이 자기 영달에 급급하게 되면 파렴치해지고 그것은 나라를 망치게 하는 지름길이다."

한국전쟁 중 그는 사단장을 맡아 일선에서 싸웠지만 그의 부인은 부산에서 피난 중 산고(産苦)를 겪다가 영양실조로 세상을 뜨고 말았고, 또 수도사단 참모장으로 참전했던 동생 이상근 준장이 전사하는 참극을 당하기도 하였다.

하지만 그는 군인의 길을 사랑하고 명예롭게 생각했다. 그는 회고록에서 이렇게 말하고 있다.

"군인은 죽지 않고 사라지지도 않을 것이며 영원히 살 것입니다. 대한민국이 있는 한 군인은 같이 있을 것입니다."

오직 외길이었던 군인의 길만을 묵묵히 걸어왔던 대한민국 군번 1번 이형근 대장. 그의 말대로 군인이 영원할 수 있는 것은 그 길이 명예로운 길이기 때문일 것이다.

3. 무하마드 알리
"베트남 전쟁에는 결코 참여하지 않겠소."

무하마드 알리 하면 아마도 세계에서 모르는 사람이 별로 없을 듯하다. 그는 올림픽 복싱의 금메달리스트이고 프로로 전향해서도 세계 헤비급 챔피언으로서 한 시대를 풍미했을 뿐만 아니라 가장 위대한 권투선수로 남아 있는, 그야말로 살아 있는 전설이기 때문이다.

1975년, 한창 세계 최고의 복서로서 주가를 높이고 있던 그는 한 잡지와의 인터뷰에서 자신에 대해 훗날 "자유와 평등을 위해 싸운 인간'이라는 기억으로 세인들에게 남기를 희망한다고 말했다. 그런데 알리의 그와 같은 희망이 지금, 그가 복싱을 그만두고 오랜 세월이 흐른 오늘에서야 서서히 실현되어 가고 있음을 본다.

몇 년 전 그의 일대기를 다룬 『알리』라는 영화가 개봉되었고, 흥행에 크게 성공하였다. 알리 역을 맡아서 열연했던 할리우드의 스타 윌 스미스는 그해에 골든글로브 남우주연상 후보에 오르기도 했다.

세계사의 변화에 민감하게 반응하고 또 그 흐름에 편승해 대작을 제작하기도 하는 할리우드 영화 종사자들은 그 당시 이슬람권에 방영될 광고물을 제작하면서 그 모델로서 알리를 선정하였다. 뉴욕의 테러로부터 일기 시작한 이슬람과의 전쟁에서 멍이 든 그들의 가슴을 어루만지고 또 설득하는 데 있어서 알리만큼 적합한 인물이 없었기 때문이었다.

미국의 애국주의자들 가운데서는 이단아로 취급됐고 그저 떠버리 권투 영웅으로만 불리던 그가 진정한 애국자이자 영웅으로 재조명된 사례라 할 것이다.

알리의 화려한 복싱의 역사는 분노와 복수심에서 출발했다. 1960년 로마 올림픽에 출전해 라이트헤비급에서 세계 최정상으로 우뚝 서 금메달을 따냈지만 흑인이었던 그에게 돌아온 것은 인종차별론자의 조롱뿐이었다. 그는 격분했다. 캐시어스 클레이였던 그의 이름은 무하마드 알리로 개명됐고 그는 말콤 엑스가 이끄는 이슬람 단체의 일원이 되었다. 동시에 그는 프로 세계로 뛰어들었고 1964년 2월, 당시 살인 펀치로 이름나 있던 소니 리스튼과의 대결에서 7회 KO승을 거두며 새로운 흑인 영웅의 시대를 열었다.

하지만 새롭게 막이 올랐던 베트남 전쟁은 그의 승승장구를 그냥 내버려두지 않았다. 1967년 베트남 파병 징집을 거부했던 그에게 언론은 질타를 퍼부었고 결국 그에게 돌아온 것은 타이틀 박탈과 징역형이었다. 링에 설 수 없었던 그는 그 기회를 이용해 인권운동과 반전운동에 더욱 박차를 가한다. 그리고 마침내 1970년 복권하는 데 성공한다.

1974년 10월, 그날은 프로복싱의 역사를 그가 새롭게 쓰기 시작한 역사적인 날이라 할 것이다. 당시 최고의 프로복서로 명성을 날리고 있던 해머 펀치 조지 포먼을 8회 KO로 꺾고 새 챔피언에 등극했기 때문이다. 그리고 1978년 36세의 나이에도 불구하고, 레온 스핑크스를 누르고 그는 프로복싱 사상 처음으로 세 번의 헤비급 타이틀을 획득하였다.

66전 56승 37KO 4패, 그리고 19차례의 타이틀 방어. 이것이 그의 명예로운 대기록이다. 하지만 이런 대기록 뒤에 그에게 남은 것은 파킨슨병이었고 제대로 걷지도 못하는 복싱의 후유증이었다. 그런 몸으로도 그는 "자유와 평등을 위해 싸웠던 인간"이라는 자신과의 약속을 지키기 위해, 1993년에는 이란-이라크 전쟁포로 교환 협상을 중재했고, 아프리카 난민 구호 활동을 펼치기도 했으며, 1999년에는 아프리카 부룬디 내전의 평화회담을 중재하였다.

이런 공로를 인정해 미국 로스앤젤레스에서는 그가 60세 생일을 맞던 날, 그를 기념해 그날을 '알리의 날'로 선포했고, 로스앤젤레스 할리우드 거리 한복판에 위치한 명예의 거리에는 알리의 이름이 새겨졌다.

무하마드 알리는 그냥 복서의 길만 걸었어도 위대한 선수로서 그 명예가 길이 남았을 것이다. 하지만 그는 복서로서의 명예 이외에도 인권과 반전을 위해 싸운 투사로서, 그리고 자유와 평화를 세계에 펼치고자 노력했던 평화의 중재자로서의 명예도 함께 누릴 수 있게 된 것이다. 똑같은 철권으로서 사람들의 기대와 사랑을 한 몸에 받았지만 문란한 사생활로 감옥을 오갔던 마이크 타이슨과는 크게 비교되는 부분이라 하겠다.

4. 김삼순 여사
"아흔이 넘었어도 공부는 즐거워요."

고 김삼순 여사. 그녀에게 따라다니는 별명은 여럿이다. 한국 여성 농학박사 1호, 여성 최초의 과학 분야 학술원 회원, 한국균학(菌學)회 초대회장 등 굵직한 직함의 별명들로서 그 분야 최고의 명예를 상징하는 것들이 대부분이다.

김여사는 한국 정치사상 유일하게 3형제를 국회의원에 진출시켰던 전남 담양군의 만석꾼 집안의 딸로 태어났다. 김홍용, 김문용, 김성용 3형제는 모두가 훗날 국회의원을 지낼 만큼 공부를 많이 했으며, 그녀 역시 신식 사고방식을 갖고 있었던 부친 덕분에 당시의 풍토와는 달리 여성의 몸으로도 공부를 할 수 있었다.

도쿄여자고등사범학교 1학년에 재학 중일 때 그녀는 일본 농학박사 1호인 가토 세치고 교수의 강의를 들으면서 자신도 반드시 박사가 되어 일본인에게 결코 뒤지지 않겠다는 각오를 했고, 그 후로 하루 평균 네 시간 이상을 자본 적이 없을 정도로 열심히 공부했다.

하지만 그녀가 정작 박사가 되기 위해 공부를 하게 된 것은 그로부터 훨씬 뒤의 일이다. 사범학교를 마친 뒤 그녀는 부친의 요청에 따라 귀국해 모교인 경기여고 교사로 봉직했고, 농학에 대한 관심으로 다시 유학길을 떠난 것은 그녀의 나이 31세 때였다. "발효식품을 연구해 국민들의 건강을 돕겠다"는 결심으로 그녀는 일본 홋카이도 대학 식물학과에 입학했고 그때부터 오직 주름치마 한 장과 실험복만으로 3년 동안 열심히 공부해 34세에 식물학과를 졸업했다.

이후 그녀는 서울대학교 교수로 재직하던 중 훗날 3대 국회 재경위원장을 지낸 강세형 씨와 결혼해 15년간 교수와 아내로서 두 길을 걸었지만, 남편이 죽은 뒤 1961년 52세의 나이에 다시금 일본으로 유학길을 떠난다. 평생의 꿈이었던 박사가 되기 위해서였다. 그리고 그로부터 5년 후인 1966년 57세의 나이로 일본 규슈 대학에서 한국 여성으로서는 최초로 자연과학 분야의 박사학위를 받았다. 녹말 분해효소에 관한 그녀의 연구논문은 학위논문이었음에도 불구하고 당시 20여 나라의 학술지에 실릴 만큼 평판이 높았다.

그녀의 인생은 정말 60부터라고 해도 과언이 아닐 것이다. 귀국 후 그녀는 팽이버섯과 느타나무버섯 등의 인공 재배법을 개발해 농가의 수익을 올리는 데 크게 기여했으며, 1972년에는 한국균학회를 창립해 초대회장을 맡았고, 1976년에는 여성으로서는 최초로 과학 분야 학술원 회원으로 선발됐으며, 그 모든 공로를 인정받아 1979년에는 대한민국 학술원상을 수상하는 명예를 안기도 했다. 게다가 우리나라 버섯 300여 종을 컬러 도감으로 정리해 『한국산 자생버섯』이라는 책을 발간하기도 했는데, 그때 그녀의 나이는 81세였다.

그녀의 줄기찬 학구열은 이후에도 사그라지지 않았고 오히려 펄펄 끓을 정도였다. 90세의 나이로 서울대 병원 최고령 환자로서 위암 수술을 받은 뒤에도 그녀는 고향인 담양군 농장에 연구실을 두고 발효식품 개발에 전념했으며, 아흔이 넘은 그 나이에도 영어회화 공부에 열을 올렸다. 요양하라는 의사의 권고로 요양 중일 때도 그녀는 홈페이지를 만들겠다며 컴퓨터 공부에 매달리기도 했다.

2001년 12월 11일. 그날은 평생을 공부에 전념했고, 평생을 농학에 바쳤던 김삼순 할머니가 마침내 유명을 달리한 날이다. 머리가 하얀 학계의 원로들은 고인의 빈소에서 "자연과학계의 큰 별이 졌다"고 말하며 명예로운 삶을 살다 간 고인의 죽음을 애도했다.

5. 최영 장군
"탐욕이었다면 무덤에 풀이 돋지 않을 것이오."

최영은 고려의 개국공신 가운데 한 사람이었던 최준옹의 후손인 최원직의 아들로 1316년 철원에서 태어났다. 장성해서 고려의 무신이 된 그는 기골이 장대하고 힘이 장사인 호걸풍의 장수였으며, 전투에 임해서는 스스로 솔선수범했고, 적을 두려워하거나 명령에도 머뭇거리는 장졸들은 결코 용서하지 않고 그 즉시 목을 베어버릴 만큼 강직한 인물이었다.

최영은 홍건적과 왜군의 침략이 있을 때마다 전쟁에 참여해 수많은 전공을 세우고 싸울 때마다 승리를 거뒀지만, 그중 가장 유명한 전투는 '홍산 전투'라 할 것이다.

이 전투는, 왜구가 연산과 공주를 습격한 뒤 노약자를 배에 싣고 돌아가는 척하면서 무장한 군사 수백 명을 이끌고 홍산으로 들어와 양민들을 살육하고 약탈을 자행하자, 최영이 토벌군을 이끌고 와 홍산에서 왜구와 싸웠던 전투다.

당시 홍산은 산악지역이어서 길이 험하고 좁았을 뿐만 아니라, 사방이 돌벽으로 뒤덮여 오직 다닐 수 있는 길은 한 길뿐이었다. 왜구를 토벌하고자 그곳까지 진출했지만 장졸들은 수많은 왜구가 앞에 버티고 있고 길은 외길뿐이어서 감히 앞장서 공격하기를 주저하고 있었다. 그러자 장군이 몸소 외길을 따라 진격해 나가기 시작했다. 그가 칼을 휘두를 때마다 수많은 왜적들이 쓰러졌고, 토벌군들도 장군의 뒤를 따라 진격해 들어갔다.

바로 그때 왜구가 쏜 화살 하나가 장군의 입술에 박혔다. 피가 쏟아졌고 갑옷을 적셨지만 그는 당황하지 않고 침착하게 활을 꺼내 자신을 쐈던 왜적에게 활을 날려 그를 쓰러뜨린 다음 입술의 화살을 빼냈다. 그의 당당한 모습을 지켜본 고려군은 환호성을 지르며 일제히 왜군을 향해 돌진했고 홍산 지역에 있던 모든 왜구를 남김없이 베어버렸다. 그의 솔선수범과 용감한 행동이 가져온 승리였던 것이다.

최영은 또한 임금 다음의 권좌로 불리는 시중(侍中), 오늘날의 국무총리 직책까지 올랐지만 평생을 청렴결백하게 살았다. 전투에서 이길 때마다 왕으로부터 많은 재화와 토지를 하사받았지만, 금은보화는 부하들에게 골고루 나눠주었고 토지는 그것을 경작하고 있던 농민들에게 그대로 주었다. 생활은 나라에서 주는 녹봉으로만 꾸려갔고, 그것마저도 남으면 군량에 보태기 일쑤였다. 자연 그에게는 아무런 재산도 없었고 오히려 때로는 쌀이 떨어져 밥을 짓지 못할 때도 있었다.

이 모든 것이 그가 16세 때 부친이 돌아가면서 남긴 유언을 지키고자 하는 그의 효성과 충성심 덕분이었는데, 그것은 "황금을 보기를 돌같이 하라"는 것이었다. 그래서 장군은 세상사의 부귀와 영화를 멀리했고 오직 명예만을 중시했다.

훗날 위화도 회군으로 정권을 장악한 이성계에 의해 실각하고 합천, 충주 등으로 유배됐다가 73세의 일기로 세상을 뜰 때까지 그는 단 한 번도 자신의 명예에 저촉되는 일이 없을 만큼 철저하게도 청렴결백하게 살았다. 죽음에 임해서 그가 남긴 유언에 대한 일화는 그가 얼마나 명예를 숭상했으며 부귀와 영화에 대한 탐욕이 없었는지를 잘 보여준다. 그는 죽기 전에 이렇게 유언했다.

"내가 만약 평생을 통해 탐욕스러운 마음을 조금이라도 가졌다면 죽은 뒤 내 무덤에 풀이 돋을 것이요, 그렇지 않았다면 결코 풀이 돋지 않을 것이다."

그리고 그가 죽은 후 오랫동안까지도 그의 무덤에서는 풀 한 포기도 자라지 않아서 사람들은 그의 무덤을 적분(赤墳)이라고 불렀다. 곧 풀이 없는 황토색 무덤이라는 뜻이다. 탐욕을 멀리하고 오직 명예를 중시했던 최영 장군의 마음을 그가 죽은 후에도 보여주는 일화라 하겠다.

6. 올리버 노스
"목숨을 걸고 내 명예를 지킬 것이오."

올리버 노스 중령을 기억하는가? 이란 콘트라 사건으로 미 전역을 떠들썩하게 했던 인물이다.

1987년 올리버 노스 미 해병 중령은 레이건 행정부의 정치군사담당 부국장의 직책에 있었다. 하지만 그는 그해가 가기 전, 미 전역을 달구었던 이란 콘트라 사건의 핵심인물로 떠올라 청문회에 출석해야만 했다.

이란 콘트라 사건이란 이란에 억류되어 있었던 미국인 인질들을 석방시키기 위해 미국의 레이건 대통령이 이란에 무기를 비밀리에 판매하고 이 무기 판매로 받은 돈을 니카라과의 민주화 세력이었던 콘트라군을 지원했던 사건으로서, 그것이 과연 민주주의를 수호하기 위한 것이었느냐 아니냐, 또 도덕적인 행동이었느냐 아니냐 하는 문제로 비약돼 백악관을 비롯해 미 의회 및 미국 전역을 벌집 쑤셔놓은 듯 만들어버렸던 사건이다. 이 사건의 핵심인물로 떠올랐던 올리버 노스 중령은 그로부터 7년 후 마침내 무죄를 인정받았지만, 청문회에서 보여준 자신의 명예와 당당함으로 말미암아 일약 미국의 애국적 영웅으로 떠올랐던 것이다.

사건이 언론을 통해 공개됐던 초기에 백악관은 언론으로부터 무자비한 비난의 포격을 받았고, 그 모든 책임은 정치군사담당 부국장으로서 사건의 실무자였던 노스 중령에게 돌아갔다. 더욱이 그는 책임을 존중하는 군인답게 사건의 최고 책임자인 레이건 대통령에게 누가 되지 않도록 하기 위해, 그 사건이 오직 민주주의를 수호하기 위한 애국심에서 나온 일로서 자신이 독자적으로

행한 것이라고 말함으로써 스스로 모든 십자가를 졌다.

이란 콘트라 사건은 미국인 인질을 구하고 민주화 세력인 니카라과의 반군이었던 콘트라군을 지원했다는 점에서 애국적인 일이요, 민주주의를 수호하기 위한 일이었다는 사실은 설득력을 가질 수 있었지만, 국민이 모르게 비밀리에 행해진 일이라는 점에서 결코 도덕적인 행동이었다고 할 수는 없었다.

그리하여 수많은 미 국민들로부터 비난을 받으면서 노스 중령은 마치 세계대전 이후의 전범(戰犯)이 재판을 받듯이 청문회 증언대로 나와야 했다. 국민들의 질타가 너무 거세 아무도 그의 편이 없는 상태에서 그는 의회를 상대로 외롭게 싸워야만 했다.

그렇게 증언대에 올라온 노스 중령은 증언에 앞서 먼저 침착한 목소리로 이렇게 말했다.

"내게는 사랑하는 아내와 두 아이가 있습니다. 나의 증언이 내가 사랑하는 가족의 명예나 안녕에 한 점 흠이 돼서는 안 될 것입니다. 나는 어떠한 경우라도 내 목숨을 걸고 내 가족과 나의 명예를 지킬 것입니다."

노스 중령의 이 한마디는 엄청난 위력을 발휘했다. 그에 대한 비난으로 들끓었던 청문회장은 가장(家長)으로서 가족의 명예와 안녕을 지키기 위해 최선을 다하는 그의 의연한 모습에 압도되었고, 청문회가 끝날 즈음 그는 어느새 미국의 새로운 영웅으로 떠올라 있었다. 모든 물음에 그는 당당했고 솔직했다. 그리고 무엇보다도 자신의 행위에 대해 책임을 지겠다는 의연한 자세를 견지하였다. 애국심에 호소하는 그의 언변은 그 어떤 웅변보다도 설득력이 있었고, 콘트라군의 민주화 투쟁에 대한 그의 설명은 무기 밀매라는 비도덕성마저도 덮어버릴 만큼 호소력이 짙었다.

노스 중령의 군인답고 명예로운 태도에 인간적으로 반했던 이란 콘트라 사건의 특별검사는 그로부터 7년에 걸친 기나긴 조사 기간을 통해 마침내 당시 레이건 대통령이 이 사건을 알고 있었다는 최종 보고서를 제출함으로써 그의 무죄를 입증하였다. 그가 비난받았던 도덕성의 흠집은 고스란히 레이건에게 넘어갔고, 그에게 남은 것은 상관에게 책임을 돌리지 않고 자신이 스스로 책임을 지는 참다운 군인으로서의 명예였다. 그것은 자신의 안위를 걱정하지 않고 오직 국가와 가족, 군인의 명예를 중시했던 노스의 승리라 할 것이다.

7. 콜베르

"한밤중이지만 더 받은 돈을 돌려주고 오겠소."

콜베르는 프랑스의 가난한 상인의 집에서 태어났지만 훗날 루이 14세 때 재무장관에 오르면서 프랑스를 유럽의 강대국으로 만드는 데 크게 기여한 인물이다. 그가 이처럼 재무장관으로서 세계적으로 명성을 크게 떨칠 수 있게 된 것은 정직을 중시함으로써 사람들로부터 신뢰를 인정받았던 덕분이며, 또한 그가 정직을 자신의 최고 명예로 간주하고, 또 그렇게 실천한 덕분이기도 했다.

콜베르는 젊은 시절부터 정직을 자신의 최고 명예로 삼아 실천해 왔는데 다음에 소개하는 일화는 그의 이 같은 모습을 잘 보여준다.

젊은 시절 콜베르는 한 포목점의 점원으로 일하고 있었다. 어느 날 저녁 무렵, 포목점 주인은 콜베르에게 근처 호텔에 묵고 있는 한 은행가로부터 주문이 들어왔으니 호텔에 좀 다녀오라고 하였다. 은행가가 주문한 옷감 몇 종류를 싸 들고 호텔로 은행가를 찾아간 콜베르는 옷감을 건네주고 돈을 받아 돌아왔다.

포목점 주인은 콜베르가 한 푼도 더 깎이지 않고 제값을 받아온 데 대해 너무 기분이 좋았고 그런 콜베르를 크게 칭찬했다.

그런데 그날 매출을 마감하기 위한 결산 정리에서 콜베르는 고개를 자꾸만 갸우뚱거렸다. 여러 번에 걸쳐 다시 돈 계산을 해봤지만 팔았던 옷감에 비해 돈이 훨씬 더 많이 남는 것이었다. 매상과 장부를 꼼꼼히 들여다보던 그는 마침내 그 이유를 찾아냈다. 그것은 은행가로부터 두 배나 되는 돈을 받아온 때문이었다.

그 사실을 깨달은 콜베르는 이미 밤이 늦었지만 그 돈을 은행가에게 돌려줘야겠다고 생각하고 그 사실을 주인에게 보고했다. 하지만 그의 설명을 들은 주인은 그까짓 돈쯤 부자인 은행가에게는 아무것도 아닐 것이므로 그럴 필요가 없다고 그를 말렸다. 하지만 콜베르는 그건 자신의 생활신조에도 맞지 않을뿐더러 자신의 명예를 먹칠하는 것이기에 그 밤에라도 차액을 돌려준 뒤 사과하고 돌아오겠노라고 말했지만 주인은 한사코 말리는 것이었다.

주인의 만류를 뿌리치고 호텔로 돌아간 콜베르는 은행가에게 정중하게 사과를 드린 다음 차액을 돌려줬다. 은행가는 밤이 늦었는데도 찾아와 자신의 실수를 사과하고 정직하게 일을 처리하는 그의 모습을 보고 깊은 감명을 받았다.

하지만 정작 사건은 그 다음에 일어나게 된다. 그가 다시 가게로 돌아오자 가게 주인은 몹시도 흥분해 있었고 주인의 말을 듣지 않는 점원은 필요 없다고 말하면서 그를 해고하고 말았던 것이다. 정직하게 살고자 하는 그의 신념과, 거짓 없는 명예를 중시하는 그의 신조로 말미암아, 졸지에 그는 일자리를 잃고 만 것이었다. 콜베르는 몹시 실망했지만 어쩔 수가 없었다. 그래도 그는 자신의 행동에 대해 결코 후회하지 않았다.

이튿날 은행가는 그 포목점에 들러 주인에게 고맙다고 인사를 했고, 그런 와중에서 콜베르가 해고당하고 말았다는 사실을 알게 됐다. 은행가는 콜베르의 정직한 태도에 크게 감명을 받았던 터였기에 그를 수소문해 찾아갔고 오히려 그의 은행에서 일할 것을 권유했다. 콜베르로서는 결국 더 좋은 일자리를 얻게 된 셈이었다.

은행가를 따라 파리로 직장을 옮겨 은행원으로서 새 출발을 하게 된 콜베르는, 여전히 정직과 명예를 신조로 열심히 일하였고, 그것이 계기가 되어 훗날 재정 전문가로서의 최고위직이라 할 수 있는 한 나라의 재무장관에까지 오를 수 있었던 것이다. 명예로운 삶의 실천이 가져온 당연한 성공의 사례라 할 것이다.

8. 잠롱
"공직자의 삶의 철학은 베푸는 데 있습니다."

잠롱 방콕 시장이 우리나라를 방문한 적이 있었다. 1990년 10월의 일이다. 그는 방콕 시장의 신분임에도 불구하고 '청백리(淸

白吏)'라는 별명에 걸맞게 숙소를 값이 아주 싼 서울대의 외빈 숙소인 호암관으로 잡았을 뿐만 아니라, 옷차림도 낡은 바지와 푸른색 농민 상의를 걸친 그야말로 순박한 시골 농부와 같은 모습으로 우리 한국인들 앞에 섰다.

10월 8일 내한했던 그는 10일 서울대 문화관에서 '이 시대의 바람직한 공무원상'이라는 주제로 강연을 했다. 세계적인 정치가도 아니요, 대단한 지식인도 아니었지만, 그는 그곳에 참석했던 1천여 명의 서울대 교수, 학생, 시민들을 상대로 참으로 감동적인 연설을 했다.

그는 자신이 방콕 시장에 재선됐던 선거에 관해 이야기하면서 그가 선거에 들인 비용은 총 28만 원뿐이었다고 말했다. 그럴 수밖에 없었던 것이 그는 여전히 셋방살이를 하고 있었고 변변하게 입을 수 있는 옷도 없는 가난한 살림이었기에 선거를 위해 더 큰 돈을 쓰고 싶어도 그럴 수가 없었던 것이다.

그는 이렇게 말했다. 사실 방콕 시장이라는 직위는 돈을 벌겠다고 마음만 먹으면 얼마든지 부자가 될 수 있는 속칭 노른자 자리고, 또 그가 돈을 벌겠다고 뛰어든다고 해서 그를 탓할 시민도 별로 없다는 것이었다. 그렇지만 그는 공직자, 그것도 고위직 공직자라는 신분을 항상 잊지 않았고 그가 뇌물을 받지 않아야 아랫사람들도 뇌물로부터 벗어날 수 있다고 생각했던 것이다.

하지만 뇌물을 멀리하고 정직과 명예를 중시했던 그의 삶의 방식과는 달리 당시의 방콕 시의 일반적인 분위기는 오히려 거짓과 뇌물이 오갈 정도로 부패해 있어서 처음에 그는 외로운 투쟁을 해야만 했다고 고백했다. 심지어는 과연 자신의 그와 같은 청백리적인 사고방식이 통할 수 있을까 하는 우려마저 생겼다고 했다. 일부에서는 승산 없는 싸움이라고 오히려 그에게 삶의 태도를 바꿀 것을 조언하기도 했다고 말했다. 하지만 그는 자신의 삶의 태도를 굳건히 지켜 스스로가 청렴하도록 행동했고 스스로가 가난하게 생활했으며, 언제나 정직과 명예를 중시하는 태도로 일관하였다. 그리고 마침내 그의 솔선수범으로 말미암아 방콕 시정은 놀랍도록 깨끗해져갔다는 것이다.

그는 태국 육군사관학교를 수석으로 졸업할 만큼 뛰어난 두뇌의 소유자였고, 미국에서 행정학 석사학위를 받은 엘리트였으며, 프렘 수상의 비서실장까지 역임한 군 장성 출신임에도 불구하고, 그 어느 곳에서 일을 하건 그와 같은 엘리트로서의 티를 보이지 않았다. 항상 짧은 스포츠머리에 복숭아뼈 위까지 껑충 올라간 낡은 바지 차림으로 대중들 앞에 섰지만, 그는 그것을 결코 부끄러워하지 않았다.

강연회에서 그는 청중들에게 담담한 목소리로 말을 이어갔다.

"적게 먹고 적게 쓰고 일을 많이 해야 합니다. 쓰고 남는 것으로 남을 위해 희생한다면 남을 속이거나 부정을 저지를 마음이 생기질 않습니다. 왜냐하면 남에게 베풀면 베풀수록 더 많은 행복이 자신에게 돌아오기 때문입니다. 그것이 바로 이 시대의 바람직한 공무원들의 생활태도요 삶의 철학이지요."

그의 강연이 끝났을 때 강연에 참석했던 유명 재야인사들을 포함해서 교수, 학생, 시민들은 끊임없는 박수갈채를 보냈다.

시민들의 환호는 허름한 옷에 조그마하고 깡마른 듯한 모습이지만 외양이 중요한 것이 아니라 올바르게 사는 방법을 실천으로 보여준 명예롭고도 자랑스러운 한 인간에게 보내는 찬사와 존경의 박수갈채였던 것이다.

선거 때마다 수억 원의 돈을 쓰고 그래서 선거가 끝난 이후에도 부정선거 시비로 법정 공방까지 일삼기 일쑤인 우리네 정치인들과 고위직 공무원들에게 있어서 잠롱 방콕 시장의 사심 없는 마음과 명예로운 삶의 방식은 귀감이 되어야 할 덕목이요, 바람직한 공직자로서의 태도가 아닐는지.

9. 자토페크
"이 메달은 당신을 위한 것이오."

웬만큼 스포츠를 즐기는 사람이라면 에밀 자토페크에 대해서 모르는 이가 없을 것이다. 체코의 전설적인 마라토너이기 때문이다.

에밀 자토페크는 1922년 체코 중부 모라비아 지방의 코프리브니체에서 가난한 목수의 일곱 번째 아들로 태어났다. 그는 구두 공장 노동자로 일하던 중, 공장 사장이 후원하는 1,500미터 중거리 달리기 대회에 우연히 출전했다가 거기서 우승하면서 두각을 나타내기 시작했다.

이후 중장거리 육상에 소질이 있다고 판단한 그는 꾸준히 연습을 했고 마침내 체코의 장거리 육상 대표선수로 선발되는 영광을 안게 된다. 그리고 1948년 26세의 나이로 처음 출전한 런던 올림픽 1만 미터 결승에서 초반 10위로 처졌지만 중반 이후 선두로 치고 나와 이후 끝까지 선두를 유지하면서 2위를 무려 한 바퀴나 따돌리는 대기록을 세우면서 우승, 세계적인 선수로 이름을 떨치게 된다. 그의 달리는 모습을 본 사람들은 그의 별명을 "신발을 신은 전갈"이라고 했다. 지칠 줄 모르는 그의 투지와 정신을 빗댄 별명이었다.

이후 국제무대에서도 크게 인정받은 자토페크는 당시에는 없던 새로운 훈련방법을 개발해 낸다. 그것은 '인터벌 트레이닝'이라는 과학적인 방법으로서, 1만 미터를 끊임없이 같은 속도로 달리는 것이 아니라 200미터 혹은 400미터로 구간을 끊어서 각 구간마다 전력질주하고 그 사이사이마다 휴식을 취하는 방법이다. 전력질주함으로써 스피드를 올리고 구간마다 조금씩 휴식함으로써 힘을 키우는 동시에 피로를 푸는 장점이 있어서 이 방법은 오늘날까지도 대표적인 육상훈련 방법으로 자리 잡고 있다.

어쨌거나 이런 독특한 훈련법으로 자신을 계발한 자토페크는 1952년 헬싱키 올림픽에서 그의 생애 최고의 영광스러운 순간을 맞게 된다. 헬싱키에서 그는 5천 미터와 1만 미터 중장거리 경주에서 우승하였고, 그뿐만 아니라 내친김에 마라톤까지 참가해 내로라하는 선수들을 물리치고 우승함으로써 5천 미터, 1만 미터, 42.195킬로미터 우승이라는 전무후무한 대기록을 작성했던 것이다.

놀라운 것은 그때까지 그는 중장거리 육상선수였을 뿐 마라톤 선수는 아니었을 뿐만 아니라, 그 대회가 마라톤 풀코스를 뛰어본 첫 대회였다는 점이다. 마라톤에서 우승한 그는 그날 이후 일주일 동안 걷지도 못했다고 술회하였다. 오직 정신력의 승리였음을 보여주는 대목이라 하겠다. 그는 지금까지 그 누구도 깨뜨리지 못한 올림픽 육상 장거리 3관왕이라는 명예를 누리고 있을 뿐만 아니라 이후에도 피눈물 나는 연습을 통해 세계신기록을 무려 18차례나 갱신하였다. 오죽하면 그를 일컬어 '인간 기관차'라 했겠는가? 피나는 연습과 연습의 결과가 아닐 수 없다.

자토페크의 1만 미터 세계기록은 그 후 오스트레일리아 선수인 론 클라크에 의해서 깨진다. 여기에는 널리 알려지지 않은 하나의 에피소드가 있어서 소개한다. 클라크는 1만 미터 세계기록을 경신한 이후 자토페크를 찾아 체코를 방문한 일이 있는데, 클라크를 맞은 자토페크는 공항에서 그에게 꾸깃꾸깃한 종이로 포장한 물건 하나를 건넸다고 한다. 그런데 그 물건은 자신의 이름 대신 클라크의 이름을 새긴 헬싱키 올림픽 1만 미터 금메달이었던 것이다. 세계신기록을 기록한 위대한 선수에게 주는 경의의 표시가 아닐 수 없다.

자토페크는 이렇듯 육상에서 최고의 자리에 올라 그 자체만으로도 명예로운 인물임에 틀림없다고 하겠다. 하지만 그는 또한 독재 권력에 대항하여 싸움으로써 체코 국민들의 영웅으로 부상하기도 하였다. 그는 제2차 세계대전 때 나치가 체코를 점령하고 그에게 '사회주의 영웅'의 칭호를 내리자 그것을 거부하고 반(反)나치 운동에 앞장섰을 뿐만 아니라, 훗날에는 체코의 반소(反蘇) 민주화 운동에도 적극 앞장섰던 것이다.

탱크를 앞세워 소련이 '프라하의 봄'을 짓밟았을 때 체코 공산정권에 대항해 투쟁했던 그는 그로 인해 육군 육상 코치직에서 해임됐으며 그 후 20여 년을 유배나 다름없는 야인생활을 해야만 했다. 오직 체코의 민주화를 위해서 반민주화 투쟁에 앞장섰던 그는 1990년 체코에 민주정권이 들어서면서 모든 명예를 되찾았지만 오랜 유배생활에서 얻었던 병마를 이기지 못해 세상을 떠나고 만다.

아리스토텔레스의 혜안(慧眼)처럼 참다운 명예란 외적인 찬사와 내적인 긍지를 모두 갖출 때 이루어지는 것이라 하였다. 인간 기관차 자토페크는 내적 긍지나 외적 찬사 모두에서 탁월한, 명실공히 참다운 명예를 구현한 인물이라 하겠다.

10. 홍순복
"군령을 받들어 형을 집행하라."

홍순복(洪順福)은 조선시대 중종 때의 문인으로서 당시 높은 학식과 덕망으로 많은 유생들로부터 존경을 받아왔던 유학자 김식(金湜) 선생의 문하에서 일찍부터 수학하였고, 그런 탓에 가난하지만 청렴결백을 최고의 명예로 삼고 생활했던 인물이다.

그는 명예로운 삶과 청백리(淸白吏)적인 생활태도로 후세에 널리 알려져 있는데 그 까닭은 다음과 같은 일화 때문이다.

홍순복의 처조부가 어느 고을의 군수로 있을 때였다. 그에게 문안인사차 찾아간 처조부가 "너는 본시 가난한 집안 사람인데 내가 이렇게 군수로 있을 때 무엇인가 부탁이라도 할 것이지 왜 그렇게 조용히만 지내는 것이냐?" 하고 말했다.

그 말을 듣자 홍순복은 처조부에게 다음과 같은 부탁을 드렸다.

"관가의 물품은 본시 사또 어른의 것이 아닌 까닭에 제게 함부로 주시지도 못할 것이고 저 또한 아무 생각 없이 받지는 못할 것이옵니다. 하오나 사또 어른께서 괜찮으시다면 오늘은 꿀 다섯 홉과 개가죽 반 장만 허락해 주시옵소서."

그로부터 며칠 후 홍순복은 다음과 같은 글과 함께 사또로부터 받았던 물품을 모조리 되돌려 보냈다.

"제게 하사하셨던 물건들을 다시 돌려보냅니다. 개가죽을 요청했던 것은 돌아오는 길에 중도에서 마구가 상하면 고치기 위한 까닭이었고, 꿀을 부탁드렸던 것은 돌아오는 먼 길에 갈증이 심하면 병이 날 수도 있다는 걸 염려한 까닭이었습니다. 다행히 아무런 문제도 없이 이렇게 귀향했으므로 고마운 마음과 함께 물품들을 다시 돌려보내는 바입니다."

과연 청백리다운 태도가 아닐 수 없다.

그가 남원에서 가족과 함께 칩거하고 있을 때였다. 당시 유학(儒學)에 대해 극심한 반대 입장에 있던 심정(沈貞) 일당이 음모를 꾸미며 유생들을 모조리 죽이고자 했을 때 그 소식을 전해 들은 그가 급히 상경하려 하자 그의 아내가 그의 신변에 위험이라도 닥칠 것을 염려하여 옷자락을 붙잡고 떠나지 못하도록 막았다.

그는 아내에게 동료들이 위험에 처해 있는데 어떻게 그냥 두고만 볼 수 있느냐고 말하고 옷자락을 놓아줄 것을 요청했다. 하지만 아내가 끝까지 붙잡고 놓지 않자 그는 칼을 뽑아 옷자락을 잘라버리고 상경했다. 서울에 도착한 그는 학관의 다른 유생들과 함께 궐문 앞에 엎드려 상소를 하고 항쟁을 계속하다가 마침내 체포되고 말았다. 다행히도 체포됐던 유생들은 머지않아 석방될 수 있었다.

그로부터 얼마 후 그는 다시 체포되고 말았는데 이번의 죄목은 모반이었다. 이신(李信)이란 자의 무고(誣告)로 스승 김식이 반역죄로 체포되자 제자였던 홍순복도 같은 죄목으로 체포된 것이다. 반역죄는 엄청난 죄목이었고 그는 꼼짝없이 억울한 죽음을 맞게 됐다. 하지만 그는 구차하게 목숨을 구걸하지 않았고 그에게 내려진 사형을 그대로 받아들였다.

홍순복의 충성심과 억울함을 누구보다 잘 알고 있었던 옥졸들은 그가 처형당하는 것을 안타깝게 여겨 일부러 썩은 새끼줄로 목을 졸라 줄이 두 번씩이나 끊어지고 말았다. 그들의 안타까운 마음을 그 역시 모를 리 없었건만 홍순복은 벌떡 일어나 추상같은 목소리로 "군령을 받들어 형을 집행하는 자들이 어찌 썩은 새끼줄로 목을 매게 하느냐. 어서 튼튼한 줄로 목을 매도록 하여라"라고 그들을 꾸짖고 다시 군령을 받아 이승을 떠났다.

청렴결백을 지상 최고의 명예로 삼고 살았기에 동료들과의 신의가 높고 그래서 덕망도 높았던 홍순복. 그는 그를 무고했던 사람들보다 일찍 세상을 떠났지만 그의 명예로운 이름은 오늘날까지도 후학들의 가슴에 살아 있다고 할 것이다.

제 4 부

위대한 정신, 신념

제1장   신념의 참다운 의미와 근거 *

군인의 존재 가치는 어디에 있는가? 그것은 적으로부터 국가를 보호하고, 전쟁이 발발하였을 때 죽기를 각오하고 싸워 이김으로써 국가를 위기로부터 구해 내는 데 있다.

그렇다면 싸움에서 이길 수 있게 하는 요소들은 무엇인가? 과학 기술이 고도로 발달된 오늘날의 전쟁에서는 첨단과학무기의 보유 여부가 결정적인 역할을 담당할 것이다. 걸프전의 경우는 첨단과학무기의 중요성과 필요성을 여실히 보여준 예라 할 것이다.

그러나 아무리 최신 과학무기가 등장하였다 하더라도 전쟁은 여전히 인간에 의해서 수행되고 있다. 전쟁이 궁극적으로 인간에 의해서 수행되는 한, "반드시 이기겠다"는 정신력은 가장 필요한

---

* 이하, 신념, 무퇴, 애국의 이론적 부분은 필자의 『위대한 군인정신2』, 신념, 임전무퇴, 애국애족을 기초로 그 내용을 요약, 수정 및 보완하여 재정리한 것이다.

요소일 것이다. 바로 필승의 신념이 그것이다.

"아랍은 이 전쟁에서 패하더라도 나라를 잃지 않지만 우리가 지면 모든 게 끝장이다"라고 했던 벤구리온 이스라엘 초대 수상의 말은 전쟁에서 이기겠다는 신념이 얼마나 중요한 것인지를 잘 보여준다. 바로 이런 필승의 신념이 있었기에 아랍과의 전쟁에서 이스라엘은 객관적인 전력의 열세를 극복하고 승리를 얻을 수 있었던 것이다.

1. 참다운 신념과 그 근거

그렇다면 필승의 신념이란 과연 무엇인가?

필승의 신념에 앞서 먼저 '참된 신념'의 의미란 무엇인가를 밝히는 것이 순서일 것이다.

신념이란 "굳게 믿어 의심하지 않는 마음"으로서 어떤 일을 할 때 그 일을 성공적으로 이루어낼 수 있다고 굳게 믿는 일종의 자신감이다. 그래서 신념이 있는 사람은 행동에 주저함이 없고 우유부단하지 않으며, 뒤로 물러서지 않는다. 신념이 있는 사람은 남의 평판에도 좌우되지 않고, 상대방의 눈치를 살피지도 않는다. 그리하여 자신이 옳다고 믿고 있는 바를 소신 있게 밀고 나간다.

물론 여기서 "자신이 옳다고 믿는 것"은 정의(正義)에 기초를 두어야만 한다. 정의에 기초하지 않는 소신은 그저 주관적인 편견이거나 또는 아집에 지나지 않을 수가 있기 때문이다. 정의에 기반한 신념, 곧 참된 신념과, 그저 편견일 뿐인 소신을 예를 들어서 비교해 보자.

대부분의 사람들이 지구를 중심으로 태양이 돈다고 믿고 있음에도 불구하고, "그래도 지구는 돈다"고 하였던 갈릴레이의 주장은 과학적 진리에 바탕을 둔 것이었기에 올바른 신념이었다. 반면 다른 사람은 모두 풍차를 풍차라고 생각하는데 풍차를 말이라고 믿고 그것을 향해 돌진한 돈키호테의 신념은 사실에 기초하고 있지 않은 것으로서 그릇된 신념이라 할 것이다. 이런 의미에서 볼 때, 신념을 참다운 신념이게 하는 것은 그것이 정의 혹은 옳음에 기초하고 있다는 사실이다. 참된 신념의 근거는 그 기반이 거짓이 아니라 옳음에 입각해 있다는 사실인 것이다.

그렇다면 이런 신념은 왜 필요할까?

신념은 올바른 믿음으로서의 자신감이라 하였다. 따라서 신념이 있으면 그 신념을 행동으로 옮기는 실천력이 커진다. 그리고 확신이 있는 까닭에 실패할 확률도 훨씬 낮아질 것이다.

프로야구 선수를 예로 한번 생각해 보자.

타석에 나선 선수가 타석에 들어서기 전에 먼저 자신의 배트에 맞아 쭉쭉 뻗어 나가는 야구공을 상상하고, 또 그런 안타를 날릴 수 있다는 자신감을 갖고 타석에 섰다고 생각해 보자. 그 선수는 아무런 생각 없이 타석에 섰을 때보다 안타를 날릴 확률이 훨씬 높다. 이와 같은 사실은 야구선수들에게는 이미 검증된 진리로 인정되고 있다.

볼링이나 골프의 경우도 마찬가지다. 라인에 들어서기 전에 스트라이크를 머릿속에 그리고 볼을 던지는 경우와 그렇지 않은 경우는 확연히 차이가 난다. 어드레스 하기 전에 쭉쭉 뻗어 나가는 골프공을 상상하고 들어선 골퍼와 아무 생각 없이 그저 티업 박스에 들어선 골퍼 중 누가 더 멋지고 깨끗한 샷을 날릴 것인가는 두 가지를 모두 경험했던 사람들의 경험담이 말해 준다. 당연히 멋진 공을 상상하고 샷을 날린 경우가 성공할 확률이 높다.

그러므로 모든 일에 임할 때, 일의 성공을 확신하는 습관이야말로 일을 성공시키는 지름길이라고 할 것이다. 이런 점에서 신념을 갖는다는 것은 대단히 중요한 일이 아닐 수 없다.

신념은 또한 적극적인 사고방식의 한 형태다. 적극적인 사고방식이란 사태를 바라보는 시각이 부정적이지 않고 긍정적임을 말한다. 발전과 진보는, "할 수 없다"가 아니라 "할 수 있다"는 긍정적 사고방식에서 더 큰 가능성을 갖는다.

미국의 사상가 에머슨은 "가능하다고 믿는 자는 정복할 수 있다"고 했다. 뚜렷한 확신을 가지고 초지일관(初志一貫)하는 사람은 불가능한 일도 성사시킬 수 있지만, 확신이 없는 사람은 성취 가능한 일도 실패하고 마는 경우가 많은 것이다.

이처럼 사고방식이 확신에 차 있고, 일에 임하는 태도가 적극적이냐 아니냐의 차이는 특히 전장(戰場)과 같은 우연성과 불확실성의 상황에서는 결정적인 역할을 할 수가 있다.

"할 수 있다", "해낼 수 있다"는 신념은 사람의 정신을 긴장시키며, 그래서 죽음으로부터도 벗어나게 할 수가 있는 것이다. 오직 남아 있는 12척의 배만 가지고서도 133척의 왜군을 물리쳤던 이순신 장군의 신념이 그러했고, 휘하의 참모들이 모두 불가능하다고 판단했던 인천상륙작전을 성공으로 이끈 맥아더 장군의 신념이 그러했다.

이순신 장군은 "필생즉사, 필사즉생(必生則死 必死則生)"이라고 하지 않았던가? 살고자 하면 죽을 것이요, 죽기를 각오하면 살 수 있다는 이 말은 전쟁터와 같은 불확실한 상황에서 신념이 얼마나 중요하며, 또 얼마나 필요한 요소인지를 잘 설명해 주고 있다고 하겠다.

이처럼 기필코 이겨야겠다는 굳은 결의와, 반드시 이길 수 있다는 확신을 일컬어 우리는 필승의 신념이라고 말한다. 군인은 언젠가 있을 수도 있는 전쟁을 위해 존재한다. 그러므로 군인은 언젠가는 전투에 임하게 될 수가 있고, 전투에 들어서서는 반드시 이겨야 한다. 그것이 군인의 사명이요, 존재 이유다. 싸워보기도 전에 두려워하거나 겁부터 먹고, 승리할 수 있다는 자신감을 잃어버린 군인은 참다운 군인이라고 할 수 없을 것이다.

2. 잠재의식의 마력

클라우드 브리스톨이 쓴 『신념의 마력』이라는 책이 있다. 그 책을 보면, 신념은 우리가 갖고 있는 잠재의식의 힘이고, 이것은 불가능한 일을 가능하게 하는 기적을 낳는다고 한다. 책에서는 그 증거로서 여러 가지 예화들을 소개하고 있다.

가령 우연한 사고로 다리에 부분적 마비 증세가 나타나서 걷기가 어려웠던 사람이 "치료될 수 있다"는 신념의 힘으로 완치된 예라든지, 또는 손에 있던 여러 개의 보기 싫던 사마귀가 "없어지고 말 것"이라는 신념의 힘에 의해서 없어진 예들이 그렇다.

잠재의식이라는 이 놀라운 위력을 브리스톨은 마력(魔力)이라고 부른다. 이 놀라운 마력을 실제로 체험하게 하는 하나의 예를 들어보자.

한 병원에서 두 의사가 '정신'과 '육체'의 관계를 연구하기 위해 외래 환자를 대상으로 임상실험을 했다. 겉으로 보기에는 보통 약과 똑같은 모양이지만 효능이 전혀 없는 알약을 만든 의사들은 병원에 찾아온 환자들에게 그 약을 주면서 이렇게 말했다.

"매일 세 알씩 일주일 동안 복용하십시오. 그러면 기분이 항상 맑고 상쾌할 것입니다."

그리고는 그 가짜 알약을 5일분씩만 조제해 주었다.
일주일 후 다시 의사를 찾은 환자들은 한결같이 말했다.

"선생님, 약을 복용했던 목요일까지는 기분이 좋았지만, 약이 떨어진 이틀 동안은 매우 힘들었습니다."

이것은 임상실험에서 나타났던 실제 예들이다.
그렇다면 가짜 약에 의해서도 환자들이 상쾌함을 느끼게 되는 이 위력은 어디에서 왔을까? 그것은 바로 의사의 말에 대한 환자들의 믿음 외에는 아무것도 없다. "이 약을 먹으면 머리가 맑아질 것"이라는 의사의 말을 믿고 가짜 약임에도 불구하고 진짜 약처럼 복용한 환자들의 믿음이 실제로 효과를 가져온 것이다.
이 가짜 약을 의학계에서는 플라시보(placebo)라고 부르고, 이 약에 의한 효과를 플라시보 현상이라고 말한다. 의사에 대한 환자들의 신뢰가 잠재의식에 영향을 미쳐 마침내는 육체적인 고통마저도 제거할 수가 있다는 것이다. 신념에 의한 마력이 아닐 수 없다.

3. 신념의 요건

이제 신념이 힘을 발휘하기 위해서는 어떤 것들이 필요한 것인지, 신념의 요건에 대해 생각해 보자.

브리스톨에 따르면, 잠재의식의 힘이 실제로 마력으로 느껴질 만큼 엄청난 위력을 가져오는 것은 틀림없는 사실이지만, 그렇다고 해서 그 힘이 항상 발휘되는 것은 아니라고 한다.

가령 부자가 되겠다는 신념을 가진 사람이, 신념은 가졌지만, 상거래의 올바른 길을 벗어난 행동을 일삼는다면, 그 신념은 마력으로 변하지 않는다는 것이다. 또 건강하게 되겠다는 확신만 가졌을 뿐 계속해서 무절제한 생활을 하는 사람이 건강해질 리는 없다는 것이다. 요컨대 신념이 위력을 발휘하게 하는 데도 갖추어야 할 요건이 있다는 것이다.

그 첫 번째 요건은 정의(正義)에 기초한, 즉 올바른 신념이어야 한다는 것이다. 선량한 사람에게 해악을 끼치기 위해서 어떤 신념을 갖는다거나, 또는 그릇된 믿음에 바탕을 둔 신념은 신념으로서의 마력을 발휘하지 못한다는 것이다. 그 까닭은 그런 신념은 참다운 신념이 아니기 때문이다.

영화나 소설을 보면 원한을 품고 복수의 일념으로 일생을 살다가 마침내 복수에 성공하는 주인공들을 볼 수 있다. 그런데 복수의 대상은 항상 악한이다. 선량한 사람이라면 남에게 원한을 살 일도 없겠지만 선량한 사람에게 원한을 품고 복수하고 말겠다는 신념을 가졌다고 해도 그 복수는 성공하지 못한다는 것이다. 그 경우라면, 신념은 정의에 기초한 신념이 아니고, 따라서 참다운 신념이라고 할 수 없는 것이다.

브리스톨의 표현을 따라 말한다면, 신념의 힘이 마력이 되는 까닭이 바로 여기에 있다. 정의에 기초한 신념만이 참다운 신념이고, 그와 같은 신념만이 신념으로서의 참 의미를 갖는다는 것이다.

신념이 마력이 되기 위한 두 번째 요건은 절대적인 믿음을 가져야 한다는 것이다.

신념이 마력이 되기 위해서는 반드시 이룰 수 있다는 확신을 가져야 한다. 자신의 신념이 정의에 기초한 것이라는 확신이 선다면, 신념으로 추진하고 있는 일이 성공할 것이라는 데 대해서 추호의 의심도 가져서는 안 된다는 것이다.

옳은 신념을 가졌다는 확신이 있으면서도 혹시나 실패하면 어쩌나 하는 의구심이 남아 있다면 그 신념의 성취 가능성은 희박하다는 것이다.

확실한 신념이 있을 때는 성공했지만, 신념에 의구심이 생김으로써 결국 실패해 버린 '별을 따라 올라간 소년'의 얘기는 그 좋은 예라 하겠다.

별을 따라 하늘로 올라간 소년의 이야기는 헤르만 헤세의 소설 속에 등장하는 것으로서 허구적인 것이긴 하지만 신념의 위력이 얼마나 큰 것인지를 잘 보여준다고 생각되어 소개해 본다.

별을 사랑하여 해가 질 무렵이면 절벽에 올라가 별을 바라보던 한 소년이 있었다. 별을 사랑했기에 소년은 평생 꼭 한 번 이루고 싶은 소원이 있었는데, 그 꿈은 별을 향해 날아가고자 하는 것이었다. 어느 날 소년은 어떤 현인(賢人)으로부터 다음과 같은 말을 듣게 된다.

"네가 그 별을 향해 날아가고 싶다면, 먼저 그 별을 향해 날아갈 수 있다는 신념을 쌓아라. 매일매일 별을 향해 날아갈 수 있다고 스스로 다짐한 뒤, 만약 날아갈 수 있다는 데 대한 확신이 서면 별을 향해 날아보아라. 네가 별을 향해 날아갈 수 있다는 데 대해 추호의 의심도 없게 된다면, 마침내 너는 날아서 그 별에 도달하는 꿈을 이룰 수 있을 것이다."

그날부터 소년은 별을 향해 날아갈 수 있을 것이라는 자기암시를 시작한다. 별을 향해 날아가고 싶다는 소년의 꿈은 머지않아 날 수 있다는 신념을 갖게 했고, 소년도 그것을 점차 확신하게 된다.

별을 향해 날아갈 수 있다고 확신한 소년은 어느 날 절벽에서서 마침내 별을 향해 뛰어올랐고 소년의 몸은 하늘로 솟구쳐 별을 향해 날아간다. 이제 소년의 꿈은 현실로 나타났고, 조금만 지나면 별에 도달할 것이었다.

그런데 바로 그때 소년은 자신이 하늘을 날고 있다는 사실을 새삼스럽게 생각하게 됐고, 자신이 날아가고 있다는 사실에 대해서 갑자기 의구심이 생겼다. 자기가 하늘을 날고 있다는 사실에 대한 의구심이 생기자 소년의 마음속에는 갑자기 '난다'는 데 대한 두려움과 공포가 엄습했다. 소년은 자기가 진짜 날고 있는지를 확인해 보기 위해 고개를 숙여 땅을 보았고, 바로 그 순간 소년의 몸은 공중에서 땅으로 곤두박질치기 시작한다.

자신의 신념이 실현될 수 있다는 사실에 대해 확신이 서면 그 믿음의 실현에 대해서는 결코 의심하거나 두려워해서는 안 된다는 것을 이 예화는 보여주고 있다.

『신념의 마력』에서 브리스톨은 이렇게 말한다.

"잠재하는 마음은 그것을 믿지 않는 사람을 위해서는 결코 활동해 주려 하지 않는다. 따라서 가까운 것이건 먼 것이건, 당신이 정한 것에 대해서는 절대적인 확신을 가져라."

목표를 달성하지 못할지도 모른다는 의구심은, 잠재하는 마음을 움직여 마력을 발휘하도록 하기는커녕 그 마음으로 가는 통로마저 막아버리는 역할을 하게 된다는 것이다. 그러므로 성공할 수 있다는 절대적인 신념을 갖는 것 자체가 목표를 달성하게 하는 첩경이라 하겠다.

신념이 마력이 되기 위한 세 번째 요건이자 무엇보다도 중요한 것은 믿음의 실천이다.

브리스톨은 신념이 마력으로 변해 위력을 발휘하게 되는 것에는 일의 성공에 대한 확신, 그것도 절대적인 확신이 필수요소지만, 그것만으로는 부족하다고 말한다. 성공에 대한 확신을 실천할 수 있도록 끊임없이 자신을 채찍질하고 단련시켜 신념이 달성될 때까지 노력하는 자세가 필요하다는 것이다.

가령, 건강을 원하는 사람이 건강해질 수 있기 위해서는 먼저 건강해질 수 있다는 신념을 가져야 한다. 하지만 건강해질 수 있다는 신념을 갖고 몸보신에 좋은 약도 먹고, 또 꾸준히 운동하면서 노력하는 경우와, 보약도 먹지 않고, 운동도 게을리하면서 건강해질 수 있다는 신념만 갖는 경우는 확연한 차이가 난다는 것이다. 건강해질 수 있다는 데 대한 확신이 있는 사람이 그 같은 확신도 없는 사람에 비해서 건강해질 확률이 높은 건 사실이지만, 설사 건강해질 수 있다는 신념을 가졌다 할지라도, 운동도 게을리하고, 몸에 무리가 되는 일을 삼가지 않고, 무절제한 생활을 일삼는다면 그 사람이 건강해질 수는 없을 것이다.

요컨대, 하고자 원하는 일에서 성공하기를 바란다면, 적어도 세 가지 요건은 반드시 갖추어야만 할 것이다. 그 첫째는 하고자 원하는 일이 반드시 정의로운 것이어야 한다는 것이요, 둘째는 그 일이 성공할 수 있다는 확신을 갖는 일이요, 셋째 요건이자 무엇보다도 중요한 것은 그 일의 성취를 위해서 끊임없이 노력해야 한다는 것이다.

이 세 가지 요건 중 어느 것 하나라도 충족되지 못한다면 성공에 대한 확률은 그만큼 낮을 것이고, 반면에 이 세 가지 요건을 모두 충족시킨다면 그 일에 대한 성공 확률은 그만큼 높다고 할 수 있을 것이다.

4. 필승의 신념의 요건

신념이 마력이 되기 위한 요건에 세 가지가 있듯이, 똑같은 논리에서 필승의 신념이 구비해야 할 요건도 세 가지가 될 것이다.

필승의 신념이란 전투에서 기필코 승리하겠다는 결의이고, 또 반드시 이길 수 있다는 자신감이라고 했다. 이제 신념이 마력이 되기 위한 조건에 따라 필승의 신념이 구비해야 할 요건에 대해 살펴보자.

먼저, 필승의 신념이 정의에 기초하고 있다는 데 대한 확신이다.

이 요건은 전쟁의 정당성 문제와도 관련되어 더욱 복잡한 양상을 띠게 될 수도 있다. 그렇지만 대한민국은 자유민주주의 국가이고, 만약 이 땅에 전쟁이 일어난다면 그것은 자유와 민주의 이념을 보호하기 위한 전쟁일 것이다.

침략전쟁의 대부분이 정의로운 전쟁이라고 보기 어려운 것처럼, 같은 논리에서 방어전쟁은 정의로운 전쟁이 아닐 수 없다. 우리 국토를 침범하고 우리의 자유와 민주를 유린하고자 이 땅에 쳐들어온 적을 이 땅에서 몰아내고, 우리의 자유와 민주를 보호하기 위하여 벌이는 전쟁이라면 당연히 정의로운 전쟁이 될 것이다.

따라서 이 땅에서 전쟁이 발발한다면 그 전쟁은 정의로운 전쟁임에 틀림없다. 신념이 마력이 되기 위해서는 그 신념이 올바르고 정당한 목적을 향해야 하는 것처럼, 필승의 신념이 승리를 가져올 마력이 되기 위해서는 정의로운 전쟁에 참여하고 있다는 확신이 있어야 한다는 것이 첫 번째 요건인데, 그것은 충분히 충족될 수 있다는 것이다.

두 번째 요건은 승리에 대한 절대적인 확신이다. 이 땅에 전쟁이 발발하고, 만약 우리가 패배한다면 우리의 자유와 민주는 사라지게 될 것이다. 피땀 흘려 지켜온 자유와 민주, 또 바닥에서부터 일궈온 우리의 경제, 그리고 5천 년의 전통에 빛나는 우리의 문화유산은 전쟁에서 패배하는 날 물거품처럼 날아가 버리게 될 것이다. 이와 같은 결과는 결코 우리가 원하는 바가 아니다.

우리는 이미 반만 년의 역사 속에서 무수한 외침을 받아왔고, 일제강점기에는 굴욕적인 세월을 보냈던 경험도 갖고 있다. 이 땅에 다시는 그와 같은 비극이 되풀이될 수 없고, 또 그렇게 되어서도 안 된다. 그렇게 되지 않기 위해서는 이 땅에서 일어나는 어떤 전쟁도 막아야 하고, 전쟁을 막지 못했을 경우에는 기필코 싸워서 이겨야 하는 것이다. 우리 민족이 겪었던 수난사에 비춰 볼 때 상황이 이처럼 절박한데 전쟁에서 이길 수 있다는 확신은 우리 민족에게는 절대적이라 하겠다. 전쟁에서 패해서는 결코 안 될 것이기 때문이다. 따라서 두 번째 요건도 충족된다고 하겠다.

세 번째 요건은 필승의 신념을 현실화하기 위한 노력이 뒤따라야 한다는 것이다. 필승의 신념을 실천하기 위한 노력, 그것은 무엇이겠는가? 그것은 전쟁에 대한 만반의 준비다. 우리는 이 땅에 다시는 전쟁이 발발하지 않도록 해야 할 것이고, 만약 전쟁이 일어난다면 기필코 승리해야 한다.

군인으로서 이를 달성하기 위한 단 하나의 방법은 전쟁에 대한 철저한 대비. 그 밖에 다른 방법은 없다. 전쟁의 대비는 무엇인가? 평화 시라 할지라도 전쟁에 대해 끊임없이 연구하고, 실전과 같은 훈련을 통해 어떤 나라도 우리를 넘볼 수 없도록 만드는 일일 것이다.

제 2 장　위대한 신념의 사례들

1. 피에르 가르뎅
"내가 갈 길은 동전이 정해 줄 것이다."

사람이 살다 보면 여러 차례에 걸쳐 어떤 선택을 해야 하는 중대한 국면을 맞게 된다. 인문계로 진학할 것이냐 이공계로 진로를 정할 것이냐 하는 문제부터, 어느 대학을 갈 것이냐, 어느 직장으로 갈 것이냐, 어느 여자와 혹은 어느 남자와 결혼할 것이냐에 이르기까지 우리는 크고 작은 수많은 선택 속에서 판단하고 결단하면서 살아간다.

바로 이런 선택의 국면에서 가장 중요한 것은 충분한 정보를 갖고 그 정보에 대한 치밀한 분석을 통해 확실한 자료를 얻는 일이다. 자료가 확실하면 확실할수록 선택은 쉽고, 올바른 선택이 될 것이기 때문이다.

하지만 우리의 인생길은 그처럼 확실한 데이터를 항상 가질 수 있는 건 아니다. 때로는 불확실한 정보와 자료밖에 주어지지 않을 때가 있기 마련이다. 때에 따라서는 그것마저도 없는 경우가 있다. 그럴 때 필요한 것은 무엇일까? 아무 정보나 자료가 없어서 어떤 도움도 받을 수 없는 상황이라면 과연 무엇이 필요할까?

그때 정말 필요한 것은 신념이다. 오직 자신의 선택을 믿고, 그 선택이 옳은 것임을 확신하는 신념이 그것이다. 선택이 어떤 것이건 그 선택은 잘된 선택이고 그것을 믿고 나가면 반드시 성공할 것이라는 신념을 갖는 것, 그 상황에서 그것보다 더 중요한 것은 없다는 것이다.

1932년 봄, 히틀러는 그를 추종하는 인물 가운데 한 사람이었던 룀이 폭동을 일으켜서라도 정권을 창출하자고 제안했을 때 그것을 거부했다. 그는 합법적으로도 권력을 잡을 수 있다는 데 대한 확신이 있었기 때문이다. 그로부터 불과 몇 개월 후 그는 그의 신념처럼 합법적으로 권력을 잡게 된다. 그의 광신적인 추종자들조차 예상하지 못한 일이었다. 히틀러의 신념이 가져온 결과였다.

의류업체의 대명사가 된 피에르 가르뎅의 사례는 히틀러의 경우와는 아주 다르지만 그 역시 신념에 있어서는 누구 못지않게 강한 인물이었다. 조국 프랑스가 독일의 점령으로부터 벗어나자 피에르 가르뎅은 비로소 자유의 몸이 되었다. 하지만 어디에 가서 무엇을 하며 살아야 할 것인지 그는 막막하기만 했다.

바로 그때 그의 손에는 파리 적십자사 사령관 앞으로 보내는 소개장 한 장과, 디자이너 왈드나에게 보내는 소개장 한 장이 있었다. 파리를 향해 오면서 그는 과연 어느 길을 선택해야 할 것인지 망설였다. 어느 쪽 길도 선택하기가 어려웠던 그는 마지막 선택의 방법으로 동전을 꺼내들었다. 동전에 의해서 자신의 진로를 선택하고자 했던 것이다.

동전을 던지기에 앞서 그는 굳게 다짐하였다. 어느 쪽이 나오건 그는 그 길에 최선을 다할 것이고, 나머지 길에 대한 미련이나 후회는 결코 하지 않겠다는 것, 그리고 그 어느 길이건 틀림없이 성공할 수 있을 것이라는 자신감과 신념을 가슴속에 깊이 간직했다.

그는 동전을 던졌고, 그 길은 왈드나에게 보내는 소개장이었다. 그렇게 그는 디자이너의 길을 걸었고, 단 한 번도 다른 길에 대한 미련이나 후회도 없이, 그리고 자신의 길에서 성공할 수 있다는 확신에서 그 길을 묵묵히 걸어갔다.

그가 디자이너로서의 성공을 위한 기반을 다져갈 즈음, 그는 또 한 번의 선택을 위한 갈림길에 선다. 그의 나이 27세 때였다. '크리스티앙 디오르' 가게에서 일하던 그는 그 무렵 독립해서 독자적인 길을 걷겠다는 계획을 세워놓고 있었는데, 예기치 못한 디오르의 죽음으로 그 후계자로 추천된 것이었다.

'독립'이냐 '후계자'냐의 갈림길에서 그는 다시 한 번 마음을 가다듬었다. 독자적인 새 길을 개척할 것이냐, 아니면 이미 이루어진 디오르의 후광을 입어 더 큰 길로 나갈 것이냐 하는 선택이었다. 어느 길도 선택이 쉽지 않았던 그는 다시 한 번 동전을 꺼내들었다. 그리고 예전처럼 다짐하였다. 어떤 길이 나오건 그 길에서 최선을 다한다는 것, 다른 길에 대한 미련은 절대 두지 않겠다는 것, 그리고 어느 길이건 성공할 수 있다는 굳은 신념에 대한 다짐이었다. 그는 동전을 던졌고 그 결과에 최선을 다했다.

피에르 가르뎅이라는 새 길에서의 성공은, 그것이 그가 선택한 길이었고, 다짐했던 대로 최선을 다했으며, 성공할 수 있다는 확신에 의한 선택이었기에, 오늘날 그는 세계 최고의 디자이너로 명성을 떨치게 된 것이라 하겠다.

2. 가필드
"내 성공의 비결은 성공할 수 있다는 신념뿐이오."

자동차 왕으로 불리는 헨리 포드는 저서 『나의 산업철학』에서 신념에 대해 이렇게 말한다.

> "나는 처음부터 내가 성공할 수 있다는 신념을 가졌습니다. 그래서 성공하게 된 것이죠. 내 성공의 비결은 바로 이것뿐입니다."

가난한 농부의 아들로 태어난 그가 세계 굴지의 자동차 왕으로 등극하자, 기자들이 그에게 어떻게 해서 그렇게 크게 성공할 수 있게 됐느냐고 물었을 때, 그 성공의 비결로서 그는 그렇게 대답했던 것이다.

물론 성공할 수 있다는 신념만으로 성공에 이를 수는 없을 것이다. 신념만으로 성공하게 된다면 세상에서 성공하지 않을 사람은 아무도 없을 것이기 때문이다. 그 신념을 뒷받침할 수 있도록 성공한 사람들은 끊임없는 노력을 했고, 때로는 실패에서 오는 좌절을 극복할 수 있는 힘과 인내를 가졌기에 성공할 수 있었을 것이다.

하지만 분명한 것은 성공에 대한 굳은 신념이나 확신도 없이 성공에 이르는 경우는 극히 드물다는 것이다. 그것은 그저 행운일 뿐이다. 성공에 대한 신념이 있으면 노력에 박차를 가하게 되지만, 신념이 없는 경우는 매사에 최선을 다하지 않기가 쉽기 때문이다.

가필드라는 세계적인 역도선수가 있다. 그는 어느 날 누운 채로 365킬로그램이라는 믿을 수 없는 무게의 역기를 들어 올렸는데 그 경험담을 이렇게 말한다.

그가 그처럼 믿을 수 없는 무게를 들어 올리던 날, 그는 트레이너와 함께 연습을 하고 있었다. 그는 드러누운 채 가슴 위로 팔을 뻗어 300킬로그램의 무게를 들어 올렸다. 이 무게는 그가 평소에 들어 올렸던 것보다 무려 20킬로그램이나 더 무거운 것이었다.

그러자 코치는 그에게 눈을 감게 한 뒤, 그보다 더 무거운 것을 들어 올릴 수 있다는 확신을 갖고, 그 무게를 들어 올리는 모습을 머릿속으로 상상한 뒤, 확실하게 들어 올리는 모습이 보이면 그때 팔을 뻗어 역기를 들라고 말했다.

가필드는 눈을 감은 채 코치가 시키는 대로 했고, 어느 순간 역기를 들어 올렸다. 그가 들어 올리기를 완전히 성공한 다음 저울의 무게를 보자, 평상시에는 꿈도 꾸지 못했던 365킬로그램의 무게였다. 평상시보다 무려 65킬로그램이나 더 무거운 무게였던 것이다.

가필드는 그것을 기적이라고 했다. 머릿속으로 그렸던 그 무게를 들어 올릴 수 있다는 확신으로 무장하고 또 스스로 그 무게의 역기를 들어 올리는 것을 상상한 뒤 실제로 들어보니, 과거에는

164

상상도 못했던 무게의 역도를 들어 올리게 됐다는 것이다.

물론 상상은 신념과는 다른 종류의 정신활동이다. 하지만 신념을 갖고 상상을 할 때, 그 효과는 기대보다도 훨씬 더 커질 수 있다. 신념은 기적을 부르기도 하고 괴력을 만들어내는 마력이라고 말하는 까닭이 여기 있다. 신념은 기적을 가져오기도 하고 마력을 발휘하기도 하는 것임을 가필드의 사례는 보여준다.

3. 엔리케
"암흑바다는 결코 세계의 끝이 아니다."

엔리케 왕자는 오늘날 항해 왕자(Prince the Navigator)라고 불릴 만큼 바다 탐험에 있어서 획기적인 공헌을 한 인물이다.

엔리케는 1394년 당시 포르투갈 왕이었던 주앙 1세의 4형제 가운데 셋째 아들로 태어났다. 어려서부터 바다를 좋아했던 그는 스물한 살이던 1415년 십자군을 이끌고 당시 세계 무역의 중심지였던 북아프리카 모로코의 세우타를 공격하면서 바다 더 멀리 나가보겠다는 큰 결심을 한다. 세우타 함락으로 얻게 된 전리품들 중에는 그야말로 그가 처음 보는 진기한 물건들이 너무나 많았기 때문이었다.

1420년, 스물여섯 살이 된 엔리케는 라고스 항에서 탐험대를 바다로 보냈고 이후 결혼도 미룬 채 오직 뱃길 탐험에만 몰두한다. 그는 뱃길 개척에 많은 돈을 투자했는데 그 결실로 얻게 된 것이 원양 탐험선의 시초가 된 캐러벨의 제작이었다. 캐러벨은 훗날 콜럼버스가 아메리카 대륙을 발견할 때 타고 갔던 배이기도 하다.

탐험에 대한 열망과 흥미를 갖고 있었던 그는 이후 5년 동안이나 꾸준히 탐험대를 남쪽 '암흑바다'로 보냈다. 암흑바다란 아프리카 서해안 카나리아 군도 남쪽에 튀어나온 앞바다를 지칭하는 것으로서, 당시의 항해 탐험은 그곳이 끝이었다. 지구가 둥글다고 믿지 않았던 당시 사람들은 그 이상 항해한다는 건 바로 죽음을 뜻한다고 믿었기 때문이다.

하지만 엔리케는 암흑바다가 세상의 끝이라는 주장을 받아들이지 않았다. 그는 미지의 세계에 대한 확신이 있었고 그곳에 대한 탐험이 언젠가는 이뤄질 것이라는 데 대한 굳은 신념을 갖고 있었다. 하지만 그의 신념은 실현될 수 없었다. 그가 보낸 탐험선은 매번 암흑바다에서 되돌아오고 말았던 것이다.

하지만 그는 신념을 굽히지 않았고, 마침내 열네 차례의 항해 끝에 암흑바다를 정복하게 된다. 비록 정면 돌파는 아니었지만 질 에아니스 선장은 남쪽을 돌아 암흑바다를 가로질러 탐험한 것이었다. 그들이 발견한 것은 엔리케의 신념이 헛된 것이 아니라는 것이었다. 암흑바다는 세상의 끝이 아니라 여느 바다와 마찬가지로 푸르고 잔잔한 물결이었던 것이다.

이후 엔리케가 보낸 탐험선은 1441년에는 블랑코 바다까지 갔고, 1445년에는 아프리카 서쪽의 베르데 바다까지 정복했으며, 이후에는 마침내 세네갈 강과 감비아 강까지 나아갔다. 이 모든 것이 엔리케의 확신대로였다. 그것은 세상의 끝이 아니라 새로운 세상의 시작이라는 그의 신념이 확인되는 순간이었던 것이다.

하지만 바다에 대한 그의 식을 줄 모르는 결실이 새로운 세상을 발견하게 되면서부터 아프리카의 슬픈 역사는 시작되었다. 어느 해인가 원정대가 우연찮게 데리고 온 흑인 노예 두 사람이 비싸게 팔리면서 백인들에 의한 흑인 노예사냥의 역사가 시작된 것이다.

뜻하지 않은 노예사냥의 불길을 지핀 장본인이라는 자책 때문이었을까. 엔리케는 그때부터 병마와 싸워야 했고 마침내 66세를 일기로 세상을 뜨고 말았다.

비디에 대한 열징으로 불나 있었던 그였지만 엔리케는 이후 그의 탐험대가 적도를 지나고, 그 경험을 통해 바르톨로메오 디아스가 희망봉을 발견하고, 바스코 다 가마가 인도양을 개척하면서 포르투갈이 대양세계의 황제로 군림하는 것까지는 지켜보지 못했다. 오직 항해에 대한 열정과 끝까지 밀고 가면 새로운 세계가 눈앞에 펼쳐질 것이라는 신념만으로 살았던 그도 어쩔 수 없이 다가온 운명을 거역할 수가 없었던 것이다.

그의 탐험대가 적도 부근의 팔마스 바다까지 진출하던 날, 그의 운명은 대양 정복이라는 평생의 꿈을 거둬야만 했던 것이다. 하지만 엔리케의 신념에 의해 대양 정복의 꿈이 실현되었고, 오늘날의 세계사가 펼쳐지게 된 데에는 그의 공헌이 막대한 것임을 부인할 수는 없을 것이다.

4. 에드가 카프만
"이 별장은 너무나 아름답습니다."

세계적으로 유명한 건축물 역사학자요, 박물관 관리자였던 에드가 카프만 주니어는 생전에 건축물과 박물관에 관한 수많은 논문과 저서를 남겼지만, 놀랍게도 그는 고등학교만 졸업했을 뿐 학교에서 전문적인 공부를 한 적이 없는 인물이다.

그는 1910년 4월 9일, 미국의 피츠버그에서 '카프만 디파트먼트 스토어'를 경영하는 카프만 1세의 아들로 태어나, 남들보다 유복한 유년 시절을 보내며 자랐다. 고등학교를 마친 후 그는 넉넉한 가정 덕분에 런던, 빈, 피렌체 등지에서 미술 공부를 했고 스물네 살 때까지 페인트공으로 일했다.

24세가 되던 해 그는 지금까지 했던 미술 공부를 접고 건축가로서의 새 꿈을 키워간다. 그 꿈을 위해 그는 당시 건축가로서 최고의 명성을 떨치고 있었던 라이트 문하로 들어간다. 그로서는 생소한 분야였지만 정말 최선을 다해 해보고 싶은 일이었기 때문이다.

그가 미술 공부를 던져버리고 건축가로서의 새 삶을 설계하게 된 것은 그의 아버지가 새로 지을 별장의 설계를 라이트에게 부탁한 것이 계기가 되었다. 별장이 들어설 곳은 폭포가 있는 장소였는데 라이트는 폭포 위로 외팔보 교각을 놓는 기발한 설계를 했고, 그의 설계에 따라 완성된 별장은 너무도 훌륭한 것이어서 카프만은 그 작품에 흠뻑 빠져버린 것이다. 그날로 그의 꿈은 미술가에서 건축가로 바뀌었고, 그 첫 단계로 라이트의 연수생이 된 것이다.

그가 그동안 해왔던 미술 공부가 적지 않은 도움이 되긴 했지만 생소한 분야에다가 대학도 다니지 않았던 그로서는 건축 설계에 따른 전문적인 지식을 이해하기가 여간 어려운 게 아니었다. 하지만 그는 반드시 라이트 이상으로 훌륭한 건축가로서 명성을 떨치고 싶다는 굳은 신념을 가졌고 반드시 해낼 수 있다는 확신으로 열심히 공부했다.

그리고 마침내 카프만은 자신의 꿈을 이루게 된다. 신념과 끈질긴 노력 덕분에 그는 건축 디자인 분야에서 세계 최고의 건축가가 된 것이다. 건축 분야의 학사학위조차도 없었지만 건축학 분야에서 가장 유명한 대학인 컬럼비아 대학에서 건축학과 예술사를 강의하기도 했다. 그의 신념과 확신대로 건축학 분야에서 스승을 뛰어넘어 최고의 전문가로 자리를 잡게 된 것이다.

그는 부친의 유산으로 받은 별장과 수많은 땅, 그리고 당시로서는 어마어마한 금액이었던 50만 달러의 현금을 모두 웨스턴 펜실베이니아 컨저번 시에 기증했다. 시에서는 그 돈으로 현대미술박물관을 건립했고, 이 건물은 지금까지도 대중들에게 가장 사랑받는 명소가 되었다. 한 해에 그곳을 찾는 사람들이 무려 7만 명에 이를 정도가 된 것이다.

그는 또한 일상생활에 필요한 주택구조물에도 관심이 많아 생활주택 건물의 향상에도 크게 기여했다. 그뿐만 아니라 해마다 현대 디자인 작품 공모전을 개최해 수많은 젊은 건축 예술가들의 창작의욕을 드높이는 데도 크게 기여했다.

부유한 아버지를 둔 덕에 평생을 편안하게 살 수도 있었지만 그는 가장 유혹에 넘어가기 쉬운 24세의 나이에 생소한 건축학에 뛰어들었고, 피나는 노력으로 그 분야 최고의 전문가로 자리 잡았던 것이다.

에드가 카프만 2세. 짧은 학력으로도 많은 저서와 학술논문을 남겼던 그의 성공은 오직 꿈을 키우고, 그 꿈을 이루겠다는 신념과 의지 덕분이라 할 것이다.

5. 윌리엄 컨스터블
"변호사가 된 나를 늘 상상했습니다."

윌리엄 컨스터블은 미국 인디애나 주에 있는 석회석 광산에서 광부로 일하고 있었다. 그는 매우 성실하고 근면한 사람으로서 열심히 일했기 때문에 생활도 어렵지 않았고 결혼도 해서 아이도 있었으며, 그런대로 행복한 삶을 누리고 있었다.

그렇게 평화롭고 안정된 광부로서의 삶이 9년 동안 지속되던 어느 날, 그는 문득 자신의 삶에 대해 되돌아볼 수 있는 기회를 가졌다. 지금까지 그는 성실하고 부지런히 주어진 일에 충실해 왔고 또 일한 만큼의 보상도 받아왔다는 생각이 들었다. 또한 가정도 원만했고 앞으로 그렇게 나머지 인생을 보낸다 해도 큰 후회나 미련은 없을 듯해 보였다.

그럼에도 불구하고 그는 자신이 하는 일보다 더 보람된 일은 없을까 하는 생각이 들었다. 지금까지 그가 온 정열을 쏟았던 광산 일과는 다르면서도 그의 나머지 정열을 온통 바칠 수 있는 새로운 일을 해보고 싶은 충동이 강하게 일었던 것이다. 아직은 젊다고 생각했기에 새로운 어떤 일에 도전해 보고 싶은 욕망을 느꼈던 것이다.

그는 곰곰이 생각해 보았다. 그리고 마침내 그가 새로 해보고 싶은 일이 바로 변호사 일이라는 사실을 생각해 냈다.

결심이 서자 그는 망설이지 않았다. 지금까지 광부로서의 삶에서 전혀 다른 분야인 변호사에 도전한다는 게 조금은 무모한 일이기도 했지만, 해낼 수 있다는 어떤 신념이 그의 머릿속에 자리잡았다. 그는 그 길로 근처에 있는 인디애나 주립대학 법학과에 입학 허가서를 신청했다. 그리고 머지않아 그는 법학과로부터 입학해도 좋다는 허락을 받았다.

그때부터 그는 종전과는 두 배로 바쁜 삶을 보내야 했다. 가족들의 생계를 위해 광산 일을 그만둘 수가 없었던 그는 하루 여덟 시간씩 꼬박 광산에서 일하며 보냈다. 그리고 그 나머지 시간을 법률 공부에 몰두했다.

하지만 공부가 쉬운 건 아니었다. 육체적인 노동일만 해왔던 그로서는 정신적인 공부가 제대로 이뤄질 리가 없었던 것이다. 하지만 그는 포기하지 않았다. 그는 자신이 잘 해낼 수 있을 것이라고 굳게 믿었고 매일매일 잠자기 전에 변호사가 되어 있는 자신의 미래에 대해 상상한 뒤 잠이 들었다.

공부가 어렵고 힘들 때마다 그는 처음 광산 일을 시작했을 때 힘들어 했던 자신의 모습을 상기했고 모든 시간을 할애해 공부에만 열중했다. 그렇게 시간이 흘러가면서 그는 차츰차츰 공부에 익숙해졌고 워낙 근면하고 성실한 생활태도 덕분에 머지않아 법률 공부에도 재미를 붙였으며 점점 성적도 향상되기 시작했다.

그렇게 수년의 세월이 흘러 그는 마침내 인디애나 대학 법학과를 수석으로 졸업했을 뿐만 아니라 변호사 자격증 시험에도 합격해 그토록 소망하던 변호사가 될 수 있었다. 평범한 광산 노동자에서 가장 높은 지성을 요구하는 변호사가 된 것이었다.

그는 자신이 노동자에서 변호사로 성공적인 탈바꿈을 할 수 있게 된 데 대해서 이렇게 말했다.

"이 일은 제가 꼭 이뤄내고 싶었고 또 반드시 이뤄내야 할 일이라 굳게 믿었기에 단 30분 동안일지라도 나는 많은 것을 배울 수 있었습니다. 나는 항상 내가 변호사가 된 모습을 상상하면서 모든 고난을 이겨냈습니다. 광산에서 지난 9년 동안 일했던 것이 결코 변호사가 되는 데 결격 사유가 될 수는 없었기 때문입니다."

그렇다. 새로운 일에 도전하고자 하는 용기, 하고자 하는 의지, 그리고 할 수 있다는 신념이 그를 마침내 변호사로 탈바꿈하게 한 것이었다. 위대한 정신의 승리가 아닐 수 없다.

6. 몬티 로버츠
"그냥 F학점 주십시오."

『영혼을 위한 닭고기 수프』라는 책으로 유명한 잭 캔필드가 불우한 청소년을 위한 기금 마련 행사를 할 때마다 종종 빌리는 장소가 샌 위시드로에 있는 대규모의 목장이다. 그 목장의 주인은 몬티 로버츠라고 하는 사람인데, 오늘날 그가 그처럼 커다란 목장을 갖게 된 것은 소년 시절부터 가슴속에 품어왔던 꿈 덕분이다.

몬티 로버츠가 아직 소년이었던 시절, 그의 부친은 말 조련사였기 때문에 그는 어린 시절 부친을 따라 마구간과 경마장, 그리고 목장을 오가며 자랐다. 그래서 그는 학창 시절을 이곳저곳 옮겨 다니면서 보내야만 했다.

고등학교 졸업을 얼마 남겨놓지 않은 어느 날, 담임선생님은 모든 학생들에게 자신이 훗날 어떤 인물이 되고 어떤 일을 하게 될 것인지에 대해 써내라는 과제를 내주었다.

몬티는 언젠가는 거대한 목장의 주인이 되겠다는 꿈이 있었기에 그 꿈과 그것을 달성하기 위한 인생 항로를 일곱 장에 걸쳐 깨알같이 적어 내려갔다. 그는 건물들과 마구간 트랙의 위치를 보여주는 25만 평의 목장을 그렸고, 그 안에 지을 100평에 달하는 집의 구체적인 설계도까지 그려서 과제의 끝에 첨부하여 제출했다.

이틀이 지나 담임선생님은 모든 학생들의 과제를 점검한 뒤 학점을 부여해 돌려주었다. 몬티는 떨리는 마음으로 과제물을 돌려받았지만 과제물에 적혀 있는 학점은 그를 실망시키고 말았다. 그의 과제물에 대해 선생님은 F학점을 주었고 방과 후 선생님을 찾아오라는 쪽지까지 붙어 있었다.

학과가 끝난 뒤 그는 선생님을 찾아갔다. 선생님은 그에게 이렇게 말했다.

"네게 F학점을 준 건 네 꿈에 대한 현실성이 전혀 없기 때문이야. 넌 가정형편도 어려울 뿐만 아니라 네 가정은 여러 도시를 떠돌아다니잖아. 목장을 가지려면 막대한 자본이 필요한데 어떻게 이걸 감당하겠다는 거냐? 내 판단으로 너는 이걸 감당할 능력이 없어. 네가 F학점을 받은 건 그 때문이야. 만약 학점을 다시 받고 싶거든 더 현실적인 목표와 꿈을 세워서 다시 제출하도록 해."

몬티는 집으로 돌아와 다시 곰곰이 생각하기 시작했다. 그리고 마침내는 아버지에게 의견을 구했다. 몬티의 아버지는 그에게 이렇게 말했다.

"얘야, 이것에 대해서만큼은 아버지도 내게 도움을 줄 수 없구나. 이건 네 문제야. 무엇보다도 너의 결정이 중요하고 그 결정은 네 인생에 있어서 가장 중요한 거란다. 심사숙고하거라."

몬티는 그로부터 일주일 동안 그 문제를 생각한 다음 결론에 도달했다. 그는 그 과제물을 단 한 글자도 수정하지 않은 채 선생님께 다시 제출하면서 이렇게 말했다.

"그냥 F학점을 주세요. 전 제 꿈을 그대로 간직하고 싶습니다. 선생님께는 비현실적으로 보일지 모르지만 제가 제 꿈을 이룰 수 있다는 신념을 갖고 있는 한 저는 제 꿈을 반드시 이룰 거라고 확신합니다."

그로부터 20년이 흐를 때까지 몬티는 어느 한순간도 자신의 꿈을 잃어버린 적이 없었고, 단 한 번도 자신의 꿈이 비현실적이라는 생각을 해본 적이 없었다. 그는 고등학교 졸업 당시에 선생님께 제출했던 그 과제물을 항상 간직했고, 고난과 곤경에 빠질 때마다 그 과제물을 보면서 자신의 신념과 의지를 다졌다. 그리고 20년 후 마침내 소년 시절에 불태웠던 그 꿈을 고스란히 이룰 수가 있었다.

대규모의 목장을 소유하게 된 그는 후배 고등학교 학생들 30명과 담임선생님을 목장으로 초대해 일주일간 야영대회를 갖도록 배려했다. 야영대회가 끝나던 날 밤 선생님은 그에게 이렇게 말했다.

"이제 자네에게 고백해야겠네. 돌이켜보면 자네의 학창 시절 나는 학생들의 꿈을 훔치는 도둑이었네. 그 시절 나는 참으로 많은 아이들의 꿈을 훔쳤지. 자네는 의지가 굳어 내게 그 꿈을 도둑맞지 않았지만 참으로 미안하네. 자네가 정말 자랑스럽네."

의지가 굳세어 꿈을 잃지 않았던 몬티 로버츠. 오늘날 그의 성공은 목표를 향해 정진했던 노력의 결실이지만 그 목표를 이루겠나는 의지와 이룰 수 있다는 신념이 없었다면 불가능한 일이었을 것이다.

7. 빅토르 프랑클 박사
"나는 반드시 살아남을 수 있다."

오스트리아 빈 출신의 유태인인 빅토르 프랑클 박사는 나치의 유태인 수용소에서 3년 동안이나 억류되어 있었다. 그는 수용소 이곳저곳을 끌려 다니면서 개처럼, 소처럼 살았다. 많은 다른 동료들이 삶을 한탄하고 원망하면서 죽어가고, 굶어 죽기도 하고, 가스실로 끌려가 사라지기도 하고, 스스로 삶을 포기한 채 죽어가기도 했지만, 그는 삶에 대한 애착을 버리지 않았다.

그는 매일 아침마다 스스로에게 다짐했다.

"나는 오늘도 살아남을 수 있다. 나는 살아남아야 한다. 내게는 할 일이 있기 때문이다."

그런 신념과 의지로 그는 그 긴 세월을 버텼다. 수용자들이 가장 많이 죽어간다는 아우슈비츠에 수감됐을 때도 그는 삶에 대한 그의 신념을 버리지 않았다. 아우슈비츠에 수용됐던 수개월 동안 무수히 많은 동료들이 하나씩 둘씩 죽어갔을 때도 그는 굴복하지 않았다.

3년이나 되는 그 긴 세월의 수용소 생활을 통해 그는 살아남을 수 있는 나름대로의 철칙을 찾아냈다. 그것은 자신의 얼굴에서 병색이 피어오르지 않도록 하는 것이었다. 병색이 도는 수용자나 병자는 그 길로 처형당하거나 가스실로 보내진다는 것을 누구보다도 잘 알고 있었기 때문이었다.

수용소에 있는 유태인들은 빵 한 조각과 아주 적은 양의 죽으로 연명하면서 살아가야 했다. 게다가 그들은 폭이 7피트밖에 안 되는 좁은 널빤지에서 아홉 명씩 잠을 자야 했고 그들에게 주어지는 담요는 단 두 장뿐이었다. 그러면서도 새벽 3시면 어김없이 일어나 작업장으로 가야 했다. 그들의 몸은 영양실조로 비쩍 말랐고 조금씩 병들어갔다.

어느 겨울 몹시도 추웠던 그날, 작업장으로 끌려가면서 개머리판으로 얻어맞아 짐승보다도 더 처참해진 한 동료를 부축해 가다가 프랑클은 그로부터 삶에 대한 희망을 북돋게 하는 한마디를 들었다.

"내 아내가 제발 이런 꼴을 봐서는 안 돼요."

프랑클 박사는 짐승보다도 못한 그런 속에서도 살아남고자 했다. 그는 살아서 이 모든 일들을 낱낱이 세상 사람들에게 폭로해야 한다고 생각했다. 그러지 않으면 억울하게 죽어간 수많은 유태인들 앞에 설 면목이 없다고 느꼈다.

그는 어떠한 곤경에도 살아날 수 있다는 굳은 신념을 버리지 않았고 살아남기 위해 매일 아침마다 두 가지를 실천했다. 하나는 몸이 아무리 괴롭더라도 깨어진 구리 조각일망정 그것으로 아침마다 면도를 했다. 면도를 해서 얼굴이 깨끗하면 그만큼 병색이 돌지 않을 것이고, 그러면 적어도 그날은 살아남을 수가 있었기 때문이었다.

두 번째는 면도할 때마다 아내를 생각했다. 그녀의 웃는 모습, 그녀의 맑은 목소리를 상기해 냈고, 그녀를 사랑하는 마음으로 삶에 대한 의욕과 용기를 북돋았다. 이 두 가지를 늘 실천하면서 그는 살아날 수 있다는 신념과, 살아나고야 말겠다는 의지를 불태우고 또 불태웠다.

그렇게 긴 세월 동안 스스로의 마음을 다지면서 삶에 대한 희망과 의욕을 저버리지 않았던 그는 지옥 같은 수용소에서도 끝까지 버텼고 마침내 독일의 패망과 함께 살아날 수가 있었다. 그가 이긴 것이었다.

오늘날 수용소의 비참한 상황과 독일인의 잔혹함에 대한 고발은 오직 이를 행하기 위해서 살겠다는 신념과 의지를 버리지 않고 끝까지 살아남았던 프랑클 박사의 기억에 힘입은 것이라 하겠다.

8. 다니엘 제임스
"신념을 잃지 않는 한 목표는 달성된다."

오늘날 전 세계에서 흑인이라고 해서 갑부가 되지 못한다거나 출세하지 못하는 일은 거의 없다. 특히 미국에서는 흑인의 사회적 지위가 크게 상승했다. 정치계는 물론이요, 학계, 재계에도 흑인 거물들이 적잖이 있고, 특히 운동선수 중에는 뛰어난 인물이 많이 있다. 권투 황제 무하마드 알리, 농구 황제 마이클 조던, 골프 황제 타이거 우즈, 그리고 버락 오바마 대통령까지 이 모든 인물들은 흑인으로서 성공한 대표적인 인물들이라고 하겠다.

군에서도 4성 장군까지 올랐고 미 역사상 최초의 흑인 국무장관을 지낸 콜린 파월도 예외는 아니다.

그런데 콜린 파월보다도 훨씬 앞서서 흑인에 대한 차별대우가 극심했던 20세기 중반, 군에서 최초의 흑인 장성에까지 올랐던 다니엘 제임스는 가히 기적을 이룬 인물이라고 해야 할 것이다.

1920년, 흑인들만 모여 사는 한 빈민가에서 태어난 그는 어렸을 때부터 비행사가 되는 게 꿈이었지만 당시로서는 흑인들은 조종사가 될 수가 없었다. 그만큼 흑인에 대한 차별대우가 남아 있었기 때문이었다. 어쩔 수 없이 조종사의 꿈을 접고 대학에 진학한 그는 운동선수로 뛰면서 의학 박사학위를 취득했다. 남들보다 훨씬 더 열심히 공부한 덕이었음은 물론이다.

그러던 중 제2차 세계대전이 발발하자 그는 군에 입대했고 1942년 군대가 지원하는 조종사 훈련을 받을 기회를 얻었다. 평생의 꿈이었던 조종사의 길을 걸을 수도 있다고 생각했던 그는 열심히 노력했고 마침내 흑인 항공대 조종사 교육기관의 교관이 되었다.

하지만 흑인들에 대한 차별대우가 너무 극심했던지라 그를 비롯한 흑인들은 정부에 대해 흑인 차별 금지에 대한 진정서를 수차례나 올렸고, 마침내 1948년 트루먼 대통령에 의해 흑인에게도 백인과 동등한 권리를 누릴 수 있는 평등권이 주어졌다.

한국전쟁이 발발하자 그는 조종사 기장(機長)으로서 전쟁에 참여했고, 육군 중령으로 펜타곤에서 10년간 근무 했으며 이후 국방장관 부보좌관을 지내는 등 착실히 군 경력을 쌓았다. 그리고 1975년, 흑인으로서는 최초로 4성 장군이 되어 북미 방공사령관에 임명됐다.

흑인에게는 척박한 환경일 수밖에 없었던 시대에 흑인으로서 최초의 4성 장군까지 올랐으니, 사람들은 그가 어떻게 그렇게 성공할 수 있었는지 궁금해 했다. 그를 인터뷰했던 한 기자가 그에게 성공의 비결에 대해 질문했고, 그 질문에 대해 다니엘 제임스 장군은 다음과 같이 대답했다.

"성공의 비결이요? 그건 어머님이 제게 심어주셨던 신념이었을 겁니다. 어머님은 제게 항상 이렇게 말씀하셨지요. '우리 흑인들은 가난하지만 우리 역시 모두가 하느님의 아들딸이다. 항상 바른 자세를 잃지 말고 인격을 닦고 열심히 일하거라. 무엇보다도 확실한 목표를 가슴속에 깊이 간직하고 반드시 이룰 수 있다는 신념을 갖는 게 중요하다. 그 신념을 잃지 않는 한 목표는 도달할 수 있는 법이란다.'"

그 시절 미국에서는 흑인으로 태어났다는 건 그 자체가 불행이고 고난이었다. 하지만 다니엘은 그런 환경에서도 어머니의 말씀에 따라 목표를 정하고 그것을 이룰 수 있다는 신념을 잃지 않고 노력했으며, 그랬기 때문에 그 모든 역경과 좌절을 극복하고 마침내 백인들도 도달하기 어려운 군 최고의 자리에 우뚝 설 수 있었던 것이다.

9. 다이마츠 히로부미
"어제보다 1밀리미터만 더 성장해 다오."

1964년 일본 도쿄에서, 아시아로서는 처음으로 올림픽이 개최됐다. 그 대회는 서양의 여느 도시에서 열렸던 올림픽과 마찬가지로 풍성한 기록을 남겼지만, 누구도 예상하지 못했던 하나의 작은 기적이 일어난 대회로도 기록되고 있다. 바로 무명이었던 일본의 여자 배구팀이 유수한 세계 최고의 팀들을 차례로 격파하고 마침내 우승을 이뤄냈기 때문이다.

금메달을 목에 걸고 시상대에 오른 일본 여자 배구팀은 흐르는 눈물을 닦을 생각조차 하지 않고 감격에 겨워했다. 그도 그럴 것이 그들은 맨 처음 지방 예선에서도 탈락할 만큼 형편없는 실력의 선수들이었지만 이후 피눈물 나는 훈련을 거듭함으로써 그날의 영광을 얻을 수 있었기 때문이었다.

마침내 세계를 제패함으로써 '동양의 마녀들'이라는 별칭을 얻게 된 그들이 그날의 영광을 얻을 수 있었던 건 모두 '귀신 감독'이라고 불렸던 두려움과 무서움의 대명사, 다이마츠 히로부미의 덕분이었다. 그는 잠재력은 있어 보였지만 허약하기 이를 데 없었던 그 팀을 하루 네 시간씩만 재우는 지옥훈련을 통해 세계 최강의 팀으로 탈바꿈시킨 장본인이었다.

훈련을 재개한 날로부터 그는 단 한 번도 선수들을 네 시간 이상 재운 적이 없었다. 물론 그 자신은 하루 세 시간밖에 자지 않았다. 그는 적게 자는 것만이 살아남을 수 있는 길이요 '잠자는 건 죽음'이라는 철저한 신념으로 무장된 인물이었고, 그것을 체험으로 알고 있는 인물이었다.

제2차 세계대전이 막바지에 이르렀을 무렵 일본군은 끝없는 패주의 길에 놓여 있었다. 인도차이나의 열대림에서 장대비를 맞아가며 패잔병들은 도주하고 있었다. 먹을 것이 없어 그들은 죽순을 뽑아 먹었고 이름도 알 수 없는 풀뿌리로 주린 배를 채워야 했다. 걷다가 넘어지거나 졸다가 돌부리에 채이면 그것으로 그들의 생명은 끝이었다. 누구도 그들을 돌볼 기력이 없었기 때문이다.

그 패잔병 속에 다이마츠 히로부미도 끼어 있었다. 그는 이를 악물고 허벅지를 대검으로 찌르면서 쏟아지는 잠을 쫓았다. 비가 그치면 교대로 잠시 눈을 붙이며 쉬기도 했지만 잠의 욕구는 끊임없이 그들을 괴롭혔다. 하지만 다이마츠는 3주간이나 계속됐던 그 지옥 같은 패주 길을 끝까지 달려온 몇 명의 병사 가운데 하나가 됐다. 자지 않고 버텨온 삶의 승리였던 것이다.

그런 그였기에 최약체였던 여자 배구팀 감독을 맡으면서 그는 인도차이나의 열대림을 생각했다. 그는 선수들에게 하루 네 시간 이상 잘 수 없다는 걸 공표했고 그날부터 지옥과 같은 훈련에 돌입했다. 휴일도 명절도 없이 오직 훈련에만 열중했던 그들이었기에 선수들의 몰골은 점차 귀신의 그것처럼 변모해 갔다. 그들의 눈은 붉게 충혈되었고 그들의 가슴은 살아남아야겠다는 생각만으로 가득 찼다.

다이마츠 감독의 주문은 매일 같았다. 그는 선수들에게 이렇게 요구했다.

"어제보다 단 1밀리미터만이라도 성장해 다오. 아니 0.5밀리미터만이라도 성장해 다오. 그렇게만 된다면 우린 승리할 수가 있다."

선수들은 변했고 그들의 잠재력은 살아나기 시작했다. 단 하루도 쉬지 않고 꾸준히 키워왔던 그들의 실력이었기에 올림픽 대표 선수 선발을 위한 예선과 결선에서 그들은 승리할 수 있었고, 마침내 대망의 올림픽에서 그들은 강적들을 차례로 꺾고 세계 최고의 자리에 우뚝 설 수가 있었던 것이다.

"오직 자지 않고 노력하면 성공할 수 있다"는 다이마츠 감독의 철저한 신념을 모든 선수들이 그대로 따라 행동으로 옮긴 덕분이었다.

10. 레스 브라운
"엄마, 드디어 내 목소리가 전파를 타요."

레스 브라운이 태어난 곳은 미국 마이애미의 한 빈민가였다. 그는 출생 직후 마미 브라운이라는 한 여인에게 입양되었다.

레스 브라운은 이상하게도 이렸을 때부터 가만히 있지를 못하고 끊임없이 떠들어대는 성격이었기 때문에 초등학교부터 고등학교까지 장애자를 위한 특수학급에서 수업을 받아야만 했다.

학교를 졸업한 뒤 그는 마이애미 해변의 시청 청소과 직원으로 일을 하기 시작했지만, 그의 꿈은 라디오 방송의 디제이가 되는 것이었다. 그런 꿈이 있었기에 그는 밤마다 잠들 때까지 라디오를 틀어놓고 음악 프로그램을 들었으며, 그 끝 무렵에는 마치 자신이 디제이가 된 것처럼 상상 속에서 보이지 않는 시청자들과 끊임없는 대화를 나누곤 했다.

얇은 벽을 사이에 둔 양어머니는 레스에게 제발 입 좀 다물고 그만 자라고 야단치기 일쑤였다. 하지만 그는 언젠가는 반드시 이루어내고 싶은 자신의 세계에 파묻혀 지냈다.

그러던 어느 날 레스는 실제로 방송 일을 해보고 싶다는 강력한 희망에 이끌려 그 지역의 라디오 방송국으로 찾아갔다. 용기를 내어 매니저 사무실로 들어간 그는 자신의 꿈을 말하고 그곳에서 일할 수 있도록 도와달라고 말했다.

매니저는 그에게 방송과 관련한 경험이나 공부를 해본 적이 있느냐고 물었다. 그가 아무런 경험이 없다고 대답하자, 그렇다면 그에게 맡길 일이 없다는 것이었다. 레스는 알겠노라고 공손하게 대답하고는 그 길로 되돌아왔다.

하지만 그것으로 그의 꿈이 좌절된 건 아니었다. 그는 자신이 방송인으로서 성공하게 될 것이라는 사실에 대해 단 한 번도 의심한 적이 없었고 반드시 꿈을 이룩하게 될 것이라는 신념이 강했다. 그의 신념은 양어머니의 덕분이기도 했다. 양어머니는 그가 어린 시절부터 어떤 일이 있더라도 꿈과 신념을 포기하지 말라고 가르쳤기 때문이다.

다음 날부터 레스는 일주일 동안 단 하루도 빠지지 않고 방송국에 가서 허드렛일이라도 좋으니 일거리가 없느냐고 물었다. 그의 끈기에 두 손을 든 매니저는 그에게 잔심부름 일거리를 맡겼다. 물론 월급도 없는 자원봉사였다.

하지만 레스는 신이 났고 스튜디오에 있는 사람들을 위해 커피도 사다 주고 점심과 저녁을 배달해 주기도 했다. 그러면서 틈틈이 그들이 방송국 안에서 하는 일에 대해 세심하게 관찰하기 시작했다. 언젠가는 자신에게 그 일거리가 주어질지도 모른다고 생각했기에 늘 준비를 했던 것이다. 그래서 그는 밤이 되면 낮에 어깨너머로 배웠던 것들을 스스로 연습해 보면서 다가올 기회에 대비했다.

방송국 사람들은 레스의 성실한 근무태도로 말미암아 차츰 그에게 호감을 가졌고 그래서 그에게 더 큰 일거리도 맡기기 시작했다. 그 덕분에 그는 다이애나 로스 같은 거물급 가수들을 모시고 오는 일들도 맡곤 했는데, 그 일을 하면서도 자신이 디제이로서 인터뷰를 한다면 어떻게 할 것인가에 대해 나름대로 질문을 준비하고 또 묻기도 해보았다. 이제 레스는 방송국에서 일어나는 모든 일에 대해 어떤 일도 막힘없이 할 수 있을 만큼의 실력자가 되었다. 오직 기회만 오면 되는 것이었다.

꿈은 이루어진다고 했던가? 어느 날 레스가 방송실을 기웃거리고 있는데, 생방송 중인데도 디제이가 계속해서 술을 마시고 있는 모습이 눈에 띄었다. 저러다가는 방송을 진행하기 힘들 것 같다는 생각이 들자 그는 바짝 긴장했다. 왜냐하면 방송국에 남아 있는 사람은 자신뿐이었기 때문이었다. 디제이는 계속해서 술을 홀짝거리며 마셨고 마침내 더 이상 진행이 불가능할 정도로 인사불성이 되고 말았다.

난감해진 것은 방송국의 매니저였다. 그는 레스에게 다른 디제이를 수소문해 보라고 했다. 하지만 레스는 전화 다이얼을 다른 디제이 대신 양어머니를 비롯해 친구들, 동료들, 그가 알고 있는 모든 이들에게 돌렸고, 이제 곧 자신이 난생처음으로 방송에서 디제이를 하게 될 것이니 모두 라디오 앞에 모이라고 전달했다.

그렇게 15분이 지나자 매니저가 그에게 혹시 방송국 안의 기기들을 작동할 줄 아느냐고 물어왔다. "물론이죠, 선생님!" 그렇게 말한 뒤 방송실로 뛰어간 그는 술에 취한 디제이를 끌어내고 그 자리에 앉아 매니저의 큐 사인만 기다렸다. 이윽고 큐 사인이 나자 그는 마이크의 스위치를 올린 뒤 그동안 수십 번, 아니 수백 번이나 연습해 왔던 말들을 한꺼번에 쏟아내기 시작했다.

레스 브라운의 진행은 일사천리로 나아갔다. 그의 달변과 적시적절한 유머는 방송국 매니저는 물론이요 청취자들까지도 단숨에 휘어잡았다. 이후 그는 라디오, 정치, 대중강연, 텔레비전 등에서 성공적인 경력을 쌓아나갔고, 최고의 방송인으로서의 입지를 다지게 된다. 이 모든 것이 언젠가는 꿈을 이룰 수 있을 것이라는 그의 확고한 신념과 노력 덕분이었음은 물론이다.

11. 한센과 에이미
"우리 모두의 기를 그녀에게 보냅시다."

카운슬러이자 강사로서 미국 전역을 순회하며 강연을 다니던 마크 빅터 한센이 콜로라도 주 덴버에 있는 한 교회에 도착했다. 그곳에서 그는 세 차례의 강연과 '자기개발'에 관한 세미나를 할 예정이었다.

그가 교회 안으로 막 들어서자 그곳에서 그를 기다리고 있던 프레드 버트 박사가 그에게 한 소녀를 만나줄 것을 요청했다. 그녀는 백혈병 말기 환자로서 살아날 가망이 없어 마지막 3일을 자유롭게 보낼 수 있도록 했는데, 그녀의 소원이 한센의 강연을 듣는 것이라고 해서 찾아왔다는 것이었다.

한센은 놀라지 않을 수 없었다. 죽음을 앞둔 18세의 소녀라면 실베스터 스탤론이나 아놀드 슈워제네거 같은 슈퍼스타를 만나고 싶을 것 같은데, 그 마지막 소중한 시간들을 자기 강연을 듣는 데 보내고 싶어 한다는 말이 믿어지지 않았기 때문이었다.

잠시 후 버트 박사의 손을 잡고 나타난 그녀의 모습은 오랜 방사선 치료로 머리가 다 빠져 그걸 감추기 위해 터번을 둘렀고, 바짝 마르고 얼굴에 핏기도 보이지 않는, 금방 쓰러질 것처럼 보이는 그런 모습이었다.

에이미 그레이엄이라고 이름을 밝힌 그녀는, 죽기 전 자신이 이루고 싶은 소망 두 가지가 있는데, 하나는 고등학교를 졸업하는 일이고, 다른 하나는 한센의 강연회에 참석하는 일이라고 했다. 하지만 의사들은 그녀가 그 꿈을 다 이루지 못할 것이라고 말했다. 그 까닭은 그녀에게 그럴 만한 기운이 남아 있지 않기 때문이라는 것이었다. 하지만 그녀는 부모의 부축을 받아 이렇게 강연회에 참석하게 되었으니 적어도 한 가지 소원은 이루게 됐고, 그래서 참으로 기쁘다고 말했다.

그녀의 말을 들은 한센은 갑자기 목이 메고 눈에 눈물이 고였다. 순간적으로 그는 이 가여운 소녀를 어떻게든 살릴 수만 있다면 좋겠다는 생각을 했고, 문득 '기(氣)' 치료 방법을 생각해 봤다. 그는 미국은 물론이요, 캐나다, 뉴질랜드, 오스트레일리아 등지를 돌아다니면서 '기' 치료에 관한 수많은 세미나에 참석했고, 또 뛰어난 치료사를 목격한 적도 있었기 때문이었다.

그는 '기'는 신념에 의해서 가능하다고 생각했다. 신념은 정신의 굳센 의지고 정신의 굳센 의지는 때로 기도나 기원의 형식으로 표출되기도 하므로, 그날의 강연을 그녀를 위한 '기도' 모임으로 하겠다고 생각했다.

그는 그의 연설을 듣기 위해 모인 청중들에게 말했다.

"여러분, 오늘 아침 저는 에이미 그레이엄이라는 18세 소녀를 소개받았습니다. 에이미는 백혈병에 걸려 살날이 며칠 남지 않았지만 오늘 이 강연회에 참석했습니다. 그것이 죽기 전 그녀의 소원이라고 했습니다. 저는 지금 그녀를 이곳 단상 위에 초대하려고 합니다. 그리고 우리 모두가 '기'의 힘을 빌려 그녀의 병을 치료해 보고자 합니다. 물론 성공한다는 보장은 없습니다. 하지만 '기'는 신념의 힘이기에 우리 모두가 그녀를 살릴 수 있다는 굳센 신념으로 오직 그녀만을 위해 기도해 줄 것을 부탁드리고 싶습니다. 여러분, 그렇게 해도 되겠습니까?"

그가 청중들의 동의를 구하자 모두가 그렇게 하겠다고 동의하였다.

마침내 에이미는 부친의 도움을 받아 단상 위에 올라왔다. 오랜 병원생활로 그녀는 절대적으로 운동이 부족했고 그래서 한두 발짝도 혼자서는 움직일 수가 없었다.

한센은 청중들에게 손바닥을 문지른 다음 두 팔을 에이미를 향하게 하고 온 정신을 집중해 치료의 기를 보내줄 것을 요청했다. 동시에 마음속으로 그녀는 반드시 치료될 수 있다는 신념을 가지라고 말했다. 단상에 선 에이미는 고마움에 눈물을 흘렸다.

마침내 강연회가 끝났을 때 사람들은 모두 일어나 다시 한 번 에이미의 쾌유를 기원하는 박수를 보냈다.

그로부터 2주일이 지난 어느 날 한센은 에이미로부터 전화를 받았다. 담당의사가 퇴원하라고 했다는 것이었다. 정말 기적처럼 그녀의 병이 치료되기 시작했다는 것이다.

그로부터 다시 2년이 지난 어느 날 한센은 에이미로부터 또다시 전화를 받았는데, 그날은 그녀의 결혼 소식이었다.

신념은 기적을 만들어낸다고 했다. 거짓말 같은 이 이야기는 실제로 일어난 일이다. 그날 강연회에 참석했던 모든 사람들의 신념이 '기' 치료의 형식으로 나타났고, 그것은 곧 마력이 되어 그녀의 병을 낫게 했던 것이다. 모든 신념이 마력이 되고, 모든 '기' 치료가 기적을 낳을 수는 없을지라도, 적어도 에이미에게 있었던 이 기적은 신념이 마력이라는 사실을 보여준 또 하나의 사례라고 하겠다.

12. 안젤라
"선생님, 내 다리가 움직이고 있어요."

안젤라가 근위축증에 걸린 것은 그녀가 막 열세 살이 됐을 때의 일이었다. 근위축증은 신경계통을 포함해서 모든 신체가 무력해지는 희귀한 병으로서, 걷는 것은 물론이요 몸을 움직이는 것조차도 거의 불가능한 상태에 이르는 병이다.

의사들은 지금까지의 경험으로 봐서 소녀가 다시 걷게 되거나 병을 이겨낼 것이라는 희망을 갖는 것은 거의 불가능하다고 말했다. 그들의 진단서는 평생 휠체어 신세를 져야 한다는 것이었다.

안젤라의 부모도 의사의 말을 믿고 불행한 그녀의 미래를 걱정하며 한숨만 쉴 뿐이었다. 하지만 오직 한 사람 안젤라만은 다시 일어설 수 있다는 데 대한 희망을 포기하지 않았다. 그녀를 방문하거나 문병 오는 모든 사람들에게 그녀는 자기가 반드시 다시 일어서서 걸을 것이라고 말했다. 사람들에게 그렇게 말한 것은 그녀 스스로에게 하는 다짐이기도 했다.

안젤라는 샌프란시스코로 옮겨져 장애자를 위한 특수재활훈련을 받기 시작했다. 정신훈련 요법을 하는 동안 모든 심리치료사들은 일어설 수 있다는 자신의 신념을 결코 포기하지 않는 안젤라의 강인한 정신력에 오히려 감동을 받았다. 하지만 그들도 안타깝지만 그건 불가능한 꿈에 불과하다고 생각했다.

심리치료사들이 알려준 요법대로 안젤라는 침대에 누워서도 항상 자신이 걸어서 다니는 모습을 머릿속에 그렸고, 걷고 뛰는 상상을 계속했다.

그러던 어느 날 평상시와 똑같이 걷고 뛰는 상상을 하면서 열심히 다리를 움직여보려고 했던 그녀에게 놀랄 만한 기적이 일어났다. 상상만 하던 그녀 앞에 펼쳐진 것은 갑자기 침대가 움직이기 시작한 것이었다. 그녀가 누워 있는 침대가 병실 안을 이리저리 움직인 것이었다.

안젤라는 자기 눈을 의심해 봤지만 침대가 움직이는 건 분명한 사실이었다. 그녀는 병실 밖을 향해 큰 소리로 외쳤다.

"선생님, 이것 좀 봐요. 제가 해냈어요. 제가 드디어 해낸 거라구요. 내 다리가 움직이고 있어요."

그녀의 다리가 움직이고 있었던 건 분명한 사실이지만, 그때 병원에 있던 모든 사람들도 똑같은 경험을 하고 있었다. 그날 샌프란시스코에는 대지진이 일어났기 때문이었다.

하지만 감격에 차고 확신에 차 있는 안젤라에게 어느 누구도 그날의 움직임이 지진 때문이었다는 사실을 이야기하지 않았다. 아니, 이야기할 수가 없었다. 스스로가 해냈다고 굳게 믿고 있는 그녀의 의지를 꺾을 수도 없었지만, 그녀의 희망을 무참하게 할 수도 없었기 때문이었다.

하지만 그 일은 그로부터 2년 후에 일어난 진짜 기적을 위한 서곡이었다. 그로부터 정확하게 2년 후 안젤라는 정말로 휠체어를 버리고 목발도 버리고, 당당하게 자신의 두 발로 학교에 다닐 수 있게 됐기 때문이다. 2년 전, 지진으로 인해 있었던 다리의 움직임은 오 헨리의 「마지막 잎새」처럼 그녀에게 일어설 수 있다는 강한 믿음을 불러일으켰던 것이다. 그리고 할 수 있다는 강한 그녀의 신념이 마침내 희귀병인 근위축증마저도 날려버리는 쾌거를 가져온 것이었다.

신념을 잃지 않으면 기적도 가능하다고 했다. 신념이 마력인 까닭이다. 안젤라의 신념은 그녀의 병을 물리치게 했고 당당히 걷게 했다. 우리가 기적이라고 하는 것, 마력이라고 말하는 것, 그 모두는 실상 우리의 신념이 낳은 결과물이라는 것을 안젤라의 사례는 잘 보여준다.

13. 피카보 스트리트

"나는 다시 일어설 것이다."

당시 그녀의 나이 31세, 운동선수로서는 결코 적은 나이가 아니었다. 하지만 피카보 스트리트는 미국 솔트레이크시티 동계올림픽에서 금메달을 목표로 구슬땀을 흘리며 연습에 열중했다.

1994년 릴레함메르 동계올림픽에서 아쉽게노 은메달을 목에 걸었던 스트리트는 1996년 월드컵 스키 활강에서 미국 선수로서는 최초로 우승을 차지했다. 세계 최강자들과 겨뤘던 대회에서 우승을 했기에 그녀는 2년 뒤에 열릴 예정이었던 나가노 올림픽에서 반드시 금메달을 따 릴레함메르 은메달의 한을 풀고 싶었다. 월드컵에서 우승했기에 그 꿈의 달성은 가까이 있는 것 같았다. 그녀는 2년이 빨리 지나 올림픽이 개최되기만을 손꼽아 기다렸다.

하지만 올림픽 개막을 석 달 앞둔 어느 날, 그녀는 연습 도중에 충돌사고를 당해 왼쪽 무릎 근육이 찢어지는 불행을 당했고, 개막 일주일 전에는 뇌진탕으로 쓰러지는 끔찍한 사고까지 당했다. 하지만 그 부상과 사고가 올림픽 금메달이라는 그녀의 꿈을 막지는 못했다. 그 모든 악조건 속에서도 그녀는 사람들의 기대에 부응해 올림픽 슈퍼대회전에서 꿈에도 그리던 금메달을 목에 걸었다. 명실공히 세계 최강이었다.

하지만 승리의 기쁨도 잠깐, 그로부터 한 달 후에 열렸던 스위스 월드컵 스키대회에서 그녀는 또다시 안전벽에 심하게 부딪치는 사고를 당해 오른쪽 무릎이 깨지고 왼쪽 대퇴부 뼈가 산산이 부서지는 불행 속에 빠지고 말았다. 그것은 대형사고로서 만일

뼛조각이 동맥을 건드리기라도 하면 생명을 잃을 수도 있는 사고였다.

병원으로 후송된 그녀는 수차례에 걸친 응급수술 끝에 다행히 목숨은 건졌다. 하지만 자칫하면 하반신 마비가 올 수도 있다는 진단을 받았다. 그것은 스키선수로서는 절망적인 진단이었다.

하지만 스트리트는 스키선수로서의 꿈을 버리지 않았다. 나이를 생각해서 마지막이라고 여겼던 대회에서 그토록 끔찍한 사고를 당하자 선수로서의 오기가 발동한 것이었다. 그녀는 마지막 대회를 그렇게 끔찍한 모습으로 장식하고 싶지 않았던 것이다. 그래서 그녀는 이를 악물고 다시 연습을 시작하고자 했다.

하지만 몸은 그녀의 생각만큼 그렇게 따라주지를 못했다. 상처 투성이인 두 다리로 혼자서는 일어서기조차 힘들었다. 그녀는 일어서지 못할 때는 마음속으로 지난 수년 동안 그녀가 참가해 왔던 스키대회의 코스들을 그려보면서 상상연습을 했다.

2년 동안 여섯 번이나 수술을 받으면서도 그녀는 그때마다 재활훈련에 임했고, 그녀의 불꽃같은 투지는 사고 후 2년 만인 1999년 12월, 그녀를 다시 슬로프에 올라서게 했다. 스키를 향한 그녀의 열망이 그녀를 일으켜 세운 것이었다.

하지만 그녀의 모든 노력에도 불구하고, 솔트레이크시티는 그녀를 외면하고 말았다. 활강 16위가 그녀의 최종 성적표였고, 그녀는 이제 동계올림픽 무대에서 사라졌다.

매스컴에서 "죽음과 춤을 추었다"고 말할 만큼 부상과 재기를 반복했던 피카보 스트리트. 비록 우승이라는 꿈은 달성하지 못했지만 다시금 슬로프에 서겠다는 그녀의 처절할 만큼이나 확고했던 신념은 모든 스포츠 선수들은 물론이요, 군인들, 그리고 평범

한 우리 일반인들에게까지도 훌륭한 본보기로서의 역할을 하고
있다고 할 것이다.

14. 오다 노부나가
"보라, 신의 계시는 동전의 앞면이다."

일본 막부시대의 영웅으로 꼽히는 인물들은 여럿 있다. 그중에
서도 가장 유명하고 또 사람들로부터 높이 추앙받는 인물은 도쿠
가와 이에야스, 도요토미 히데요시, 그리고 오다 노부나가다. 이
들 세 사람의 장군이 특히 유명한 것은 이 세 장군의 특징이 각
각 달라 그들의 성격을 비유한 이야기 때문일 것이다. 널리 알려
진 이야기는 이렇다.

새의 울음소리를 듣고 싶은데 만약 울지 않는 새가 있다면 어
떻게 할 것인가에 대한 세 사람의 대답이 모두 다르고, 또 그 대
답들이 각각의 성격을 잘 나타내고 있다.

오다 노부나가는 울지 않는 새는 단칼에 죽여버리고 다시 우
는 새를 잡아오겠다고 말한다. 도요토미 히데요시는 울지 않는
새는 울게 만든다고 대답했고, 도쿠가와 이에야스는 울지 않는
새가 있다면 울 때까지 기다리겠다고 말했다.

이 이야기에서 보면 오다 노부나가는 성격이 불같고 과격할
것 같다는 생각이 든다. 실제로도 그는 그러했지만 사실상 그는
자신이 할 수 있다고 믿는 일은 반드시 하고야 말고, 또 믿는 대
로 만들 수 있다는 의지와 신념이 대단히 뛰어난 인물이었다. 다
음 소개하는 예화는 그와 같은 그의 신념을 단적으로 보여주고

있다.

오다 노부나가 장군이 적군과 마주서게 됐다. 하지만 상대군은 그의 군사보다 열 배가 넘는 막강한 병력을 보유하고 있었다. 자연 병사들은 상대군의 기세에 눌려 위축될 수밖에 없었다.

하지만 노부나가 장군은 조금도 주저하거나 위축되지 않았고, 오히려 승리에 대한 확신으로 부대를 이끌었다. 병사들은 그가 어떻게 저렇게 승리에 대해 확신할 수 있는지 궁금하기 짝이 없었다.

휘하 장졸들의 그런 마음을 알아차린 노부나가 장군은 잠시 행군을 중단하고는 고개를 숙여 조용히 묵념을 올린 다음, 부하 장졸들에게 큰 소리로 외쳤다.

"제군들은 들으라. 지금부터 내가 제군들에게 신의 계시를 전하겠노라. 자, 보라. 지금 내 손에는 동전 하나가 있다. 내가 이 동전을 공중으로 던질 것인데 이것이 땅에 떨어져 동전의 앞면이 나타나면 우리는 공격을 계속할 것이고 반드시 승리할 것이다. 만약 동전의 뒷면이 나온다면 우리는 패할 것이라는 신의 계시이므로 행군을 멈춰 되돌아갈 것이다. 하지만 나는 동전의 앞면이 나올 것을 확신하노라."

장군은 동전을 하늘 높이 날렸고 곧이어 땅바닥에 떨어져 뒹굴었다. 모두가 숨을 죽이고 그 광경을 지켜봤다. 마침내 구르던 동전이 멈춰 한쪽으로 쓰러졌고 그것은 장군의 말대로 앞면이었다.

병사들은 모두가 환호성을 올렸고 그들의 사기는 하늘을 찌를 듯 높았다.

장군은 우렁찬 목소리로 진격을 명했고 휘하 장졸들은 마치 신들린 듯이 싸웠다. 그들은 병력의 열세를 생각해 일당백의 기상으로 싸웠고, 그 기세에 밀려 적군은 속수무책으로 밀렸다. 한 번 밀리기 시작한 적군들은 사기가 저하돼 추풍낙엽처럼 쓰러지고 말았다. 승리는 당연히 노부나가 장군의 것이었다.

다음 날 장군의 보좌관 중의 하나가 장군에게 승전을 축하하면서 열 배가 넘는 적군에게 이긴 것은 글자 그대로 하늘의 뜻이라고 말하면서, "아무나 운명의 손을 바꾸지는 못하는 법인데 장군은 정말 하늘이 내신 분입니다"라고 칭송의 말을 올렸다.

하지만 장군은 "그런 소리 하지 말게나. 그건 내 신념이었을 뿐이네"라고 말하고 손바닥을 펴 부하에게 그 동전을 보여줬다. 놀랍게도 그것은 앞뒤가 똑같이 앞면만으로 되어 있는 동전이었다.

결코 얻을 수 없을 것으로 생각됐던 승리를 쟁취하게 한 것은 실상 신의 뜻이 아니라 승리할 수 있다는 노부나가의 신념이었던 것이다.

제 5 부

위대한 정신, 무퇴(임전무퇴)

제1장 무퇴의 참다운 의미와 근거

무퇴(無退)의 의미는 글자 그대로 물러서지 않음을 뜻한다. 어떤 어려운 상황이나 악조건에서도 물러서지 않고 불굴의 정신으로 도전하는 마음가짐을 일컬으며, 이는 신라 화랑들의 계율이었던 임전무퇴의 정신에서 온 것이라 하겠다.

임전무퇴는 신라시대 원광법사가 화랑들에게 내렸던 다섯 가지 계율 가운데 하나다. 다섯 가지 계율이란, 임금에게는 충성을 다하고, 부모에게는 효도를 다하며, 친구들에게는 믿음을 주어야 하고, 전장에서는 물러서지 않으며, 살생은 함부로 해서는 안 된다는 계율이다. 사군이충(事君以忠), 사친이효(事親以孝), 교우이신(交友以信), 임전무퇴(臨戰無退), 살생유택(殺生有擇) 등 이른바 세속오계(世俗五戒) 가운데 하나가 바로 임전무퇴인 것이다.

전장에 임해서는 결코 물러서서는 안 된다는 이 계율은 당시 화랑들에게 커다란 정신적 교훈이 되었고, 마침내 신라가 삼국을 통일하는 데 결정적인 영향을 미친 덕목 가운데 하나였다는 사실은 그 당시에 벌어졌던 전투들이 입증하고 있다.

바로 이 임전무퇴의 정신은 오늘날 우리 군에 있어서도 여전히 살아남아 6 · 25 전쟁, 베트남 전쟁 등에서도 우리 군의 용맹성을 떨치게 하는 데 큰 힘이 되었다고 하겠다.

거의 무방비 상태에서 벌어졌던 6 · 25 전쟁에서 우리 군은 초전의 열세에도 불구하고 낙동강을 최후 방어선으로 사수함으로써 반격의 발판을 마련하였고, 마침내 적의 침략으로부터 나라를 구할 수 있었다. 임전무퇴 정신이 아니었다면 불가능한 일이었을 것이다.

싸움에 임하면 결코 물러서지 말라는 이 계율은, 그러나 그 자체보다는 몇 가지 다른 군인정신들과 결합될 때 참된 힘을 발휘할 수가 있다. 그런 점에서 이 덕목은 지금까지 다루었던 충성이나 명예, 신념 등의 정신과는 다르다고 하겠다.

그 다른 정신들이란 두려움을 버리고 죽음을 각오하는 용맹성과, 강건한 체력에 바탕을 둔 인내력, 그리고 필승의 신념과 의지력 등이다. 이 정신들은 전장에 임한 군인들이 임전무퇴의 기상을 갖도록 하는 요건들이라 말할 수 있을 것이다.

1. 임전무퇴의 기상을 가능하게 하는 요건들(1): 용기, 체력, 인내력

먼저 그 가운데 하나인 용맹성, 곧 용기에 대해 생각해 보자.

임전무퇴의 기상은 용맹성을 바탕으로 하는 불패(不敗)의 정신이다. 따라서 전장에서 물러서지 않는 기상을 갖기 위해서는 먼저 용기가 있어야 한다.

서양의 격언에 "운명은 용감한 자의 편에 선다"는 말이 있다. 이 말은 승부를 건 싸움에서 승리의 영광은 결국 용감한 사람에게 돌아간다는 뜻이다. 위험과 공포가 필수적으로 따르는 전투에서 승리하기 위해서는 용기가 필요하기 때문이다.

그래서 독일의 군사사상가 클라우제비츠는 용기를 무사가 갖추어야 할 첫 번째 자질로 꼽고 있나. 대한민국 해병대가 자랑하는 '무적 해병의 신화'도 따지고 보면 전장에서 물러서지 않고 싸운 용감한 해병들이 있었기에 가능한 것이었다.

그런데 이미 살펴보았거니와 용기에는 두 가지 종류가 있다. 하나는 육체적 용기로서, 위험에 직면했을 때 이에 굴하거나 위축되지 않고 당당히 맞서는 패기이고, 다른 하나는 도덕적 용기로서, 불의와 부정을 보면 참지 못하고, 불나 부정과 타협하지 않고, 그런 유혹을 과감히 물리칠 수 있는 정신적 힘이다.

육체적 용기가 부족한 사람은 사소한 위험 앞에서도 자신의 신념을 굽히게 되는 경우가 많다. 정신적 또는 도덕적 용기가 없는 사람은 사소한 유혹 앞에서도 조국과 동료를 배반하기가 쉽다.

빗발치는 총탄 앞에서도 자기 자신의 위험을 돌보지 않고, 물러서지 않고, 오직 자신에게 주어진 책임을 다하고자 하는 태도는 육체적 용기와 도덕적 용기가 동시에 발휘된 예라 하겠다.

물론 이 같은 용기는 만용과는 구별되어야 한다. 전황이나 주변 여건도 돌아보지 않고 무턱대고 돌진하는 용맹성이라면 참다운 용기라고 말할 수 없을 것이다. 그건 어리석은 일이고 따라서 만용(蠻勇)에 불과하다. 이미 앞서 살폈던 용기의 덕목에서 지적하였듯이, 만용은 용기 있어 보이지만 실상 참다운 용기가 아니다. 그래서 일찍이 공자도 말하기를 맨손으로 호랑이를 때려잡겠다거나 큰 강을 배도 없이 건너겠다고 하는 자와는 더불어 일하지 말라 하였던 것이다. 그것은 어리석은 만용이기 때문이다.

참다운 용기는 정의의 편에 서서 대의(大義)를 위하여 헌신하는 기개다. 그리고 참다운 용기와 더불어 전장에 임할 때만이 임전무퇴의 참 의미가 살아날 수 있는 것이다.

임전무퇴의 기상을 가능하게 하는 용기는 강건한 체력과 인내력을 요구한다.

먼저 강건한 체력에 대해서 생각해 보자.

전장에서 물러서지 않기 위해서는 무엇보다도 필요한 것이 강건한 체력이라는 사실은 지극히 상식적이다. 아무리 정신력이 강하다 할지라도 체력이 뒷받침되지 못한다면 어떻게 불확정적이고 우연성이 강한 전장에서 끝까지 물러서지 않고 버틸 수 있겠는가?

강건한 체력을 구비해야 한다는 것은 군인들에게만 필요한 것이 아니다. 언제 어디서 어떤 일을 하건 간에 그 일을 성공적으로 달성하고자 하는 사람들에게는 절대적으로 필요한 요소다. 가령 열심히 공부해서 완벽한 시험 준비를 했고 충분히 합격할 수 있는 실력을 갖췄다 할지라도, 피로의 누적과 체력 소모로 시험 전날 쓰러져, 정작 시험 당일 병원으로 실려 갔다고 한다면 시험에 합격할 수가 있겠는가? 결코 불가능한 일이다.

따라서 현명한 수험생이라면 평상시 적절한 운동으로 체력을 단련하고 힘을 배분해서, 시험 당일 최고의 컨디션으로, 최대의 실력을 발휘할 수 있도록 준비할 것이다.

한때 미국 프로야구의 메이저리그에서 한국인의 기상과 얼을 떨쳤던 박찬호 선수나, 오늘날 그 뒤를 이어 최고의 활약을 펼치고 있는 류현진 선수가 충분한 훈련과 뛰어난 기량으로 선발 등판했고, 또 무실점으로 호투했다 할지라도, 5회를 견디어내지 못할 만큼 체력이 약하다면 어떻게 승리 투수가 될 수 있다고 장담할 수 있겠는가? 아마도 그들이 일구어낸 승리의 절반도 가져오지 못했을 것이다.

똑같은 논리로 군인이 아무리 훈련을 철저히 하고 확고한 정신력으로 무장했다 하더라도 체력이 약하다면 전장의 고통을 이겨낼 수가 없을 것이다. 적어도 정신력을 뒷받침할 수 있을 만큼은 체력이 있어야만 물러서지 않고 임무를 완수할 수 있는 것이다.

그러므로 임전무퇴의 기상을 간직하기 위해서는 우선적으로 강한 체력 배양에 힘써야 할 것이다. 군인들에게 끊임없는 체력단련을 요구하고, 또 체력단련을 위해 노력할 것을 강조하는 까닭이 바로 여기에 있다. 적당한 운동과 적절한 휴식, 이것은 최상의 체력 상태를 유지하기 위한 필수적인 요소라 하겠다.

그렇지만 또 한편, 아무리 강건한 체력을 갖고 있고 또 건강한 신체를 지니고 있다 할지라도 전장의 고통과 공포를 견뎌낼 수 있는 인내력이 없다면 임전무퇴의 기상은 역시 유지될 수가 없다.

인내력이란 고통이나 괴로움을 참고 견디는 힘을 말한다. 세상을 살아가는 데는 항상 즐거운 일만 있는 것은 아니다. 언제나 고난과 장애가 있기 마련이다. 그런데 고통과 장애가 커서 자신이 본래 하고자 꿈꾸어 왔던 바를 포기하는 경우를 우리는 주변에서 종종 볼 수 있다. 포기한다면 목표를 달성할 수 없고, 따라서 목표달성에서 오는 즐거움도 가질 수가 없다. "인내는 쓰지만 그 열매는 달다"고 했다. 즐거움은 고난과 장애를 극복하고 목표를 달성했을 때만이 얻을 수 있는 것이다.

따라서 목표달성의 즐거움을 얻고자 한다면 아무리 큰 고난과 장애가 있다 할지라도 일을 중도에 포기해서는 안 된다. 인내력은 바로 목표달성을 위하여 고통과 장애를 극복해 내게 하는 힘이다.

정상을 목표로 산을 타는 산악인을 한번 생각해 보자. 등산을 해본 사람은 누구나 경험해 본 일이겠지만 등산 도중에는 종종 너무 고통스럽고, 그래서 중간에 그만두고 싶은 유혹에 빠질 때가 있다. 산에 오를 수 있는 체력은 아직도 충분한데 인내력이 없는 사람은 결국 중도에 그만두고 말 것이다.

산 정상에 오르기를 중도에 포기해 버린 사람은, 산 정상에 오르는 것이 인생에서 성공하는 일도 아닌데 그렇게 애쓸 필요가 뭐 있냐고 말할지도 모른다. 그 사람의 말이 틀린 것은 분명 아닐 것이다.

그렇지만 그 사람은 고통과 장애를 인내력으로 극복하고 마침내 산 정상에 서서 산 아래를 내려다보는 기쁨을 결코 누릴 수가 없다. 고통스러운 등반 과정을 이겨내는 산악인만이 이 기쁨을 누릴 수 있기 때문이다.

군인에게 있어서도 사정은 마찬가지다. 끝까지 인내하고 견디어 온 사람에게만 목표달성의 기쁨이 주어진다.

그렇지만 정상 성복의 의미까지도 산악인과 군인 모두에게 같은 것은 아니다. 등산을 중도에 포기한 사람과는 달리 군인에게 있어서 중도 포기는 바로 죽음을 의미하기 때문이다.

그러므로 군인에게 있어서 정상 정복을 위한 인내력을 갖추는 일은 그의 생존과도 직결되며, 따라서 어떠한 고통과 험난한 장애가 가로막고 있다 할지라도 이를 이겨낼 수 있는 인내력은 군인에게 절대 필요한 요건이라 하겠다.

그렇다면 이와 같은 인내력을 기를 수 있는 방법은 무엇일까?

등산을 취미로 하는 산악인의 경우는 정상 정복에 실패했다 해도 별 문제가 생기지 않는다. 기껏해야 산악인으로서의 자존심이 상하는 정도일 것이다. 그렇지만 전투에서 승리라는 목표를 달성하지 못했을 때 군인에게 돌아오는 것은 패배의 치욕뿐만 아니라 바로 죽음이다.

전투 중인 군인에게 있어서 정상 정복이라는 목표는 승리이고, 중도 포기란 패배이므로 군인에게 중도 하차란 있을 수 없다. 단 하나의 밧줄에 매달려 절벽을 기어오르는 사람에게 중도 포기란 절벽 아래로 떨어진다는 것을 의미하고 그것은 곧 죽음을 뜻한다. 그가 살아남을 수 있는 길은 오직 하나뿐, 밧줄을 놓지 않고 꾸준히 올라 정상에 서는 일이다.

하나뿐인 밧줄에 매달려 있는 모습, 군인의 길이 바로 그렇다. 도중하차는 살기를 포기하는 것과 같다. 몸이 천근만근처럼 무거워도, 아무리 발가락이 찢어지고 물집이 터진다 해도 결코 낙오해서는 안 되는 사막에서의 행군처럼, 벼랑 끝에 서 있는 모습이 전투 중에 있는 군인의 모습이다.

그럴 경우 어떻게 해야 하겠는가? 달리 방법이 없다. 오직 고통을 참고 견디며, 전진하는 일뿐이다. 그렇게 싸우고 또 싸워서 승리했을 때 그는 목표를 달성한 것이고, 또 살아남게 되는 것이다. 그리고 비로소 승리자로서의 기쁨도 만끽할 수 있는 것이다.

이처럼 포기하지 않고 끝까지 목표달성을 위해 노력하는 인내력은 전투상황에서 절대적으로 필요한 요소라고 하겠다.

평상시에 인내력을 키울 수 있는 길은 극기훈련에 있다. 군인들에게 천 리 행군이나 뜀걸음을 지속적으로 하게 하는 까닭이 여기에 있다. 평상시에 더 많은 땀을 흘린 자만이 전투 시에도 승리의 기쁨을 쟁취할 수가 있는 것이다.

뜀걸음을 해본 사람은 누구나 경험해 본 일이겠지만, 처음에는 오랜 시간 동안 뛸 수가 없다. 차라리 죽는 게 낫겠다고 생각할 정도로 중도에서 포기하고 싶은 생각이 간절하다. 기껏해야 5킬로미터도 달리지 못하고 낙오하기도 한다. 그렇지만 뜀걸음 훈련을 지속적으로 하다 보면, 어느새 5킬로미터, 10킬로미터, 20킬로미터도 달릴 수 있게 된다.

수년 전 미국에서 82세의 할머니가 마라톤을 완주한 일이 신문에 보도된 적이 있다. 게다가 그 할머니가 마라톤을 시작한 것은 70세부터였다고 하니 정말 놀랄 만한 일이 아닐 수 없다. 물론 사람에 따라 폐활량에도 차이가 있고 해서 누구나 그 할머니처럼 마라톤을 완주할 수 있다고 말할 수는 없을 것이다. 그렇지만 중요한 것은 지속적인 훈련에 의해서 점점 더 먼 거리를 점차 더 빠른 속도로 달릴 수 있게 된다는 사실이다. 할머니가 인터뷰를 통해 밝혔던 내용이 그와 같았던 것이다.

행군의 경우도 이와 똑같다. 처음에는 얼마 못 가서 발도 부르트고, 물집도 생기고, 심지어 발톱이 빠지기도 하지만, 지속적으로 훈련을 쌓으면 얼마든지 걸을 수 있게 되는 것이다.

바로 지속적인 훈련의 성과라 하겠다. 따라서 인내력을 키울 수 있는 가장 좋은 방법은 끊임없는 훈련이라고 할 것이다.

전장에서 자기 자신의 고통을 극복하고 인내함으로써 목표를 달성할 수 있는 또 하나의 방법은 상대방에 대해서 생각해 보는 일이다. 전투상황 속에서는 우군이건 적군이건 똑같이 힘들고 지치게 된다. 누구에게나 최악의 조건이 아닐 수 없다.

바로 그럴 때, 상대방도 나와 마찬가지로 고통스럽고 힘들 것이라는 생각을 해본다면, 이제 남은 일은 누가 더 버텨내는가 하는 일일 것이다. 바로 인내력의 싸움인 것이다.

의지력이 외부를 향해 발휘되는 힘이 용기라면, 인내력은 의지력이 내부로 향해서 승화되는 힘이다. 인내하는 것, 곧 참는다는 것은 포기하고자 하는 마음, 좌절하고 싶은 생각을 극복하게 하는 정신력이다. 그래서 인내에는 자기 자신의 마음을 통제하는 힘이 필요하다.

가령, 불교에서 수도(修道)하는 방법 중에 용맹정진(勇猛精進)이라는 수도법이 있다. 이 수도법은 낮과 밤을 가리지 않고 계속해서 참선하는 것을 말한다. 참선을 지속함으로써 인내력을 키우는 방법이다.

인내는 또한 극기(克己)의 힘이다. 한자로 참을 인(忍) 자는 칼 도(刀) 자와 마음 심(心) 자가 합쳐진 것이다. 글자 그대로 참는다는 것은 마음을 칼로 찌르는 것과 같다는 것이다. 가슴을 칼로 도려내는 아픔으로 자기 마음을 다스리는 것, 이것이 바로 인내다. 자신을 통제하고 극복하는 것, 그것이 바로 인내의 참 의미인 것이다.

전쟁터에서 인내한다는 것은, 좌절하고 싶고 포기하고 싶은 마음의 유혹을, 칼로 가슴을 도려내는 아픔으로 참으면서 이겨내는 것을 뜻한다. 그렇지만 그 아픔과 고통은 마침내 목표를 달성했을 때 꿀물과 같은 기쁨을 안겨주게 될 것이다.

임전무퇴의 기상이란 전쟁터에서 결코 물러서지 않는 것을 말하고, 물러서지 않는다는 것은 바로 이처럼 칼로 가슴을 도려내는 아픔을 견디어낸다는 것을 뜻하는 것이다.

2. 임전무퇴의 기상을 가능하게 하는 요건들(2): 필승의 신념과 의지력

임전무퇴의 기상을 간직하기 위한 또 하나의 요건은 필승의 신념과 의지력이다.

필승의 신념에 대해서는 '신념' 편에서 상세히 다루었으며, 여기서는 임전무퇴의 기상을 유지하기 위한 필수적인 요소라는 관점에서만 소개하고자 한다.

신념이란 "굳게 믿어 의심하지 않는 마음"으로서 어떤 일을 함에 있어서 그것을 성공적으로 이루어낼 수 있다고 굳게 믿는 자신감이라 하였다. 따라서 신념이 있으면 무엇보다도 그 신념을 행동으로 옮기는 실천력이 커진다. 동시에 성공할 수 있다는 확신이 있기 때문에 실패할 확률도 훨씬 낮아지게 된다.

신념은 또한 적극적인 사고방식의 한 형태라 하였다. 적극적으로 사고한다는 것은 사태를 바라보는 시각이 부정적이지 않고 긍정적인 것을 말한다. 발전과 진보, 또 향상이란, "할 수 없다"가 아니라 "해낼 수 있다"는 긍정적인 사고방식일 때 더 쉽게 도달할 수 있는 것이다. 따라서 뚜렷한 확신을 갖고 초지일관(初志一

208

貫)하는 사람은 불가능한 일도 성사시킬 수 있지만, 확신이 없는 사람은 성취 가능한 일도 실패하고 마는 경우가 많다.

사고방식이 확신에 차고, 적극적이냐 아니면 소극적이냐의 차이는 특히 전장과 같은 불확실하고 우연성이 높은 상황에서는 결정적인 역할을 할 수가 있다. 그런 상황에서는 "할 수 있다"는 신념이 있을 때 죽음과 공포로부터 쉽게 벗어날 수가 있는 것이다.

전장의 상황과는 또 다른 경우지만, 적극적인 사고방식으로 죽음으로부터 벗어날 수 있었던 또 다른 예로서 삼풍백화점 붕괴 당시를 생각해 보자. 더 이상 기억하고 싶지 않은 끔찍한 상황이지만, 삼풍백화점이 무너졌을 때, 매몰된 지하에 갇혀 수십 일 동안 굶주림과 고통과 공포를 물리치고 살아남았던 사람들이 한결같이 했던 말은 "반드시 구조될 수 있다고 생각했다"라는 사실이다. 살아남기만 하면 반드시 구조될 수 있을 것이라는 긍정적이고 적극적인 사고방식이 있었기 때문에 그 사람들은 배고픔과 추위와 무서움을 극복해 살아남을 수 있었고, 또 구조될 수 있었던 것이다.

물론 그 사람들의 경우는 백화점이 붕괴되면서 매몰될 때 다리가 부러지거나 크게 상처를 입어 피를 많이 흘리고 죽었던 사람들과는 다르다고 하겠다. 상처를 크게 입은 경우라면 아무리 긍정적이고 적극적인 생각을 했다 할지라도 체력이 따라가지 못했을 것이기 때문이다. 그러나 분명한 것은 피를 많이 흘렸거나 상처가 큰 경우가 아니었지만 배고픔과 추위와 공포를 이겨내지 못하고 죽은 사람도 적지 않게 있었을 것이라는 사실이다.

동일한 조건임에도 불구하고 어떤 사람들은 살아남아 구조될 수 있었고, 또 어떤 사람들은 살아남지 못했다. 그 차이가 무엇이겠는가? 바로 신념의 차이였다. 살아남을 수 있다는 적극적이고 긍정적인 사고방식이, 그 밖의 다른 어려움들을 극복할 수 있게 한 힘이 된 것이다.

전쟁의 상황도 이와 꼭 마찬가지다. 총을 맞거나 포격으로 크게 상처를 입어 체력이 버텨내지 못하는 경우를 제외한다면, 살아남은 자나 살아남지 못한 자의 조건은 같다. 살아남은 자는 이겨낼 수 있다는 신념이 있는 자였고, 그와 같은 신념이 없는 자는 살아남지 못했던 것이다.

이와 같은 의미에서 보면 신념은 또한 의지력이기도 하다. 이길 수 있다, 해낼 수 있다는 신념은 이기겠다는 의지, 해내겠다는 의지가 없으면 불가능하기 때문이다. 싸워서 기필코 이기겠다는 의지는 이겨야 한다는 굳은 결의와 결합되고, 반드시 이길 수 있다는 확신으로 발전한다. 바로 이 확신, 싸움에서 반드시 이길 수 있다는 이 신념이 필승의 신념이고, 이 신념이 없으면, 임전무퇴의 기상도 물거품에 지나지 않는 것이다.

제 2 장 위대한 무퇴의 사례들

1. 이바니셰비치
"두 번 다시 이런 기회는 없다."

테니스의 기원을 말할 때 최초의 테니스는 중세 때 프랑스의 귀족들이 즐겼던 죄 드 폼(jeu de paume)이라고 한다. 그것은 손바닥으로 공을 쳐서 상대 쪽으로 넘겨 승부를 가리는 게임이었는데, 이 경기가 14세기 무렵 영국으로 건너가 오늘날과 같은 테니스 게임이 되었기 때문이다.

테니스 게임을 '테니스'라고 부르게 된 것도 어원상으로 보면 '때리다, 치다'의 의미를 지닌 '테네츠(tenetz)'에서 유래됐다는 것으로 미루어, 테니스의 기원은 프랑스에서 왔다는 학설이 가장 유력한 것으로 보인다.

하지만 테니스가 오늘날과 같은 체계적인 게임이 되고 세계적으로 성행하는 스포츠가 된 데는 영국 군인이었던 월터 클롭턴

윙필드의 힘이 크다고 하겠다. 그는 테니스를 체계화한 다음 그리스어로 '놀이'라는 뜻을 지닌 '스파이리스틱'이란 이름으로 특허를 냈고, 이 운동을 기초로 해서 그로부터 4년 후인 1877년 윔블던 대회가 창설되었기 때문이다.

그 윔블던 대회에서 혼신의 힘을 다해 승리를 따낸 한 선수가 있다. 크로아티아 출신의 고란 이바니셰비치가 그다.

10여 년 전인 2001년, 윔블던 테니스 대회 결승전에서 이바니셰비치와 오스트레일리아의 패트릭 래프터가 만났다. 그 경기를 지켜봤던 모든 사람들이 이구동성으로 말했듯이, 그것은 테니스 역사상 정말로 보기 드문 명승부였고, 그날 테니스장을 찾았던 관중들은 테니스 최고의 맛을 만끽했다고 하였다. 풀세트 접전, 아마 소설로 쓴다 해도 그토록 긴박감 넘치는 드라마는 만들기 어려웠을 것이다.

첫 세트는 6 : 3으로 고란 이바니셰비치가 따냈다. 하지만 그는 두 번째 세트에서 똑같은 스코어인 3 : 6으로 패트릭 래프터에게 게임을 내줬고, 세 번째, 네 번째 세트에서도 두 선수는 한 게임씩 주고받아 세트 스코어 2 : 2가 됐다. 이제 마지막 한 세트만 남겨놓은 상황이었다.

당시 이바니셰비치는 나이 서른이었고 세계 랭킹 125위였다. 그도 한때는 세계 랭킹 2위까지 올랐던 최상급 선수였다. 하지만 어깨 부상을 당해 랭킹이 추락하면서 점차 팬들의 기억에서 멀어져갔고, 이제는 테니스계의 '퇴물'로 취급되고 있었다. 그런 그가 와일드카드로 출전권을 따내 마침내 결승까지 오게 된 것이었다. 마지막 세트를 앞두고 그는 잠시 숨을 고르며 생각했다.

사실 그가 윔블던 결승에 오른 것은 이번이 처음은 아니었다.

이미, 1992년과 1994년, 그리고 3년 전이었던 1998년까지 무려 세 차례나 윔블던 결승에 오른 전력이 있었던 것이다. 하지만 앞의 두 결승전은 각각 안드레 애거시, 피트 샘프라스와 풀세트 접전까지 갔지만 마지막 세트에서 패했고, 3년 전 결승에서는 다시 샘프라스에게 3 : 0 스트레이트로 참혹하게 패배한 경험이 있었던 것이다. 그에게 매달린 꼬리표는 비운의 준우승자였다. 그리고 이제 그 네 번째 결승에서 풀세트 접전, 마지막 세트만을 남기고 있는 상황이었던 것이다.

더욱이 이번에는 추락한 테니스계의 퇴물로서 참가조차 불투명했지만 13전(顚) 14기(起)의 신화를 남기며 와일드카드로 출전하게 됐고, 이제 대망의 한 세트만 남겨둔 상태인 것이다. 이 고비만 넘기면 그토록 갈망하던 우승인 것이다.

그렇게 생각이 미치자 걷잡을 수 없이 온몸이 떨려왔다. 하지만 그는 자신을 다독이며 숨을 고른 뒤, 전장에 임하는 군인과 같이 임전무퇴의 정신을 떠올렸다. 두 번 다시 자신에게 이런 기회는 주어지지 않을 것이다. 여기서 패하면 윔블던 결승에서 네 차례나 패배한 불운의 선수라는 뗄 수 없는 꼬리표와 함께 서서히 사람들의 기억에서 사라질 것이다. 윔블던 결승의 꿈은 두 번다시 없다. 임전무퇴, 그는 그곳에서 쓰러져 죽을 각오를 했다. 더 이상 물러설 곳이 없다고 생각했다. 그는 혼신의 힘을 다했고, 그 정신은 서른의 나이에 상상도 못할 괴력을 발휘하게 했다.

피 말리는 승부 속에 스코어는 7 : 7, 그 극적인 상황에서 그의 서브는 시속 200킬로미터를 넘었고 그렇게 승부는 끝이 났다. 마지막 세트 스코어 9 : 7, 마침내 그가 우승한 것이다. 더 이상 물러설 곳이 없었던 배수진, 그 상황에서 다졌던 임전무퇴의 정

신이 그를 우승으로 이끌었던 것이다. 테니스 역사상 최고의 명
승부에서 승리한 선수, 고란 이바니셰비치라는 명예와 함께.

2. 구리바야시 다다미치
"내 시신을 적에게 넘기지 말라."

구리바야시 다다미치 장군은 일본 육군의 전형적인 야전 지휘
관이었다. 그는 제2차 세계대전이 일본군에게 점차 불리해 갈 무
렵인 1944년 5월, 새로 편성된 109 사단장으로 임명되어 이오지
마(유황도)의 수비를 담당하게 되었다.

유황도는 당시 전황으로 보아 수세에 몰린 일본군이 다시 재
정비할 시간을 벌기 위해서는 반드시 사수(死守)해야 하는 전략
적 요충지였다. 반면에 미군은 일본 본토 공격을 위해서는 공습
이 필요하였고, 유황도는 일본 본토에서 가깝고 또한 대부분이
평지인 까닭에 비행장으로서 최적의 장소였다. 일본군으로서는
절대 사수해야 할 지역이었지만, 미군으로서도 결코 놓칠 수 없
는 전략지대가 유황도였던 것이다.

유황도의 수비를 맡은 구리바야시 장군은 이 섬의 철저한 방
어를 위한 토치카를 어떻게 구축할 것인지를 결정하기 위해 순찰
을 돌았고, 그 결과 섬을 일주할 수 있는 지하도를 만든 다음 곳
곳에 철근 콘크리트 토치카를 만들고자 했다. 하지만 유황도는
곳곳에서 가스가 분출됐고, 지열이 높아 지하 10미터만 내려가도
섭씨 40도에 달할 만큼 뜨거워 신발 밑창이 녹아내릴 정도였다.
그래서 병사들은 작업에 임할 때 윗옷을 벗어버리고 때로는 방독

면을 착용하기도 해야 했다. 그런 상태의 작업이라 할지라도 작업 시간은 고작해야 한 번에 5분 정도밖에 지속되지 않았고, 그렇게 반나절 정도 일하고 나면 아무리 강한 병사라도 심한 두통으로 시달려야 했다.

병사들의 작업 사정이 이쯤 되니 장군은 스스로 솔선수범할 수밖에 없었다. 그는 매일 아침마다 섬을 순찰하면서 진지 구축과 지하갱도 작업 현황을 체크했고, 게다가 선투훈련 상황까지 확인하고 감독했다. 동시에 부하 장병들의 건강과 사기 문제까지도 세심한 배려를 아끼지 않았다.

유황도의 방어가 일본군에게는 최후의 보루라는 사실을 알고 지휘관이 이처럼 몸을 아끼지 않고 솔선수범의 자세로 진지 구축 작업에 임하자, 휘하 장병들은 그렇게 힘들고 어려운 작업임에도 불구하고 장군에 대한 신뢰로 말미암아 최선의 노력을 다했다. 그 결과 유황도에는 일본군을 위한 어마어마한 진지가 형성되어 가고 있었다.

하지만 애초의 계획처럼 섬을 빙 둘러가며 진지를 구축하고자 했던 공사가 다 마무리되기도 전이었던 1945년 2월 29일, 미군은 유황도에 대대적인 공격을 감행했다. 채 완성되지 못한 진지는 미군의 공격에 의해 무참하게 파괴됐고, 일본군은 속수무책으로 당할 수밖에 없었다.

그런 와중에서도 구리바야시 장군은 최후의 1인까지 싸워 유황도를 방어할 것을 독려했고, 일본군 장병들은 장군의 뜻을 따라 끝까지 싸웠다. 그가 마지막으로 일본 본영에 보낸 전문은 다음과 같았다.

"전황은 최후의 문턱에 직면했음… 이제는 탄환도 떨어지고 물마저 메말랐음. 전원 반격하여 최후의 전투를 단행할 수밖에 없음… 황국의 필승과 안녕을 빌며 영원한 결별을 고함…"

죽음을 각오하고 유황도를 지키겠다는 장군의 마지막 다짐이었던 것이다.

하지만 미군과의 최후 전투에서 구리바야시 장군은 큰 부상을 입었고 출혈이 너무 커 죽음이 임박해졌다. 상황이 최악으로 치달아 호흡이 곤란할 정도에 이르자 장군은 측근 참모인 나카네 중좌를 불러 어떤 경우에도 자신의 시체를 적군에게 넘겨주지 말 것을 유언하였다. 그러고는 나카네로 하여금 자신을 향해 방아쇠를 당길 것을 요청했다. 죽음의 순간까지도 의연하게 최후를 마치고자 했던 것이다.

나카네 중좌는 눈물을 머금고 방아쇠를 당겼고, 장군의 최후를 지켜봤던 부하 장병들은 최후의 1인까지 미군과 전투를 벌였다. 마침내 2만여 명에 달했던 일본군은 유황도 방어의 임무를 완수하기 위해 싸우다가 모두 전사하고 말았다. 그야말로 임무 완수를 위한 옥사(獄死)였던 것이다.

구리바야시 장군의 엄격하면서도 자애로운 부하 사랑과, 유황도를 지켜내겠다는 임전무퇴의 기상이 부하 장병들에게도 그대로 전달되어 2만여 명의 장병 모두가 끝까지 싸워 장렬한 최후를 맞았고, 그 싸움에서도 살아남았던 군인들은 항복하기를 거부한 채 스스로 목숨을 끊어 구리바야시 장군의 뒤를 따랐다. 2만여 일본군의 죽음이 일구어낸 유황도의 옥사는 지휘관과 부대원의 임전무퇴 정신이 가져온 처연한 신화라고 하겠다.

2만여 명의 일본군이 거의 모두 옥사했던 이 전투에서, 미군도 전사자가 7천여 명에 달했고 부상자만도 2만 명이 넘어 태평양 전쟁에서 미군 측의 손해가 이처럼 큰 전투는 없었다.

3. 서진규
"삶이 이곳보다 더 못하다면 치리리 죽겠소."

서진규라고 하면 아직도 아는 이가 드물다. 하지만 가발공장 직원으로부터 시작해서 미 육군 소령으로 예편하고 하버드 대학에서 박사학위를 취득한 여성이라고 하면 모르는 사람이 별로 없을 것이다. 방송을 통해 그녀의 파란만장했던 삶이 방영되기도 했고, 그녀의 책 『나는 희망의 증거가 되고 싶다』가 발간되어 많은 사람들에게 읽혔기 때문이다.

경상남도의 조그만 어촌에서 태어나 어렵게 고등학교를 졸업하고 가발공장과 골프장 식당 등을 전전하며 일하면서 나름대로의 꿈을 이루어보고자 했던 서진규. 하지만 그녀는 우리나라 여성들의 불평등한 삶의 구조와, 뛰어넘을 수 없는 남녀차별의 벽을 한탄하고는 마침내 미국행을 결심한다. 가난한 집안의 딸이었고 대학교육도 받지 못했던 그녀로서, 한국에서는 여자로서 더 이상 성공적인 삶의 희망을 갖지 못했기 때문이었다.

단돈 100달러를 손에 쥐고 비행기에 오르면서 그녀가 품었던 각오는 오직 하나뿐이었다. 돌아올 곳이 없다는 것, 물러설 곳이 없다는 것, 바로 무퇴의 정신이었다. 그녀가 미국에서 시작하게 될 일은 식모살이였지만 그녀는 그것이 한국에서의 삶보다는 나을 것이라고 기대했고, 비록 아는 이 하나 없는 미지의 땅이지만 뜻대로 이뤄지지 않는다면 스스로 죽음을 택하겠다는 배수의 진(背水陣)이었던 것이다.

그렇게 죽음을 각오하고 뛰어들었던 미국 생활이었던 까닭에 그녀는 허드렛일도 마다하지 않았고, 식당 종업원을 하면서 조금씩 돈을 모으기 시작했다. 그리고 어느 정도 미국 생활에 적응해 가자 한국에서 이루지 못했던 평생의 꿈인 대학공부를 비록 야간 대학이었지만 시작한다. 그녀의 삶에 조금씩 희망이 깃들기 시작한 것이다. 그때부터 그녀는 삶에 대한 희망을 가졌고 또 노력한 만큼 성과를 거두기도 했다. 남녀차별의 벽을 넘고 한국에서는 불가능했을 여성으로서의 성공에 대한 기대감과 자신감도 갖게 되었다.

하지만 운명은 또다시 그녀에게 시련을 던졌다. 외로운 미국 생활에서 사랑하게 된 한국 남자와 신방을 차리고 아이까지 낳았지만, 가부장적 성격과 툭하면 두들겨 패는 남편의 폭력성 앞에 여자로서 사회적 성공을 이루고자 했던 그녀의 꿈은 또다시 좌절될 수밖에 없었다.

그녀는 새로운 돌파구를 찾아야 했다. 남편의 습관적인 폭력을 견디다 못한 그녀는 남편이 결코 쫓아올 수 없는 또 다른 길, 곧 군인의 길로 가고자 했다. 그때가 스물여덟 살, 결코 적은 나이가 아니었지만 그녀는 또 한 번 물러설 수 없는 자신의 처지를 생각하고, 미국에 맨 처음 발을 디뎠을 때의 각오를 되새겼다. 어느 곳으로 도망을 치건 계속해서 쫓아왔던 남편의 폭력으로부터 벗어날 수 있는 유일한 길은 오직 군인이 되는 것밖에 없다고 생각한 것이다. 그리고 더 이상 물러설 곳이 없다는 절박감에서 선택한 새로운 길은 그녀에게 또 한 번 희망의 길을 열어주었다.

일병에서 부사관으로, 그리고 장교로 진급해 가면서 매번 죽을 각오로 덤볐던 그녀였기에, 서진규는 모든 일에서 항상 최고의 성적을 냈고 가장 유능한 장교라는 평가를 받았다. 그리고 마침내 소령 계급까지 진급할 수 있었다. 남녀차별의 벽이 거의 없었던 미군 생활에서 그녀의 잠재력은 빛을 발했고 비로소 성공이라는 목표에 한층 다가갈 수 있게 되었던 것이다.

그녀가 소령 계급에서 선택했던 더 높은 배움의 길은 하버드 대학 석사과정 위탁교육이었고, 세계 최고의 권위를 자랑하는 하버드에서 석사학위를 마치면서 그녀는 다시 박사과정에 도전했다. 결과는 합격의 영광이었다.

하지만 이 영광으로 말미암아 서진규는 삶에서 또 한 번 중대한 선택에 직면하게 되는데, 그것은 중령 진급이냐, 아니면 하버드 박사학위를 위한 학문의 길이냐 하는 선택의 기로였다. 중령 진급을 눈앞에 둔 그녀로서, 군대로 복귀하면 당연히 진급하게 되고 이후 군에서의 더 큰 성공을 기약할 수 있지만, 모처럼 학문의 길에 들어섰고 또 배움의 즐거움을 알게 된 그녀는 세계 최고의 대학인 하버드에서 박사학위를 받는 것도 큰 영광이요 성공일 것이라는 생각이 들었기 때문이다. 하지만 군이냐 학문이냐에서 그녀가 선택할 수 있는 길은 하나밖에 없었다.

많은 고민 끝에 서진규는 그동안 최선을 다해 왔고 또 자랑스럽게 이끌어왔던 군인의 길을 접었다. 하버드에서 박사학위를 받고 교수로서의 길을 걷고자 하는 또 다른 도전의식이 그녀의 삶을 새롭게 지배한 것이다. 그때가 1996년, 그녀는 미 육군 소령으로서 예편하였다. 그리고 지난 2006년, 서진규는 마침내 하버드 대학에서 자랑스러운 박사학위를 취득하였다. 그녀의 나이 59세 때의 일이었다.

마흔둘의 나이에 소령 계급으로 하버드에서 수학하기 시작한 이후 17년의 세월이 흘렀고, 그 긴 세월 동안 그녀의 표현처럼 "돌아갈 곳이 없는" 그래서 "늘 죽기를 각오하고" 도전했던 새로운 학문의 세계에서 서진규는 마침내 자신의 꿈을 이루었던 것이다.

가발공장 여공에서 세계 최고 명문대학인 하버드 박사까지, 그녀의 삶은 도전으로 점철됐지만 그때마다 그녀는 죽기를 각오함으로써 그 모든 어려움을 극복할 수 있었다. 아는 이 하나 없는 낯선 미국 생활, 꿈에도 생각해 본 적이 없었던 군인의 길, 그리고 새로운 학문의 길에서 마침내 하버드 박사학위 취득까지, 이 모든 것들을 이뤄내게 했던 것은 단 하나의 정신, 한국을 떠날 때 서진규가 품었던, 죽기를 각오한 무퇴의 정신, 그것 이외의 어떤 것도 아니었던 것이다.

4. 셈춰리
"이것이 내 생애의 마지막 세계대회다."

어떤 경기건 승패의 결과는 대부분 피나는 훈련 결과와 일치한다고 할 수 있다. 물론 타고난 체력도 선수마다 차이가 있을 수 있고, 그날의 컨디션과 행운이라는 변수가 작용하기는 하지만, 올림픽에서 특히 육상경기와 같은 기록경기는 이변이 없는 한 이미 각종 대회의 기록으로써 명성을 떨치고 있던 선수가 우승하는 것이 일반적이라고 하겠다. 가령, 제시 오웬스가 뮌헨 올림픽 육상 4종목에서 우승한 경우나, 칼 루이스가 서울 올림픽에서 3관왕을 차지한 것, 그리고 베이징과 런던 올림픽에서 각각 3관왕에 올랐던 총알탄 사나이 우사인 볼트 등의 기록은 이미 그들의 과거 기록에 의거해 어느 정도 예견된 결과라고 하겠다.

하지만 이처럼 과거 기록에 의해 어느 정도 예견된 경기 결과라 할지라도, 이것은 끊임없는 노력이 뒤따르지 않는다면 우승을 장담할 수가 없고, 또한 경기 당일의 컨디션이나 또는 예기치 못한 일로 인한 불운이 닥칠 수도 있어서 실제 경기의 우승 향방은 쉽게 점칠 수 없는 게 사실이기도 하다.

바로 이런 부분이 올림픽의 매력이기도 하고, 이 부분이 없다면 경기 자체가 흥미롭지 못할 수도 있다고 하겠다. 금메달이 절대적으로 유력시되던 육상선수가 골인 지점 바로 앞에서 넘어지기도 하고, 다리 근육 경련으로 결승 테이프를 끊지 못하는 경우도 흔하지는 않지만 있는 일이고, 또한 육상 계주에서는 선두를 유지하던 팀이 바통을 놓쳐 메달권 밖으로 밀려나는 경우도 가끔씩 볼 수 있다. 그런 점에서 올림픽 경기는 평상시의 피나는 노력과 최상의 컨디션 유지, 그리고 무엇보다도 승리하고 말겠다는 굳은 각오와 정신력이 중요하다고 하겠다.

올림픽 경기 종목 가운데서도 이른바 철인 경기라고 불리는 10종 경기는 그야말로 체력과 인내력, 그리고 정신력의 싸움이라고 해도 과언이 아니다.

하지만 이 경기 역시 결국 기록경기인 까닭에 모든 조건이 동일하다면 과거 기록이 최고였던 선수에게 금메달이 돌아가는 게 당연할 것이다. 그러나 올림픽 경기 중에서 10종 경기만큼 경기 결과를 예측하기 힘든 경기도 없다. 종목 자체가 다양할 뿐만 아니라 오랜 시간 동안 누가 끝까지 좋은 컨디션을 유지하느냐가 중요하고, 무엇보다도 이 경기만큼 정신력이 요구되는 경기도 드물 것이기 때문이다.

1932년 로스앤젤레스 올림픽 10종 경기 종목에서 은메달을 차지했던 셈췌리 선수는, 최선을 다했지만 우승은 놓치고 준우승에 머물고 말았다. 그는 그것이 자신의 한계라고 생각했고 그래서 올림픽이 끝난 후 현역에서 은퇴하고 말았다.

은퇴 후 그는 평범한 직장인으로 변신했지만 현역 시절부터 자전거 타기에 익숙해져 있었던 까닭에 자동차 대신 매일매일 자전거를 타고 출퇴근을 했다.

그렇게 12년의 세월이 흐른 어느 날, 1944년 헬싱키 올림픽에 참가했던 현역 선수들과 과거 유명 선수들을 함께 초청해 개최하는 세계대회에 그도 참가할 기회를 갖게 됐다. 12년 동안이나 경기에 출전해 본 적이 없었던 그였지만 그는 그 대회에서 꼭 우승하고 싶었다. 그것은 어쩌면 과거 12년 동안이나 꾸준히 25킬로미터나 되는 거리를 자전거를 타고서 출퇴근을 했던 자신의 체력에 대한 자신감도 있었지만, 현역 선수들에 결코 뒤지지 않겠다는 일종의 오기도 작용했다.

대회에 출전하면서 그는 임전무퇴의 기상을 생각했다. 그 대회는 생애에 가질 수 있는 마지막 경기였고 세계대회 우승 기회는 그때뿐이라는 생각이 들었던 것이다.

더 이상의 기회는 없다는 생각은 그에게 젖 먹던 힘까지 짜내게 했고, 그 결과 그는 그 대회에서 현역 선수들을 물리치고 마침내 감격의 우승을 차지했다.

222

많은 사람들이 말하듯 그것은 그의 정신력의 승리였다. 은퇴한 지 12년이나 지나서 세계대회에서 쟁쟁한 현역 선수들을 물리치고 우승했다는 것은 정신력 이외에 달리 설명할 방법이 없을 것이기 때문이다.

5. 한신의 배수진
"내게 후퇴란 강물로 뛰어드는 일이다."

영웅들이 할거하던 중국 춘추전국시대에 한(漢)의 유방을 도와 유방으로 하여금 초왕(楚王) 항우를 물리치고 천하통일의 위업을 이루게 했던 인물, 한신 장군에 대해서는 많이 알려져 있다. 무엇보다도 젊은 시절, 훗날의 꿈을 이루기 위해 남아로서의 굴욕감도 버린 채, 시장 잡배들의 가랑이 사이를 기어가기까지 했던 고사는 너무나 유명하다.

하지만 한신을 최고의 장수로 우뚝 서게 했던 '배수진(背水陣)'에 얽힌 일화는 그리 많이 알려져 있지 않다. 더욱이 오늘날 많은 병서(兵書)에 등장하는 이 용어가 사실은 한신 장군의 병법에서 비롯된 것이란 사실을 아는 이들은 별로 많지 않다.

배수진이란 글자 그대로 등 쪽에 물을 두는 포진법, 즉 부대의 후위에 강을 등지고 진을 쳐 적과 대처한다는 병법을 말한다. 하지만 이 병법은 한신이 직접 활용해 큰 성과를 거두기 전에는 병법으로 인정하지 않았을 뿐만 아니라 어리석은 것으로 여겨졌다. 전투를 하다 보면 아군이 강할 때도 있지만 적군이 강할 때도 있기 때문에 여차하면 훗날을 도모해서 후퇴를 해 부대 병력의 손실을 적게 하는 것이 현명한 병법이라고만 생각했을 뿐, 후방에 강을 끼고 싸운다는 것은 훗날을 도모할 수 있는 길을 없애버리는 것으로서 당시로서는 그것이 훌륭한 전법임을 상상도 못했던 것이다.

실제로 한신 장군이 이끈 기병이 강을 후방에 두고 진을 쳤을 때, 상대국이었던 조나라 장수는 한신을 두고 병법도 제대로 모르는 어리석은 자라고 비웃었다.

한신이 하북성 근처에 있는 정경구 지역에서 조나라 군을 맞아 싸울 때, 그는 기병을 포함한 전 병력을 강물을 뒤에 두고 포진시켰다. 그 까닭은 조나라 군이 한신에 비해 월등히 많은 수효였기 때문이었다. 이를 본 조나라 장수는 한신의 전략을 병법에도 없는 것이라 여겨 일시에 대군을 투입해 섬멸하고자 했다.

하지만 등에 강물을 두고 싸우는 한신의 군대에게 후퇴란 있을 수가 없었다. 후퇴란 그대로 강물로 뛰어들어 죽음을 맞이하게 되는 것이었기에 그들은 죽기를 각오하고 싸울 수밖에 없었던 것이다. 싸우다 죽어도 죽는 것이요, 후퇴해도 죽는 것이기 때문에, 오직 사는 길은 일당백(一當百)의 정신으로 싸우는 것뿐이었던 것이다.

바로 이것, 물러설 곳이 없는 휘하 장병들로 하여금 죽기를 각오하고 싸우게 했던 힘, 그것은 임전무퇴의 정신이었다. 부하 장병들로 하여금 임전무퇴의 기상을 불러일으키도록 한 것, 이것이 한신의 전략이었고, 그 전략은 소수의 한나라 군에게 엄청난 힘을 발휘하게 했던 것이다. 죽기를 각오한 그들 앞에서는 조나라의 대군도 힘을 쓰지 못했고, 한신이 이끄는 한나라 군은 이 싸움에서 대승리를 거두었다. 후퇴하는 조나라 군을 뒤쫓아 추격해 갔을 때, 한신의 병법을 비웃던 조나라 장수는 말을 타고 도망치다가 떨어져 죽고 말았다. 적을 우습게 여기고 덤비는 장수는 반드시 패하고 만다는 경적필패(輕敵必敗)의 실제 예를 남기게 된 셈이다.

강을 등지고 싸울 때 그 군대는 죽을힘을 다해 싸우게 되고 그래서 종종 병력의 수효에 있어서 훨씬 적은 군대가 병력과 장비가 월등한 대군도 이겨낼 수 있게 된다는 이 전략에서, 배수진은 이후로도 종종 훌륭한 병법으로 인정되고 활용되어 왔다. 배수의 진, 그것은 그대로 임전무퇴의 정신과 직결된다고 하겠다.

6. 한왕의 신하
"살고자 하는 욕심을 버렸소이다."

고대 중국의 한왕(漢王)에게는 총애하던 신하가 둘 있었다. 그런데 이 두 신하가 왕의 명령을 어기는 큰 실수를 저지르고 말았다. 다른 대신들은 왕의 권위를 생각해 그들을 본보기로 처형할 것을 강력하게 주장했다. 하지만 왕은 두 사람 모두 총애했기 때문에 차마 그들을 자신의 손으로 죽일 수가 없었다.

대신들의 열화 같은 성화에, 왕은 무엇인가 벌을 주긴 줘야 할 것 같아 곰곰이 생각한 끝에 하나의 방법을 찾아냈다. 그는 대신들에게 이렇게 말했다.

"경들은 들으시오. 이 두 사람은 죽어 마땅한 실수를 저질렀소. 이들을 극형에 처해야 할 것이나, 나는 덕으로써 이들에게 단 한

번의 기회를 더 주고자 하오. 두 언덕 사이에 팽팽한 밧줄을 매고 그 위를 건너 살아나온다면 그들의 죄를 사면하겠소. 경들은 어찌 생각하오?"

두 신하는 아무도 줄타기를 해본 적이 없었기에 체념할 수밖에 없었지만 대신들은 왕의 제안을 받아들였다. 그들은 결국 줄에서 떨어져 죽을 것이 분명하다고 생각됐기 때문이었다.

마침내 그날이 다가왔다. 이미 죽음을 각오한 두 신하였지만 그래도 실낱같은 희망은 남겨져 있었다. 나라의 온 백성들이 이 진기한 구경거리를 보기 위해 양 언덕을 가득 메웠다.

첫 번째 신하가 줄 위에 섰다. 그는 자신의 운명을 받아들였지만 살아날 수 있다는 신념을 굳게 지녔다. 그는 전쟁터에서 공을 세웠던 장수답게 임전무퇴의 정신을 생각했다. 전쟁에 임해서 살아날 수 있는 길이 있다면 그것은 죽기를 각오하고 싸우는 것, 그것뿐이었다. 지금 그에게 주어진 상황은 죽기를 각오하고 싸워야 하는 것이며, 싸워서 이길 수 있는 길은 오직 평상심으로 몸의 평형을 유지하는 것뿐이었다.

그는 줄에 올라섰다. 그는 눈을 떴지만 두려워하지 않았고 결코 발아래를 바라보지 않았다. 이미 죽기를 각오했지만 낭떠러지를 보면 살고자 하는 욕구가 솟구쳐 그의 평상심을 잃게 할 수가 있기 때문이었다. 전문 광대라 할지라도 결코 쉽지 않을 그 일을 위해 그는 장대를 잡은 양손을 펼치고 몸의 균형을 유지한 채 무심의 마음으로 한 걸음 한 걸음 옮겼다. 바람이 불면 바람을 맞아 그 방향으로 몸을 유지해 갔다. 그런 정신으로 밧줄 위를 걸었던 그는 놀랍게도 끝까지 그렇게 걸었고, 마침내 맞은편 언덕에 도달할 수가 있었다. 필승의 신념과 임전무퇴의 정신이 이룬 기적이었다.

그가 맞은편 언덕까지 무사히 도달하자 사람들은 환호성을 올렸고 그 환호성을 들은 나머지 신하가 떨리는 목소리로 그에게 외쳤다.

"이보시게, 대체 어떻게 ㄱ 일을 성공할 수 있었소. 요령을 좀 가르쳐주시오."

먼저 건너온 신하가 이렇게 말했다.

"사실은 나도 잘 모릅니다. 다만 나는 두 가지만 생각했습니다. 하나는 지금까지 내가 살아온 방식대로 걸어가자는 것이었습니다. 지금까지 나는 늘 균형을 유지하는 삶을 살고자 노력했기 때문입니다. 둘째는 임전무퇴의 정신으로 살고자 하는 마음을 버렸습니다. 살고자 하면 죽을 것이요 죽고자 하면 살 것이라는 마음으로 삶에 대한 욕심을 버렸던 것입니다."

두 번째 신하는 잘 알겠노라고 말했지만 두 발짝도 못 가서 절벽 아래로 떨어져 죽고 말았다. 그가 먼저 건너온 신하에게 그 요령을 물었을 때부터 그는 삶에 대한 애착을 버릴 수가 없었던 것이다. 또한, 방법을 가르쳐줬지만 그것이 그의 삶에 대한 미련을 떨치게까지 하지는 못했던 것이다.

그렇다. 죽고자 하는 마음으로 전장에 임하면 반드시 살 것이고, 살고자 하는 마음이면 죽고 말 것이라는 정신. 첫 번째 신하를 살린 것이 그 정신이고, 그것은 바로 임전무퇴의 정신에 다름 아니라 하겠다.

7. 제리 켈리
"나는 결코 새가슴이 아니다."

나이 36세, 1996년 미 PGA 무대에 입문, 그동안 200번의 대회에 참가한 경력의 골프선수라면 적어도 한 번쯤은 우승자 명단에 들어야 하지 않을까?

불운의 선수 제리 켈리, 그는 지난 6년 동안 단 한 번도 우승한 적이 없는 PGA 선수였다. 수차례 우승의 기회가 있었지만 매번 마지막 라운드에서 발목을 잡혀 우승을 내줬던 새가슴의 선수, 그런 그에게 또 한 번의 기회가 온 것이다. 2003년 소니 오픈이 그것이었다.

마지막 라운드, 마지막 홀, 홀컵에서 50센티미터 떨어진 볼을 홀컵에 넣은 그는 감격의 눈물을 흘렸다. 그 얼마나 기다렸던 순간이었던가? 200번째의 도전 끝에, 그것도 우승 문턱 바로 앞에서 세 번씩이나 역전패했던 쓰라린 징크스를 깨고서 마침내 새 신화를 창조한 것이었다.

1996년에 데뷔한 그는 빼어난 실력을 발휘했지만 우승과는 거리가 먼 선수였다. 하지만 그에게도 세 차례의 우승 기회가 있었다.

1999년 그레이터 밀워키 오픈에서 선두를 달리던 그는 마지막 날 이븐파를 쳤고, 그날 4언더파를 몰아친 카를로스 프랑코에게 우승을 내줬다. 하지만 처음으로 결승에 오른 셈이어서 아쉽긴 했지만 그렇게 마음 상해하진 않았다.

두 번째 우승 문턱은 2001년 3월 가장 상금이 많은 대회인 플레이어스 챔피언십이었다. 그 대회에서 그는 두 타나 앞선 채 마지막 라운드에 들어섰지만 타이거 우즈에게 우승컵을 넘겨줘야 했다.

하지만 이 대회도 상대가 세계 랭킹 1위인 타이거 우즈였기에 크게 맘 아파하지는 않았다. 많은 사람들도 그가 타이거 우즈를 이겨낼 것을 기대하지는 않았기 때문이다.

하지만 2002년 8월에 있었던 리노 타호 오픈에서는 정말 어처구니가 없었다. 마지막 날 15번 홀까지 선두를 달리던 그는 16번 홀에서 통한의 트리플 보기를 범해 결국 존 쿡에게 우승컵을 넘겨줘야 했다. 존 쿡 역시 우수한 선수임에는 틀림없지만 그가 타이거 우즈는 아니기 때문에 그날 그는 몹시도 자존심이 상했다. 자신은 정말 우승할 수 없는 새가슴 선수라는 자괴감이 일었다.

그리고 1년 후 2003년, 하와이 와이알라이 골프장에서 벌어졌던 소니 오픈 마지막 날 경기. 그는 비장한 각오로 대회에 임했다. 선두였던 그는 이날도 만약 역전패 당한다면 두 번 다시 PGA에서 우승할 수 없다고 생각했다. 자괴감을 극복하고 자신감을 회복할 자신도 없었고, 우승에 대한 나쁜 징크스가 계속 따라다닐 것이기 때문이었다.

켈리는 마지막 라운드에 들어서면서 마음을 다졌다. 그는 자신을 전투에 임하는 군인이라고 생각했다. 패하면 살아남을 수 없는 생사를 건 전투라고 생각했다. 그래서 임전무퇴의 정신을 떠올렸다. 더 이상 물러설 곳도 없고 자신의 강인함을 시험할 마지막 무대라고 생각했다.

그는 한 샷 한 샷 최선을 다했고 혼신의 힘을 불어넣어 경기에 임했다. 드디어 두 홀, 그때까지 그는 지난해 그의 자존심에 심한 상처를 안겨줬던 존 쿡에 한 타 앞서 있었다. 그리고 17번 홀, 마(魔)의 징크스가 또 찾아왔다. 그만 보기를 범해 존 쿡과 동타가 되고 만 것이다. 하지만 그는 동요하지 않았다. 왜냐하면 그 경기는 그에게 마지막 무대이기 때문이었다.

18번 홀 파 5에서 그는 투 온에 성공했고 12미터 거리의 퍼팅을 두 번 만에 넣어 버디를 잡았다. 우승 문턱에서 번번이 고배를 들었던 그의 징크스가 깨지는 순간이었고, 동시에 지난해 그를 울렸던 존 쿡에게 설욕하는 순간이기도 했다.

8. 한니발 장군
"검투에서 패한 검투사는 죽여라."

한니발은 오늘날 튀니지 지역의 도시국가였던 카르타고의 장군으로서 명성을 날렸던 신화의 주역 가운데 하나다. 그가 특히 오늘날까지도 위대한 장군으로 역사 속에 남아 있는 까닭은 당시 휘하 장병들이 대부분 돈을 위해 싸우는 용병들이었음에도 불구하고 그들을 설득하고 이끌어 위대한 승리를 쟁취했다는 사실에 있다.

한니발은 12세의 나이에 아버지 하미칼 장군을 따라 당시 카르타고의 속국이었던 스페인으로 이주했다. 그의 아버지 하미칼 장군은 카르타고와 로마 간에 벌어졌던 제1차 포에니 전쟁에서 명성을 떨쳤던 인물이었다. 하지만 로마와의 오랜 전쟁으로 카르타고가 힘을 잃게 되자 그는 스페인으로 이주하였고, 그곳에서 은광을 개발해 큰돈을 벌자 그 돈으로 다시 군사를 모집해 로마와의 보복 전쟁을 시도했지만, 뜻을 이루지는 못하고 세상을 뜨고 말았다.

그 아버지에 그 아들이라고 했던가? 아버지로부터 무인의 피를 받은 한니발은 불과 28세의 나이에 스페인 사령관으로 임명되어 로마와의 제2차 포에니 전쟁을 치렀고, 그 과정에서 큰 공을 세우게 된다. 특히 칸나에 전투에서는 두 배에 가까운 규모의 로마군을 물리쳐 카르타고의 영웅으로 떠오르게 된다.

많은 전쟁사 연구가들은 한니발이 작은 규모의 군대로 두 배가 넘는 로마군을 물리친 것도 대단한 업적이어서 그에 대한 연구를 많이 해왔지만, 또 한편 어떻게 해서 용병들을 그토록 용감하게 싸우게 만들었을까 하는 데 대한 관심과 흥미도 컸다. 그런데 전사 연구가들이 밝혀낸 한니발의 전략과 리더십은 다름 아니라 용병들에게 임전무퇴의 정신을 심어주는 것이었다.

한니발은 포로를 잡으면 그들에게 먹을 것을 주지 않고 굶긴 뒤, 중요한 전투를 앞두고는 포로들 가운데 두 사람을 검투사로 뽑아 결투를 벌이게 했다. 며칠을 굶어 기력이 없을 뿐만 아니라 고통이 너무 심해 죽는 게 더 낫다고 생각하고 있던 포로들이었지만, 그들에게 검투사로 뽑힐 수 있다는 것은 행운이었다. 결투에서 이기게 되면 부와 자유를 누릴 수 있기 때문이었다. 그리고 설사 지더라도 죽음으로써 그 고통스러운 포로의 삶을 마감할 수 있기 때문이었다.

따라서 포로들은 검투가 벌어지게 되면 서로 검투사로 뽑히길 기원하였고, 제비뽑기에서 검투사로 선발된 포로들은 환호성을 지르기 마련이었다. 분명 그 둘 중 한 명은 생명을 잃게 되는데도 그들은 그 길을 환호로 받아들였던 것이다.

이 모든 광경을 한니발은 자신이 지휘하고 있는 용병들에게 처음부터 끝까지 지켜보게 했다. 그것은 전투에서 패배해 적군에게 포로가 되면 똑같은 운명에 처하게 된다는 것을 간접적으로 보여주는 것이었다. 따라서 전투에 임하는 병사들은 싸움에서 이겨 원하는 부를 갖거나, 싸움에서 패배해 죽거나, 아니면 포로로서 죽음보다 더한 고통을 겪거나 하는 이 세 가지 선택 이외에는 아무것도 없다는 사실을 용병들 스스로 느끼게 해주는 것이다. 더욱이 적군에게 포로가 된다는 것은 차라리 죽음을 갈망할 만큼 고통과 공포 속에 놓이게 된다는 것을 생생하게 알게 해주는 것이다.

따라서 한니발의 병사들은 비록 그들이 용병이라 할지라도 포로들의 검투를 지켜보면서 전투에서 패배할 경우에 처할 자신들의 모습을 보게 되고, 그렇게 함으로써 그들로 하여금 기필코 승리해야 한다는 의지를 갖게 하는 것이다. 더 이상 물러설 곳이 없는 임전무퇴의 정신을 심어주는 것이다. 이것이 한니발의 전략이요 리더십이었고, 그것이 용병들로 하여금 불굴의 의지와 임전무퇴의 정신으로 싸우게 만든 원동력이었던 것이다. 절반에도 미치지 못하는 소규모의 한니발 군대가 칸나에 전투에서 대규모의 로마군을 맞아 대승리를 거둔 까닭이 여기 있다는 것이다.

오늘날이라면 전쟁법의 위반으로서 전쟁범죄가 되는, 포로들에 대한 무자비한 대우였지만, 전쟁법이 없었던 그 당시로서는 비록 방법은 잔혹했다 할지라도, 자칫하면 싸울 의지가 약해져 도망칠 수도 있는 용병들의 지휘에는 최고의 방법이 될 수도 있는 전략을 한니발은 이미 터득하고 있었던 것이다. 이기지 않으면 바로 죽음이거나 그보다 더한 고통 속에 놓이는 포로 신세가 될 수밖에 없다는 배수진이 용병들로 하여금 놀랄 만한 힘을 발휘하게 했던 것이다. 한니발은 임전무퇴의 중요성, 바로 그 정신력의 위대성을 일찍부터 깨닫고 있었다고 해야 할 것이다.

9. 레 반 부
"죽기로 작정한 몸, 죽을 각오로 살아보자."

레 반 부는 베트남이 적화통일되기 전 베트남 북부에서 살았다. 그는 당시 북베트남의 3분의 1이 자기 집안의 소유일 만큼 부유한 집안에서 태어났다. 하지만 부친이 월맹군의 손에 잔인하게 살해되면서 모든 걸 넘겨주고 도망쳐올 수밖에 없었다.

하지만 그는 다시 일어나 남베트남에서 열심히 공부했고 마침내 변호사가 되었다. 그는 훌륭한 변호사로 성장해 열심히 일해서 적지 않은 재산을 모을 수 있었다. 바로 그 즈음 그는 베트남 땅에 미군들이 들어오는 것을 보자 그동안 번 돈을 주택사업에 투자했다. 그의 생각은 적중했고 그는 머지않아 베트남에서 가장 성공한 기업인 대열에 올랐다. 다시 행복을 거머쥔 것이었다.

하지만 그 행복도 잠깐이었다. 어느 날 베트남의 북부 지역을 여행하던 그는 월맹군에게 납북되었고, 3년이라는 긴 세월을 감옥에서 보내야만 했다. 그 암울한 감옥 속에서도 그는 신념을 잃지 않았고 언젠가는 살아서 돌아갈 수 있다고 굳게 믿었다. 그리고 마침내 기회가 왔다. 어느 비 오는 날 그는 월맹군 다섯 명을 사살하고 월맹으로부터 탈출하는 데 성공했고, 다시금 베트남 땅을 밟을 수 있었다.

하지만 불행은 계속 그의 편이었다. 이번에는 베트남군이 그를 첩자로 몰아 감옥에 가둬버린 것이다. 그럼에도 그는 그 모든 불행을 묵묵히 이겨냈다.

출감한 뒤 그는 다시 시작한다는 마음으로 통조림 공장을 차렸고 그의 뛰어난 사업 수단으로 다시 성공적인 사업가 대열에 오를 수 있었다. 하지만 베트남은 여전히 그의 삶을 감시하였고 베트남에서의 삶은 불안하기만 했다. 월맹도 베트남도 그를 반겨주지 않았고, 그가 정착할 곳은 어느 곳도 없었다. 마침내 그는 그동안 벌었던 돈을 모두 챙겨 미국으로 가고자 마음먹었다.

하지만 미국으로 가는 길도 쉬운 일은 아니었다. 그는 큰돈을 들여 우선 필리핀으로 가는 난민 수송선을 타고 필리핀에 도착했다. 그곳에서 다시 사업을 시작한 그는 어느 정도 큰돈을 벌자, 그 돈을 밑천으로 미국행을 결심했다. 마침내 미국행 배에 오른 그는 너무나 기뻤다. 이제야말로 자신의 꿈을 활짝 펼칠 세계에 도착할 수 있다는 희망 때문이었다.

하지만 그 기쁨도 잠시뿐, 다시금 절망으로 바뀌고 말았다. 그가 갖고 있던 돈을 몽땅 날치기 당한 것이었다. 영어도 한마디 모른 채 한 푼의 돈도 없이 어떻게 이국땅에서 성공할 수 있단 말인가? 이제는 끝이다. 내 인생의 종착역은 여기구나 하는 절망뿐이었다. 그는 갑판에 올라서 물속으로 뛰어들고자 했다.

바로 그때 그의 아내가 말했다. 한번만 더 해보자고, 마지막으로 한번만 더 시도해 보자고 그에게 애원했다. 그 많은 고난도다 이겨냈는데 한번만 더 삶에 도전해 보자는 아내의 말에 용기를 얻은 레 반 부는 갑판에서 두 눈을 부릅뜨고 주먹을 불끈 쥐었다. 갑판 끝자락에 서 있던 그는 그때 바다를 보며, 자신이 물러설 곳이 없다는 생각을 했다. 임전무퇴의 정신이었다. 어차피 죽기로 작정한 몸, 죽을 각오로 새 나라 미국에서 한번 싸워보자고 다짐했다.

1972년, 영어도 단 한마디 못하면서 한 푼의 돈도 없이 미국에 도착한 두 부부는 집 안 청소를 해주는 대가로 어느 제과점의 뒷방을 얻은 뒤, 부부가 합해 하루 43달러를 받기로 하고 그 제과점에서 일하기 시작했다. 그들은 제과점에서 주는 빵만 먹으며 생활했고 화장실에서 스펀지로 목욕을 했다. 일체의 봉급은 저축을 하면서 그렇게 일만 했다. 2년이 지나자 그들은 3만 달러를 모을 수 있었다. 부부는 그 돈을 밑천으로 9만 달러의 융자를 얻어 제과점을 인수했다.

그들은 다시 이를 악물고 제과점 빵으로 연명하고 화장실에서 목욕하면서 또다시 악착같이 저축해, 1년 뒤에는 9만 달러의 빚도 갚았다. 다시 3년을 그렇게 생활한 그들은 마침내 제과점 생활을 청산하고 그보다 훨씬 수익이 높은 새로운 사업을 시작했다. 이제 영어도 익숙해진 레 반 부는 천부적인 사업가의 능력을 발휘하기 시작한 것이다. 그 무렵 그들은 첫 아파트를 얻었고 제법 부자가 됐지만 여전히 검소한 생활태도를 유지해 나갔다.

그렇게 20여 년이 세월이 흘렀고, 지금 레 반 부는 백만장자의 수십 배가 넘는 부자가 되었다. 죽기를 각오하고 다시 시작했던 그들 부부의 정신력, 임전무퇴의 정신이 그들의 오늘을 있게 한 장본인이었음은 두말할 나위가 없을 것이다.

10. 도고 헤이하치로
"함대의 용전은 해병들의 용전에서 온다."

도고 헤이하치로는 1847년 일본 규슈 지방의 가고시마 군에서 출생하였다. 어릴 때부터 재기가 넘치고 담대한 기질의 소유자였던 그는 그 같은 성품을 모친으로부터 물려받았다.

17세가 되던 해 영국 군함이 통상을 요구하며 해안 깊숙이 침투하여 일본을 향해 포격을 하자, 그는 부친의 요구에 따라 형들과 함께 출전했다. 그 당시 그는 장군의 호위병으로서 전투를 했는데 포탄이 바로 머리 위를 지나가도 눈 하나 깜짝하지 않고 태연히 자신의 임무를 수행하여 사람들을 놀라게 했다. 이를 본 사람들은 그가 장차 큰 인물이 될 것이라고 믿었다. 그런데 더욱 놀라운 것은 전투에 참가한 아들들을 위해 그의 어머니도 포대를 돌면서 위문을 했는데, 바로 그녀 앞에 포탄이 떨어졌음에도 놀라지 않고 자신의 일을 태연히 했다는 사실이다. 도고의 의연함이 어머니로부터 온 것이라는 내용의 전거다.

1870년 23세가 되자 그는 해군 사관이 됐고 그 이듬해에는 열한 명의 동료들과 함께 영국으로 유학을 떠난다. 영국에서 선진 해군 전술과 넬슨의 군인정신 등 많은 것을 배우고 그가 다시 일본으로 돌아온 것은 그로부터 8년 후였다. 지혜롭고 자신감 넘치고 실력이 출중했던 그는 그해 7월에 중위가 됐고, 12월에 대위, 이듬해 12월에 소좌가 되는 등 초고속 승진을 거듭한다.

청일전쟁이 벌어졌을 때 낭속함장으로서 전쟁에 출전했던 그는 청나라 해군에 승리를 거둠으로써 전국적인 명성을 얻기 시작한다. 그리고 러일전쟁의 분위기가 무르익어 갈 즈음이었던 1904

년 12월에는 그는 이미 전쟁영웅으로 부상했고 그리하여 57세라는 적지 않은 나이임에도 불구하고 일본군 연합함대 최고사령관에 임명된다.

이듬해인 1905년 5월, 도고는 쓰시마 해협에서 러시아의 발틱함대와 대적하게 되었다. 발틱 함대는 로제스트벤스키 러시아 제독이 이끄는 전함들로서 당시 세계 최강의 전력을 자랑하고 있었다. 비록 발트 해로부터 지구의 거의 반을 돌아서 쓰시마 해협에 도착해 피로에 지치기는 했다 할지라도 최강의 함대였기 때문에 도고의 승리를 점치는 사람은 그리 많지 않았다.

하지만 도고는 예상을 뒤엎고 쓰시마 해전에서 발틱 함대를 대파함으로써 일본 최고의 영웅으로 부각하게 된다. 그것은 그의 탁월한 지휘력과 전략, 그리고 임전무퇴 정신의 승리였다.

그가 사용했던 전법은 적함에 대해 T자로 함대를 배치하는 일명 정(丁) 자 전법이었다. 이순신 장군이 한산도 해전에서 일본 전함을 상대로 구사했던 이른바 학익진 전법과 유사한 전법이라 하겠다. 학익진 전법은 적함에 맞서 아군을 병열로 배치하여 한 치도 물러서지 않고 싸우게 함과 동시에, 적의 중앙을 목표로 일렬로 공격해 들어간 아군이 적함의 중앙을 분쇄한 뒤, 늘어섰던 좌우의 전함으로 하여금 적함을 포위해 공격하는 전법이다. 좌우의 전함이 포위 공격하는 모습이 마치 학이 두 날개를 펴는 모습과 흡사하다 하여 학익진(鶴翼陣) 전법이라 불리는 것이다.

평소 이순신 장군을 흠모했던 도고로서 이순신 장군의 학익진 전법에 대한 연구를 게을리하지 않았고, 마침내 그 전법으로 쓰시마 해전에서 대승을 거두게 된 것이었다.

도고는 이처럼 실전에 있어서의 전법을 잘 구사했을 뿐만 아니라, 또한 장병들의 정신력을 높이는 데도 결코 소홀하지 않았다. 그는 전투에 임하기에 앞서 전 장병들을 향해 "한 함정의 용전은 한 사람 해군대원의 용전에서 나오고, 한 함대의 용전은 한 함정의 용전이 있을 때만이 가능한 것"임을 강조했다. 대원들 각 개인의 용전의 중요성을 상기하는 연설이었다. 그는 또한 전투 개시를 알릴 때는 기함의 마스트에 올라 "황국의 흥망이 오직 이 일전에 달려 있다. 전 대원은 한층 분발하라!"고 외쳐 장병 각자의 임전무퇴 정신을 독려했던 것이다.

도고의 일본군 함대는 쓰시마 해전을 통해 러시아 함대 19척을 격침시켰고, 5척을 포획하는 등 총 34척의 적함을 무력화했고, 적군 사령관을 비롯해 6천여 명을 포로로 잡는 전과를 거두었다. 이는 100여 년 전 트라팔가 해전에서 영국의 넬슨 제독이 거둔 승리를 훨씬 능가하는 것이었다.

1913년 원수로 승진한 그는 그로부터 7년 동안 황태자 교육기관의 총재로 봉직한 뒤, 1934년 89세를 일기로 세상을 떠났다. 그는 일본군의 가장 위대한 영웅이요, 해군 지도자로서 일본 역사에 길이 빛나는 큰 인물이라 할 것이다.

11. 벤 호건
"넬슨에게 두 번 다시 지지 않겠노라."

골프에 대해서 조금이라도 관심이 있는 사람이라면 누구나 벤 호건의 이름을 알고 있을 것이다. 그는 1946년부터 1953년까지 7년에 걸쳐 PGA의 4대 메이저 대회인 US 오픈, 마스터스, PGA

선수권 및 브리티시 오픈까지 모두 석권한 인물로서 당대 최고의 명성을 날렸던 전설적인 골퍼다. 그 7년의 기간 동안 그는 US 오픈을 4회, 마스터스와 PGA 선수권을 각각 2회씩 제패함으로써 최고의 기량을 뽐냈다.

그런데 그가 이 기간 동안 사람들로부터 많은 사랑과 칭송을 받았던 까닭은 이와 같은 뛰어난 성적 때문이기도 하지만, 무엇보다도 그의 철저한 프로 정신 때문이다. 그 스스로 말하고 있듯이, 그는 늘 게임에 임할 때마다 그것이 마지막 게임이라는 정신으로 경기에 임했던 것이다. 모든 경기가 바로 임전무퇴의 정신으로 무장한 경기였던 것이다.

그중에서도 압권은 1950년에 있었던 US 오픈 대회였는데, 그 까닭은 바로 그 전해에 겪었던 교통사고 후유증을 극복하고 승리할 수 있었기 때문이다.

1949년 호건은 승용차를 몰고 가다가 버스와 충돌하는 바람에 골프선수로서는 치명적인, 다리뼈가 산산조각 나는 중상을 입었다. 한동안 골프대회 참가는 물론이요 연습마저도 할 수 없었던 그였지만, 다리가 어느 정도 아물자 대회에 출전하겠다는 의사를 표명했다.

하지만 담당 의사는 그의 출전을 극구 만류했다. 겨우 붙은 다리뼈가 완전히 아물지 않았기 때문에 자칫하면 영원히 골프를 못 치게 될 수도 있었기에, 1950년 US 오픈에 참가하지 말 것을 조언했던 것이다.

하지만 호건은 주치의의 만류를 물리치고 대회에 참가했고 마침내 기적과도 같은 우승을 거두었다. 그야말로 인간승리의 표본이었던 것이다. 상처가 완전히 아물지도 않은 상태에서 메이저 대회 우승이라는 금자탑을 쌓았으니 그것은 그의 신체가 아닌, 정신력의 승리라 할 것이다.

그로부터 3년 후 1953년, 호건은 그의 골프 생애에서 최고의 해를 맞게 된다. 그해에 그는 마스터스 대회에서 최강의 라이벌이었던 샘 스니드와 맞붙어 5타 차로 승리했고, US 오픈에서도 또다시 6타 차로 꺾고 우승컵을 안았다. 그리고 그해 마지막에 브리티시 오픈까지 거머쥐었다. 비록 PGA 선수권을 놓쳐 그랜드 슬램을 달성하지는 못했지만, 거의 모든 메이저 대회를 석권함으로써 골프에서는 결코 도달하기가 쉽지 않은 독무대를 펼쳤던 것이다.

그는 대회에 임할 때 흔들리지 않는 정신력의 소유자로도 유명했는데, 그는 그 이유를 불우했던 그의 어린 시절 덕분이라고 말하곤 했다.

텍사스 더블린에서 대장장이의 아들로 태어난 그는 아홉 살 되던 해에 아버지가 삶을 비관해 권총으로 자살하는 장면을 직접 목격하면서 커다란 충격을 받았다고 한다. 이후 그는 어린 나이임에도 불구하고 생계를 위해 컨트리클럽에서 잔심부름을 하며 지냈고, 그때부터 골프를 배우기 시작했다. 캐디 생활을 하면서도 그는 틈날 때마다 골프에 매달렸고 오직 골프 연습만을 낙으로 삼았다. 어려운 생활의 그였기에 그가 할 수 있는 것은 골프 연습밖에 없었다고 하는 것이 올바른 표현일 것이다.

그렇게 골프와 더불어 살면서, 자신이 성공할 수 있는 길은 골프밖에 없다고 다짐하며 연습에 연습을 거듭했건만, 그는 15세 되던 해 처음으로 출전했던 포트워스 캐디 선수권 대회에서 바이런 넬슨에게 패배하고 만다. 하지만 그는 포기하지 않았고, 끊임없이 연습에 몰두했다. 그리고 그 이듬해, 마지막이라고 생각하고 출전한 대회에서 마침내 승리했고, 이후부터 겪었던 수많은 대회에서도 늘 그때 당시의 절박한 심경을 떠올리며 샷을 날렸던 것이다. 그야말로 임전무퇴의 정신력이 아닐 수 없다. 오직 승리만이 삶이라는 헝그리 정신과, 캐디 선수권 대회에서 겪은 패배의 쓰라림이 그의 말처럼 모든 샷을 마지막 샷으로 만드는 원동력이 되었던 것이다.

12. 니키와 써니
"지옥에서 날 구해 줘서 고마워, 니키."

니키 크루즈와 써니는 미국의 뉴욕에서 태어나 어린 시절부터 함께 지내며 자랐다. 고등학교를 졸업한 뒤 절친했던 두 사람은 서로 헤어졌고, 그로부터 10여 년 후 니키가 마약 중독자들을 위한 집을 운영하고 있을 때, 이미 마약에 빠져 절망 상태에 있던 써니가 마지막으로 니키를 찾아왔다.

그의 황폐해진 몰골과 절망스러운 모습을 본 니키는 너무나 가슴이 아팠다. 그는 써니에게 새 삶을 위해 마약을 끊을 것을 한 번만 굳게 결심해 보라고 조언했다. 그리고 이미 마약 세계에서의 절망을 뼈에 사무치게 느껴왔던 써니였기에 그의 조언을 받아들였다. 오히려 써니가 니키에게 어떻게든 이 구렁에서 자신을 구해 달라고 애원했다.

이후 니키는 모든 삶을 써니와 함께하기로 결심했다. 무엇보다도 마약을 끊기에 가장 고통스러운 고비인 사흘 동안을 곁에서 함께 식사하고, 산책하고, 이야기하면서 그의 고통을 지켜보고 위로할 것을 다짐했다.

첫째 날, 써니는 몹시 불안한 듯 쉴 새 없이 방 안을 서성대고 끊임없이 말을 해댔다. 저녁이 되자 그의 몸은 마치 열병 환자처럼 사시나무 떨 듯 떨어댔고 고통으로 몸을 가누지 못했다. 너무나 고통이 큰 듯 그는 니키를 밀어제치고 문 쪽으로 뛰어가 밖으로 나가려고 했다. 니키는 온 힘을 다해 그를 붙들었고, 문을 잠가버렸다. 온몸의 경련은 그 밤 내내 지속됐고, 이러다 죽는 게 아닐까 하는 걱정이 들 만큼 심했다. 하지만 그가 발작을 일으킬 때마다 니키는 그를 제지하면서 그렇게 하룻밤을 꼬박 지새웠다.

이튿날 아침, 써니의 경련이 어느 정도 진정되어 보여 니키는 그를 데리고 아래층으로 내려갔다. 아침을 먹기 위해서였다. 하지만 그는 아무것도 먹을 수가 없다고 했다. 그가 너무 힘들어하는 것 같아 그에게 바깥바람을 좀 쏘이면 나을 것 같으니 산책이나 하자고 말했다. 하지만 밖으로 나오자마자 그의 발작은 다시 시작되었고, 경련이 멈출 때까지 니키는 써니의 손을 온 힘을 다해 붙잡고 있어야 했다.

그가 다시 정신을 되찾자 니키는 그를 데리고 다시 3층 방으로 돌아왔다. 하지만 그날 저녁 그의 증상은 어제보다도 훨씬 더 심했다. 써니는 더 이상 견딜 수 없다며 필로폰을 놔줄 것을 눈물로 호소했다. 그의 온몸은 땀으로 범벅이 됐고, 계속해서 구역질을 하기 시작했다. 그 구역질이 너무나 심하고 오랫동안 지속됐기 때문에 니키는 그의 위장이 파열될까 봐 두려웠다. 무엇보다도 그런 그의 모습을 지켜보는 것이 너무도 고통스러웠다. 하지만 그는 그 모든 것을 참아냈다. 그는 젖은 물수건으로 써니의 입가를 닦아주면서 그가 견디어낼 수 있도록 기도하고 또 기도했다.

그렇게 밤이 되자 써니는 제 풀에 지쳤는지 침대에 쓰러져 잠이 들었다. 하지만 그것도 잠시였다. 몸을 뒤척이며 신음하던 그는 갑자기 니키를 제치고 쏜살같이 문 쪽을 향해 달려 나갔다. 니키는 그를 붙들기 위해 온몸의 힘을 다 써야만 했다. 그에게 이끌려 다시 침대로 돌아온 써니는 그 밤 내내 여러 차례나 그렇게 탈출을 시도했고, 그때마다 니키는 그를 침대로 다시 끌고 와야만 했다. 이틀 밤을 한숨도 자지 못한 그는 눈꺼풀이 천근처럼 무거웠고 육체적, 정신적 피로가 극에 달했다. 이러다간 그가 먼저 쓰러질지도 모른다는 생각이 들기도 했다.

하지만 그럴 때마다 니키는 마음을 가다듬었다. 그때 그는 전투에 임한 군인들의 임전무퇴 정신을 떠올렸다. 그는, 자신은 지금 전투에 임하고 있다, 자신이 살아남을 수 있는 길은 오직 전진하며 싸우는 길밖에는 없다고 생각했다. 지금 이 기회를 놓치면 그는 평생 두 번 다시 친구를 볼 수가 없다고 생각했다.

그렇게 이를 악물고 자기 자신을 다져가면서도 그는 단 2분만이라도 눈을 붙였으면 좋겠다고 생각했다. 행여 써니가 또 발작하고 달아날까 봐 그는 그의 몸을 힘주어 껴안고서 버텼다. 그런 상태로 그는 써니와 함께 살며시 잠이 들고 말았다.

니키가 눈을 떴을 때 그는 소스라치게 놀랐다. 침대 위에 써니가 보이지 않았기 때문이었다. 순간적으로 잠을 이기지 못한 자신에 대한 회한이 일면서 절망감이 온몸을 휩싸왔다. 전투에서 졌다는 자괴감이 일었던 것이다.

하지만 써니는 달아난 게 아니었다. 그는 침대만 벗어났을 뿐

창가에 서서 아침 햇살과 함께 창문 밖으로 쏟아지는 함박눈을 바라보고 있었다. 그의 눈은 안정되어 보였고 고통을 이겨낸 사람처럼 평온해 보였다.

그가 니키에게 말했다.

"니키, 이젠 된 거 같아. 마음도 몸도 평안해. 정말 자네에게 고맙다고 해야겠지. 내가 태어나서 이렇게 아름다운 세상은 처음 보는 것 같다. 하느님이 어젯밤의 지옥에서 날 구해 준 것 같아. 니키, 정말 고맙다."

니키의 가슴으로 한 줄기 감동의 물결이 스쳐 지나갔다. 그는 나지막한 소리로 중얼거렸다. "하느님, 감사합니다. 정말 감사합니다."

죽을힘을 다해서 친구를 붙들었고, 두 번 다시 기회는 없다는, 그래서 결코 물러설 수 없다는 임전무퇴의 정신이 마침내 친구를 살리는 기적을 일구어낸 것이다.

제 6 부

위대한 정신, 애국

제1장 애국의 참다운 의미와 근거

　모윤숙 시인의 「국군은 죽어서 말한다」라는 시를 읽어본 적이 있는가? 산 아래 외딴길 작은 숲가에서 피투성이로 죽어 누워 있는 한 군인의 모습을 보고, 모윤숙 시인은 "그대는 자랑스런 대한민국의 소위였구나" 하고 절규한다. 전쟁 중 자신의 목숨을 바쳐 임무를 수행하다 희생한 군인의 모습을 시로써 형상화한 것이라 하겠다.

　그렇다면 군인들은 왜 이토록 자기희생적이고 헌신적인 삶을 살아가야 하는가? 직업군인들은 왜 이토록 힘들고 위험한 직업을 스스로 선택했을까?

　그 까닭은 먼저, 내가 아니더라도 누군가는 이 힘들고 고통스러운 일을 해야 한다는 사실에서 찾을 수 있을 것이다. 누군가는 해야 할 일을 내가 하고 있을 뿐이라는 것이다.

　그런데 나는 지금 그 일을 마지못해가 아니라 기꺼이, 그리고 즐겁게 수행하고 있다. 그 까닭은 무엇일까?

그것은 바로 내가 이 나라, 이 민족을 사랑하고 있다는 사실에서 찾을 수 있다. 그 밖에 다른 이유가 있을 수 없다. 바로 군인의 소명의식이자, 애국정신인 것이다.

1. 국난극복 정신

애국정신은 말 그대로 국가와 민족을 사랑하는 마음이다. 내 국가, 내 민족, 내 강토를 내가 아끼고, 가꾸고, 지키겠다는 충정이 바로 애국정신이다.

우리나라의 역사를 볼 때 수없이 많았던 전쟁과 국난 속에서도 이 나라와 겨레를 지켜온 민족정신의 바탕이 바로 애국정신에 있다. 이 정신이 없었다고 한다면 수난사의 연속이라 해도 과언이 아닐 우리 민족의 역사 속에서 오늘의 자유와 번영을 누리지 못했을 것이다.

나라가 위기에 처했을 때 애국정신을 가진 많은 사람들이 힘을 모아 국난극복에 동참했지만, 무엇보다도 애국정신이 강조되었던 대상은 군인들이라 할 것이다.

군인의 길은 영광스러운 내 조국을, 희생을 무릅쓰고서라도 굳건히 지켜 후손에게 물려주어야 할 사명의 길이기 때문이다. 그래서 군인의 길은 고통스럽고 희생이 요구되는 길이지만 또한 영광의 길이기도 한 것이다.

군인에게 요구되는 애국정신은 보상을 전제로 하지 않는다. 출세나 공명을 위한 것도 아니다. 조국을 구하기 위해 피 흘리며 싸웠던 선열들이 보상이나 공명을 원해서 그랬겠는가? 결코 아닐 것이다. 위기에 처한 내 나라를 굳게 지켜 후손에게 물려줘야 한 다는 사명감이 그렇게 행동하게 했던 것이다. 그런 사명감은 조건이 없다. 그러면서도 피와 땀과 눈물과, 목숨까지도 요구하는 것이 바로 애국정신인 것이다.

애국정신은 우국지사나 고매한 인격을 가진 소수의 지도자에게만 주어지는 사명감이 아니다. 한 가정에서도 기쁜 일이나 슬픈 일이 있을 때 가족 모두가 기뻐하기도 하고 가족 모두가 슬픔을 함께 나누기도 하듯이, 애국정신도 국가 구성원 모두의 소유다.

애국정신은 또한 국가가 위기에 처했을 때만 발휘되는 것도 아니다. 국가 간의 경기나 시합이 벌어졌을 때, 국민 모두가 한마음 한뜻으로 조국이 승리하기를 기원하듯이, 애국정신은 아주 가까운 데서도 찾을 수 있다.

그렇지만 애국정신이 가장 강렬하고 뜨겁게 발휘될 때는 바로 전쟁과 같은 국난에 처했을 때다. 왜냐하면 전쟁은 국가와 나를 공동운명체로 만들기 때문이다. 나의 안녕과 평안도, 재산도, 생명도, 조국을 잃으면 다 잃고 말 것이기 때문이다.

이런 의미에서 본다면 일반인이 아닌 군인의 경우에는 애국정신은 다른 모든 덕목들이 지향해야 할 최고의 덕목이라고 해야할 것이다. 군인의 명예, 충성심, 용기, 필승의 신념, 임전무퇴의 기상 등 모든 덕목들의 바탕에는 바로 그들의 애국정신이 담겨있다. 애국정신이 아니고는 군인의 명예와 충성심, 필승의 신념 등 그것들이 갖는 참 의미를 설명하기 어려울 것이기 때문이다.

하지만 애국정신은 너무나 추상적이다. 이를 좀 더 구체적으로 설명한다면 무엇일까?

2. 국토애

애국정신의 구체적인 내용은 국토애, 민족애, 책임감 등이라 할 수 있을 것이다. 바꾸어 말하면 애국정신의 요건이라고도 할 수 있겠다.

첫째는 국토에 대한 사랑이다. 민족주의 연구의 대가로 알려진 미국의 헤이스(Carlton J. Hayes) 교수는 애국심을 이루는 가장 기본적이고 소박한 요소로서 국토애를 꼽고 있다.

2천 년 만에 조국을 재건하고자 팔레스타인에 모였던 이스라엘 사람들이 맨 먼저 한 일은 그 땅에다 입을 맞추는 일이었다. 국토애에 대한 표현이다. 또 병자호란 때 끝까지 항전을 주장하다가 적국인 청나라로 끌려갔던 김상헌은 구구절절 국토에 대한 사랑을 시로써 노래하였다.

"가노라 삼각산아 다시 보자 한강수야
고국산천을 떠나려 하랴마는
시절이 하수상하니 올동말동하노라."

시조에 담겨 있는 그의 진심에서 국토에 대한 사랑을 피부로 느낄 수 있다.

신라의 화랑들은 무술과 가무 등으로 심신 단련에 힘썼을 뿐만 아니라, 명산대천(名山大川)을 두루 돌아다니면서 조국의 아름다움을 칭송하고, 이 찬란하고 아름다운 조국 강토를 지키겠다는 결의를 다짐으로써 애국심을 가슴에 새겼다.

일제강점기에 망명을 떠났던 우국지사들은 한 줌의 흙을 곱게 싸서 봇짐 속에 소중히 간직했고, 조국 땅에 대한 그리움이 솟구칠 때마다, 그 흙 내음을 맡으면서 향수를 달랬고 조국 광복의 그날까지 싸워 이길 것을 다짐하기도 했다.

이렇듯 내 나라, 내 강토에 대한 사랑인 국토애는 오늘날까지도 가장 순수하고 기본적인 애국심을 형성한다고 하겠다.15

3. 민족애

애국정신의 두 번째 요건은 민족에 대한 사랑, 곧 민족애다. 사람은 누구나 어떤 공동체건 하나의 공동체 속에서 살아가는 존재다. 그중에서도 자신의 삶과 가장 밀접한 관계를 맺고 있는 공동체가 바로 민족이고, 우리는 민족과는 결코 끊을 수 없는 관계 속에서 살아가게 된다.

민족이란 혈통이 같고 또 같은 역사를 갖고 있는 사람들의 집합체다. 민족이란 또한 풍속과 습관이 같고, 같은 언어와 같은 땅에서 살아가는 사람들의 문화집단을 말하기도 한다. 따라서 민족은 종종 국가와 동일시되기도 한다. 왜냐하면 국가가 없으면 민족도 있을 수 없고, 민족이 없으면 국가도 존재할 수 없기 때문이다.

또한 민족이나 국가가 존재하지 않는 한 '나'도 존재할 수가 없다. 민족과 국가는 내 존재의 뿌리이자, 근원이다. 그러므로 나

---

15 우리의 아름다운 국토와 보물에 관하여 예찬론을 편 글로서 빼어난 것 가운데 하나로 김국헌 장군의 「이 아름다운 강산을!」이 있다. 김국헌, 『일 군인 사십년의 지향』(신오성, 2012), pp.3-7 참조.

라 사랑에 있어서 민족에 대한 사랑만큼 중요한 것은 없다고 하겠다.

군인들이 외적으로부터 국가를 방위하는 까닭도 민족을 위한 일이요, 국권 수호, 국토 보호도 궁극적으로는 민족을 위해서다. 문화를 창출하고 사랑하는 것도 민족을 위한 일이요, 학문을 사랑하고 발전시키는 것도 궁극적으로 민족을 위한 일이다.

민족 사랑은 곧 나라 사랑의 중심인 것이다.

오래전 일이지만 홍수환 선수가 카라스키야 선수와 싸워 4전 5기의 신화를 만들며 승리했을 때 온 나라가 열광하였다. 또 박세리 선수가 US 오픈, 미 프로여자골프대회에서 추와스리퐁 선수를 극적으로 물리치고 우승했을 때, 새벽잠을 설쳐가며 중계방송을 지켜봤던 이 땅의 많은 국민들이 환호성을 올렸다. 2002년 월드컵 때 온 국민이 목청 드높여 우리 선수들을 응원했던 까닭이 무엇인가? 그리고 2010년 밴쿠버 동계올림픽에서 김연아 선수의 경기를 가슴 조이며 지켜보다가 마침내 우승했을 때 다함께 환호하고, 그녀가 눈물로 시상대에 섰을 때 모두가 함께 눈시울을 붉히며 감격했던 까닭은 무엇인가? 그들 모두가 우리 민족, 곧 대한민국이라는 국가의 일원이기 때문이었다.

반면에 우리 민족이 다른 민족으로부터 모욕을 당하거나 외적의 침입을 받게 되면 우리는 상대방에게 적개심을 품게 된다. 최근 일본의 교과서 역사 왜곡 문제로 많은 국민들이 분노를 금치 못하고, 일본 정부에 항의하고 교과서를 불태워버린 것도 민족에 대한 사랑이 아니고서는 설명하기 어려운 현상이라 하겠다.

군인의 의무는 국가를 보위하고 국민의 생명과 재산을 보호하는 일에 있다. 만약 우리 군인들에게 민족을 사랑하고 아끼는 마음이 없다고 한다면, 우리는 그들을 참된 군인이라고 할 수가 없을 것이다. 그저 군복을 걸친 허수아비에 불과한 존재라고 비난할 것이다. 군인이 진정 참다운 군인의 길을 걷고자 한다면 그들은 민족 사랑의 마음을 더 크게 가꾸어야 할 것이다.

물론 오늘날에는 한 민족이라고 할지라도, 다양한 민족들이 함께 모여 사는 공동체를 지칭할 때가 많다. 그만큼 세계가 가까워졌고, 그래서 지구촌이라는 말이 널리 사용되기도 하는 것이다. 우리나라도 예외는 아니어서 우리 민족 이외에도, 아직은 소수이긴 하지만, 여러 나라 사람들이 함께 모여 다문화 공동체를 이루어가고 있다.

이와 같은 현상은 시대가 흘러갈수록 더 심화될 수도 있을 것이다. 민족의 의미가 단순히 같은 핏줄을 타고난 사람들의 공동체가 아닐 수도 있게 된다는 것이다.

하지만 이것이 애국을 말할 때의 민족애의 의미를 손상시키는 것은 아닐 것이다. 미국인들의 경우, 수많은 민족들이 모여 아메리카라는 한 민족을 이루었지만, 그들은 하나의 국가로서 그들의 애국심은 여전히 큰 것을 볼 수 있다. 성조기에 대한 그들의 태도와 국가를 생각하고 위하는 그들의 마음은 조금도 변함없음을 느낄 때가 많다. 공화당과 민주당이 정치적 문제로 늘 다투고, 국민들도 자신들이 지지하는 정당의 주장을 위해 서로 다른 관점에 서기도 하지만, 국가가 위기에 처하거나, 국가가 통일된 국민적 관심을 요청할 때면 자신의 주장이나 입장을 버리고 국가가 원하는 한 방향으로 의견을 모으는 경우를 종종 볼 수 있기 때문이다.

우리의 경우도 다르지 않다고 본다. 더욱이 우리나라는 미국에

비하면, 다문화라 할지라도 훨씬 소수의 이민족과 공동체를 이루고 있지 않는가? 요컨대 다문화가 민족의 애국심을 손상시키는 일은 없다는 것이다.

4. 책임의식

애국정신의 또 다른 요건은 책임감 또는 책임의식이다. 국가와 민족에 대한 사랑은 말보다는 행동과 실천이 더 중요하다. 그런데, 애국애족의 실천에는 국가와 민족을 지키겠다는 강한 의지와 더불어 자기희생을 전제로 한 책임과 의무가 따르기 마련이다. 책임의식이 애국의 한 요건인 까닭이 여기에 있다.

일반적으로 책임이란 '맡아서 해야 할 임무'를 말하고, 책임감, 또는 책임의식은 맡은 바 임무를 적극적이고 능동적으로 수행하고 그 결과에 대해 책임지겠다는 마음가짐을 말한다. 직무에 대한 책임의식이 중요하다는 점에서 군인보다 더한 직업은 없을 것이다. 특히 전시에 있어서 군인의 책임 완수는 전쟁의 승패에 직접적인 영향을 미칠 수 있기 때문이다.

전쟁 중 교량 폭파의 임무를 부여받은 부대가 빗발치는 적의 총탄 때문에 임무수행에 실패했을 경우를 생각해 보자. 다리가 폭파되어야만 적 탱크부대의 진군을 저지시킬 수 있고, 그래야만 후방의 증원군이 투입될 시간을 벌어 아군의 요충지를 방어할 수가 있는데, 만약 교량 폭파가 실패하고 말았다고 해보자. 어떻게 다음 작전이 이루어질 수가 있겠는가?

교량폭파의 실패는 적 탱크부대의 진군을 가능하게 할 것이고,

적군은 아군의 증원군이 투입되기도 전에 요충지를 점령해 버리고 말 것이다. 전선 유지에 가장 중요한 요충지를 적에게 탈취당함으로써 닥쳐올 결과는 불을 보듯 뻔하다. 교량 폭파의 실패는 아군에게 엄청나게 불리한 영향을 미치게 될 것이다.

요충지 방어의 실패가 만약 전쟁에서 패하게 되는 결과를 가져온다면, 그것은 교량 폭파의 실패에서 비롯된 것이나 다름없다. 결국은 교량 폭파의 임무를 부여받은 부대의 무책임한 사세가 아군의 진세에 결정적으로 불리한 영향을 미치게 된다는 것이다.

임무수행에 있어서 군인들에게 더욱 적극적이고 능동적인 자세가 요구되는 까닭이 여기에 있다.

군인에게 책임의식이 강조되는 또 하나의 이유는 군대생활의 특수성 때문이다.

보통 다른 직업을 가진 사람들, 가령 회사원이나 공무원, 의사, 은행원, 기술자, 농부 등 다른 직업인들이 하는 일은 통상적인 환경 속에서 통상적인 형태로 이루어진다고 볼 수 있다. 일하는 데 있어서 큰 위험이 따르거나 항상 긴장하면서 생활해야 하는 것은 아니기 때문이다.

그렇지만, 군인이나 경찰, 소방관 같은 직업에 종사하는 사람들은 그 기능의 특수성 때문에 위험성이 따르는 일을 해야 할 경우가 많다. 군인이나 경찰, 소방관은 일반 국민들이 잠자는 밤 시간에도 근무하고 훈련한다. 그들은 사람이 살지 않는 고지나 외딴 섬, 전쟁터 같은, 특수한 지역의 제약된 환경 속에서 생활하고, 그들의 임무수행도 그 속에서 이루어진다.

더욱이 전투상황은 생명의 위험성이 높을 뿐만 아니라, 심리적 공포와 육체적 고통이 따르는 극한적 상황이기 때문에 자기가 할 일을 회피하거나 포기하고 싶다는 유혹에 빠지기 쉽다. 공리주의의 주창자인 벤담의 표현을 빌린다면, 즐거움과 쾌락은 취하고자 하지만, 고통은 회피하고 싶어 하는 인간의 본능 때문이다.

그런데 바로 이런 상황에서도 본능적인 태도를 극복하고 주어진 임무를 다할 것이 요구되는 직업이 바로 군인이나 경찰, 소방관과 같은 특수직업인 것이다. 따라서 보통 직업과는 달리 특수직업에 종사하는 사람들에게는 책임의식이 특별히 강조된다.

책임감이 없는 사람들이 나라를 지키고 있다면 어떻게 그 나라에서 편히 발을 뻗고 잠을 잘 수가 있겠는가? 군인에게 특히 책임의식이 중요하고, 책임감이 애국정신의 요건이 되는 까닭이 바로 여기에 있는 것이다.

5. 버려야 할 무책임한 태도들

이처럼 애국정신은 책임감과 밀접히 연결되어 있다. 그럼에도 불구하고 군인과 경찰, 소방관들에게서 보이는 무책임한 자세들이 있는데 이에 대해 살펴보고자 한다. 그것들은 다음 네 가지 경우다.

첫째는 자기 임무, 즉 자기가 책임지고 해야 할 일이 무엇인가를 제대로 알지 못하는 경우다. 책임을 완수하기 위해서는 우선 자기가 맡은 일의 내용과 성격을 잘 파악해야 하고, 또한 그 일을 추진해 나가는 데 필요한 제반 지식과 기술을 갖추어야 한다.

가령, 당직근무에 임하는 사람은 근무수칙을 잘 알고 있어야 한다. 또 기관총 사수라면 기관총 사수의 임무와 임무수행에 필

요한 지식, 즉 기관총의 성능, 제원, 사격술에 대해서도 능통해야
한다.

　종종 일의 결과에 대한 책임 문제를 거론할 때, 대개 우리는
잘 몰라서 일을 그르쳤다고 할 경우에는 관대하게 용서해 주는
경향이 있다. 아리스토텔레스의 말처럼, 몰라서 한 일은 책임이
면제될 수 있기 때문이다. 아리스토텔레스에 따르면 잘못을 저질
렀다 해도 그 책임에서 벗어날 수 있는 경우가 있는데, 그것은
그 행위에 고의성이 없을 때다. 행위에 고의성이 없는 경우는 두
가지가 있는데 하나는 그 행위가 강제적으로 발생된 경우요, 다
른 하나는 그 행위가 무지에 의해서 벌어진 경우다.16 강요에 의
한 행위는 그 행위의 원인이 행위자 내부에 있는 것이 아니라 행
위자 외부에 있는 까닭에 책임을 물을 수 없다는 것이고, 무지에
의한 행위는 알았다면 하지 않았을 것이기 때문에 책임을 물을
수 없다는 것이다.17

　하지만 이렇듯 아리스토텔레스의 이론을 빌리지 않고 상식적
인 차원에서 보더라도 어떤 행위는 면책이 가능하다. 하급자에게
심부름을 보냈는데 장소나 부서를 잘 몰라 잘못 전달됐을 경우,
몰라서 그랬다고 하면 용서받을 수도 있다. 그 일이나 임무의 비
중이 크지 않은 것이어서 별 문제가 되지 않을 수도 있기 때문이
다.

---

16 아리스토텔레스, 최명관 옮김, 『향연, 파이돈, 니코마코스 윤리학』(을유
　문화사, 1994), p.219 참조.
17 물론 아리스토텔레스도 무지에 의한 행위라 해서 모든 것이 면책이 되
　는 것은 아니라고 말한다. 가령 정상인의 경우 알아야 함에도 불구하고
　몰라서 벌어진 행위라면 당연히 책임을 물어야 한다는 것이다.

하지만 만약 당직근무자나 기관총 사수가 자기가 해야 할 일이 무엇인지를 잘 몰라서 일을 그르쳤다고 한다면 그 책임을 면할 수가 있는가? 그 경우라면 설사 일을 잘 몰라서 책임을 완수하지 못했다고 할지라도 결코 용서받지 못할 것이다. 법을 몰라서 범죄를 저질렀다고 할 경우라도 결코 법적 책임을 면할 수 없는 것과 같은 이치라 하겠다.

이런 경우 몰라서 못했다는 건 대단히 무책임한 일이 아닐 수 없다. 오히려 알아야 할 것을 몰랐다는 사실로 인해 가중처벌의 대상이 될 것이다. 이것 역시 아리스토텔레스의 이론에서 근거를 찾을 수 있는데, 무지에 의한 행위라 할지라도 알아야 할 사실을 알지 못해서 저지른 실수나 과오의 경우는 무지했다는 사실 자체가 면책의 요건이 되기는커녕 몰랐다는 사실 자체까지도 처벌될 수 있다는 것이다.

무책임의 두 번째 경우는 자기 임무와 책임을 잘 알고 있으면서도 결과에 대한 책임만 지지 않기 위해 그저 적당히 처리하는 소극적인 태도다.

가령, 해안경비대 경계 근무자가 한밤중 신원 미상의 물체가 움직이는 걸 감지하고서도 그냥 지나쳐버린 경우를 생각해 보자. 신원 미상의 작은 움직임일지라도 상부에 보고하는 것이 자기 책임이고 또 임무라는 사실을 잘 알고 있으면서도 한밤중의 보고 자체가 귀찮기도 하고, 또 결과가 별일 아닌 것으로 밝혀질 경우 한밤중에 비상을 걸게 한 자신에게 돌아올 상급자나 동료들의 비난을 면하기 위해 무시해 버렸다면, 이것은 대단히 소극적이고 무책임한 근무태도가 아닐 수 없다.

만에 하나라도 그 움직임이 가령 간첩들의 활동이었거나 또는 국가에 큰 해를 끼칠 어떤 일이었다고 한다면 결과가 어떻게 되겠는가? 경계병의 행위는 작은 움직임을 무시해 버림으로써 자신에게 돌아올 비난이나 책임은 면할 수 있었을지 모르지만, 군과 국가에는 커다란 불이익을 초래하는 결과가 될 것이다. 일본의 진주만 기습 당시, 미군의 피해가 컸던 것도 해병들의 근무태도가 소극적이고 무책임한 것 때문이었음은 널리 알려진 사실이다.

이처럼 자기 임무가 무엇인지 잘 알고 있으면서도 소극적인 근무태도로 말미암아 임무를 무시해 버린다면 이런 행위는 자기 개인에게는 비겁한 행위이고, 군과 국가에게는 반(反)애국적인 일이라 할 것이다. 따라서 진정으로 애국의 정신을 갖고 있는 군인이라면 설사 결과가 잘못되어 자신에게 불이익이나 비난이 온다 할지라도 군과 국가에게 미칠 더 큰 이익을 위해 철저히 임무를 완수하는 자세가 필요하다고 하겠다.

바로 이와 같은 이유에서 자기 임무에 소극적으로 임하는 태도, 달리 표현한다면 무사안일주의(無事安逸主義)적 태도는 애국 정신과는 거리가 먼 것이라 하겠다.

무책임의 세 번째 모습은 자기 책임을 회피하려고 하거나 또는 책임을 남에게 떠넘기려는 태도다.

어떤 일이 잘못됐을 때, 자기 양심에 비추어보거나 객관적으로 판단해 보아도 책임을 회피할 수 없는 상황인데도, 비겁하게 자기만 쏙 빠지려고 하는 태도가 그렇다.

자기의 부주의와 잘못으로 저질러진 과오에 대해 스스로 책임질 생각은 하지 않고, 상관이나 부하 또는 동료에게 어떻게든 그 책임을 떠넘기려는 태도가 바로 그러하다.

가령, 다음 날 중요한 보고 업무를 열심히 작성하고 있던 당신에게 상급자와 동료들이 저녁이나 먹자고 해서 회식 자리가 마련됐고, 반주로 곁들인 술 몇 잔을 받아 마신 뒤 그만 취해서 보고서 작성을 끝내지 못해 다음 날 상관에게 크게 꾸지람을 받게 됐을 경우를 생각해 보자. 그때 만약 당신이, 자기는 열심히 일하고 있었는데 상급자와 동료들이 술자리로 유혹했기 때문에 결국 업무를 완수하지 못해서 처벌받게 되었다고 생각한다면, 당신의 태도는 지극히 무책임한 것이라고 말할 수 있을 것이다.

물론 그들이 당신을 술자리로 유혹하지만 않았다면 당신은 임무를 완성했을 것이고 처벌받지 않았을 것이다. 하지만 회식 시간에 술이 과해진 것과, 그래서 결국 임무를 완수하지 못한 것은 철저히 당신의 과오라는 걸 부인할 수는 없다. 왜냐하면 중요한 업무가 마무리되지 않은 상태에서 회식에 참석하게 됐다 할지라도 당신이 정말 책임감 있는 사람이었다면 술을 자제했어야 하고, 또 밤을 새서라도 일을 완성했어야 할 것이기 때문이다. 그런데도 자기 책임은 빼버리고 회식에 참석하게 한 상관과 동료만 원망하고 비난한다면 당신은 무책임할 뿐만 아니라 비겁한 사람이 아닐 수 없는 것이다.

물론 사람은 누구나 잘못한 일에 대해 자기만 책임지기보다는 가능하면 함께 책임지고 싶어 하고, 또 어떻게든 자기 자신의 행동을 합리화하고 싶어 한다는 것은 이해할 수 있다. 하지만 결과에 대한 책임을 남에게만 전가하려는 태도는 책임 있는 자의 자세가 결코 아닌 것이다.

무책임의 네 번째 경우는 꼭 해야 될 일에 대해서 책임지고 해보기도 전에 거부반응부터 보이는 자세다.

가령, 상급자나 동료가 중요한 어떤 일에 대해 자신에게 임무를 주거나 요청할 때, 처음부터 자신 없는 태도로 "그건 잘 안될 것 같습니다"라든지 "하기 어려운 일인데요", 또는 "꼭 그렇게 할 필요가 있겠습니까?"라는 등 부정적이고 소극적인 자세로 나오는 경우가 그러하다.

이런 태도와 자세로 일에 임하게 되면 사고방식이 부정적이고 소극적인 경향으로 고착되어, 어떻게든 일이 될 수 있는 방법은 강구하지 않고, 안 되는 이유와 하지 않으려는 구실만 찾게 된다. 마음가짐 자체가 부정적으로 기울어지는 것이다.

이런 생각과 태도는 만일 일을 하게 된다 해도 수동적으로 하기 때문에 "안 된다고 했는데도 내게 맡겼으니 잘못되어도 내 책임은 아니다"라는 생각이 들게 되고, 그래서 적극적으로 일을 해결하려는 자세를 갖지 못하게 된다.

게다가 이런 생각과 태도는 마지못해 일을 하다가 제대로 일이 안 되면 "그것 보십시오. 제가 안 된다고 했잖습니까?"라고 하면서 일의 잘못된 결과를 상급자에게 돌리게 된다.

사실 군인들에게 필요한 것은 상급자로부터 어떤 일이 주어졌을 때 그 일에 대한 추진이 확정되기 전에는 세세한 부분까지 일의 성공 가능성을 타진해 보는 습성이다. 물론 여기서 일의 가능성을 타진해 본다는 것은 "그 일을 하지 말자"는 부정적인 방향에서가 아니라, "할 수 있다"는 적극적 차원에서 생각해 본다는 것을 의미한다. 하지만 일단 일의 방향이 확정되고 난 뒤에는 일의 성공만을 향해 매진해야 함에도 군소리나 뒷소리를 한다면 그것은 일의 성공을 방해할 뿐이다. 이런 태도는 일의 성공을 방해하는 것으로서 올바른 부하의 자세도 아니고, 책임감 있는 군인의 태도도 아니며, 따라서 애국정신과는 거리가 먼 것이라 할 것이다.

　요컨대, 애국정신이란 국난극복의 정신이요, 국토애와 민족애, 그리고 확고한 책임의식을 바탕으로 이루어진다고 하겠다. 특히 임무에 대한 책임의식에서는, 일에 대한 무지로 인해, 소극적인 자세로 인해, 남들의 방해로 인해, 그리고 처음부터 안 될 일이었다는 식의 부정적인 자세로 인해 일을 그르치게 되는 무책임한 태도를 버리는 것이 매우 중요한 것임을 알 수 있다.

제2장 위대한 애국의 사례들

1. 서유대

"우리 임금까지 업신여기다니 참을 수 없었소."

조선 영조 때의 일이다. 청나라에서 칙사가 오자 영조를 비롯한 많은 대신들이 모화관까지 영접을 나갔다. 마침내 칙사가 당도해 말에서 내리려 할 때 갑자기 돌멩이 하나가 날아와 칙사의 이마에 정통으로 박혔다. 칙사의 이마에서는 금방 붉은 피가 흘렀고 영접 행사는 완전히 엉망이 되고 말았다.

칙사가 다친 것도 문제지만 임금이 행차한 곳에서 그런 불상사가 일어났으니 장안이 발칵 뒤집힌 것은 당연한 일이었다. 하지만 돌멩이가 날아온 곳이 제법 먼 곳이었기 때문에 범인을 색출해 낸다는 것은 보통 어려운 일이 아니었다.

범인을 잡아야 할 포도대장은 곰곰이 생각해 봤다. 돌멩이가 정통으로 칙사의 이마를 맞힌 것을 보면 범인은 보통 잡배가 아니라 무골 장부라 생각되었고, 청나라 칙사를 향해 돌을 던진 것으로 볼 때 조선에 대한 청나라의 처신을 못마땅하게 여기는 나름의 우국충정을 지닌 인물 가운데 한 사람일 것이라는 생각이 들었다. 그렇다면 범인은 근처에서 활을 쏘며 무예를 익히고 있는 모화관의 한량들 가운데 한 사람일 것이라는 생각이 든 것이다. 모화관의 한량들이라 하면 장안에서 제법 내로라하는 인물들로서 늘 나라 걱정을 하며, 언젠가 나라의 부름을 받아 뜻을 펼치고자 하는 자들이었기 때문이다.

포도대장은 한량들을 유심히 관찰한 다음, 모화관의 한량패들 가운데서 몸집이 장대하고 무예가 출중하며 글도 잘하고 성격도 원만하여 한량들 가운데 우두머리 격인 서유대를 제1용의자로 선정했다.

어느 날 그는 서유대를 술자리에 초대했다. 둘이서 권커니 자커니 하면서 제법 취기가 돌자, 포도대장이 스쳐 지나가는 소리처럼 한마디 던졌다.

"청나라 사신 지난번에 정말 혼났을 거요. 누가 한 짓인지는 몰라도 내 가슴까지도 후련했었소."

그러자 서유대도 똑같이 포도대장의 말에 맞장구를 치는 것이었다. 바로 그 순간 포도대장은 서유대의 얼굴을 정면으로 바라보면서 그것이 그가 한 짓 아니냐고 물었다. 그가 서유대의 얼굴에서 눈길을 떼지 않고 진지하게 바라보자 서유대가 사실대로 고백했다.

"바로 맞혔소. 청나라 사신이면 사신이지 우리나라 임금님까지 업신여기는 태도를 보고 내 울분을 참을 수가 없었소. 기왕 다 털어났으니 이젠 날 연행해 가시오."

서유대의 고백을 들은 포도대장은 자신의 추리가 맞았음을 확인했지만 차마 그를 범인으로 잡아갈 수가 없었다. 그와 함께 술을 마시며 나눴던 이야기로 볼 때, 한편으로 그의 행동은 방법은 나빴지만 결국 애국충정에서 나온 의로운 행위로 느껴졌고, 또 한편으로는 그를 검거했을 때 그가 저지른 행위가 임금까지 행차한 자리에서 벌어진 것이어서 사형을 받을 수도 있다는 생각 때문이었다. 애국적 행동에서 벌인 불법적 행위지만 차마 그가 처형되는 것을 지켜볼 수가 없었던 것이다.

곰곰이 생각한 끝에 포도대장은 하나의 수를 떠올렸다. 기왕에 잡혀 있었던 다른 죄수 가운데 사형수 하나를 서유대와 바꿔치고자 한 것이었다.

그는 사형수 한 사람을 불러 그와 같은 자신의 생각을 말했다. 어차피 사형당할 목숨인데 애국자로서 이름이라도 남기고 죽는 것이 어떠냐고 제안했다. 그렇게 되면 애국적 행위를 했던 사람 하나를 살리게 되는 것이라고 말했다. 포도대장의 의도를 깨달은 사형수는 기꺼이 그의 말에 동의했고, 오히려 잘못 살아온 자신에게 그런 기회를 줘서 고맙다고까지 했다.

마침내 사형수가 돌멩이 투척 범인으로 붙잡혀 칙사 앞에 불려갔다. 사죄를 하게 한 다음 그 자리에서 참수할 계획이었던 것이다. 그런데 사형수가 고백하기를, 칙사가 임금에게도 거만하게 대한 것에 의분해 그런 일을 저질렀다고 말하자, 칙사가 임금을 보며 말했다.

"폐하, 저자의 말을 들어보니 소신의 행동에도 문제가 있었사옵니다. 저자의 말을 듣고 깨달은 바가 있사오니, 부디 지난번 소신의 불경스런 행동을 용서하옵시고, 저자를 풀어주시기를 삼가 요청드리는 바입니다."

칙사의 제안에 영조는 사형수의 죄를 용서하였고, 포도대장의 제안에 기꺼이 동의했던 사형수는 뜻하지 않게도 사면을 받아 새 삶을 누리게 되었다. 물론 그의 삶이 과거의 그것처럼 잘못된 삶이 아니었음은 물론이다. 자칫 처형을 받을 수도 있었지만 포도대장의 기지로 목숨을 구한 서유대는 훗날 훈련대장의 직위에까지 오르게 된다.

서유대의 사례는 이해하기에 따라 여러 가지로 해석될 수 있지만 결과는 모두에게 해피엔딩이다. 그리고 그 해피엔딩 스토리에 흐르는 하나의 공통점은 애국충정의 마음이다. 서유대의 불경스러운 돌팔매질도, 포도대장의 거짓 술책도, 또한 거짓으로 사면된 사형수의 운명도 모두가 애국충정의 정신이 아니고서는 설명할 수가 없기 때문이다.

2. 김종서
   "완전한 규율이 이뤄지면 적은 군비도 괜찮소."

1434년, 세종 16년에 김종서 장군은 함경도 관찰사로 임명되었다. 그 후 도절제사가 되었고 군 최고사령관으로서 김종서는 이후 17년 동안이나 갖은 고초를 겪으면서 국경을 개척하고 여진족을 토벌하는 등 북방 6진 개척의 선봉에 서게 된다. 북방 6진 개척으로 인해 조선은 오랑캐의 침입을 완벽하게 막아내게 됐을 뿐만 아니라 두만강 지역까지도 조선의 행정권을 행사할 수 있게 됐다. 이 모든 것이 장군의 헌신적인 노력이 아니었으면 이룰 수 없는 일들이었을 것이다.

북방 6진을 개척하는 동안 장군은 군대 규율을 대단히 엄격하게 세웠다. 6진 개척이 조선의 안보를 위해서는 매우 중요한 일이었기 때문이다.

하지만 엄격한 가운데서도 장군은 휘하 장병들에게 각별한 애정을 쏟았다. 그는 병사들을 배불리 먹게 했고 충분히 휴식하게 했다. 그 정도가 지나쳐 어떤 때는 군비를 너무 낭비하는 것이 아니냐는 주위의 충고를 듣기도 했다. 하지만 그런 충고가 있을 때마다 장군은 이렇게 대답했다.

"그런 말씀 마시오. 북방을 지키는 병사들은 벌써 10년 동안이나 집을 떠나 이 오진 곳에서 목숨을 걸고 전투에 임하고 있소이다. 그들을 후하게 대접하고 위로하지 않고서야 어떻게 오랑캐들을 막아낼 수 있겠소이까? 이들에게 만약 대접이 소홀할 경우를 생각해 보시오. 장병들은 집 생각이 간절할 것이고, 언제 고향으로 돌아갈 수 있을까 하는 생각들이 절로 날 것이오. 장병들의 사기가 떨어지면 어떻게 이곳을 지킬 수가 있겠소. 아직은 완전한 규율이 잡혔다고 할 수 없기에 소다리만큼의 군비를 쓰고 있지만 완전한 규율이 이뤄지면 그땐 닭다리만한 군비로도 충분할 것이오."

휘하 장병들에 대한 장군의 사랑과 관심이 넘치는 말이 아닐 수 없다.

장군은 또한 장병들의 칭찬에도 인색하지 않았다. 어느 날 장군은 신숙주를 시켜 임금에게 올릴 건의사항 하나를 받아쓰게 했다. 신숙주는 훗날 당대 최고의 문필가로서 명성을 떨쳤던 학자지만 당시에는 장군의 휘하에 있었다.

신숙주가 쓴 서찰을 받아든 장군은 그의 천재적인 문장력과 서필에 크게 탄복했다. 실제로는 김종서 장군 역시 문장이나 글에 있어서 남에게 뒤질 정도가 아니었지만, 신숙주의 문장력과 필력에 감탄을 한 것이다. 그 글을 보고 그는 이렇게 말했다.

"정말 대단한 솜씨요. 나 역시 문장과 서예에 일가견이 있다고 자부해 왔건만 그대의 글은 정말 천하의 명문이자 명필이요. 신공, 당신은 참으로 훌륭한 학자가 될 것이오."

부하 장졸들에게 엄격할 땐 엄했고, 고생하는 그들을 애정 어린 관심으로 지휘했고, 부하들의 뛰어난 부분에 대해서도 칭찬을 아끼지 않았던 장군, 자신의 모든 것을 버리고 오직 임금의 명에 따라 장장 17년이라는 기나긴 세월을 북방에서 보내며, 6진 개척의 위업을 달성했던 장군, 김종서.

사사로운 욕구를 버리고 헌신적인 삶으로 점철됐던 그의 모든 것을 설명할 수 있는 표현은 단 하나, 오직 애국의 정신일 것이다.

3. 롬멜
"지휘관의 솔선수범은 전투력 향상과 직결된다."

제2차 세계대전이 한창이었던 1942년 11월 중순, 영국군의 동향이 예사롭지 않음을 간파한 롬멜 장군은 계획된 작전으로 일관하다가는 낭패를 당할 수 있음을 깨닫고, 영국군에 대한 총공세를 중지하고 휘하 부대의 전투태세를 재점검하고자 했다.

당시 아프리카에 파견됐던 독일군은 사막에 대한 별다른 훈련도 하지 않은 채 통상적인 방침에 따라 편성된 그야말로 평범한 군대였다. 장병들은 사막이라는 새 풍토에 적응하지 못해 일사병으로 쓰러지기도 했고, 지역의 유행병으로 시달리고 있었다. 독일군의 전투력이 약화된 것은 당연한 일이었다.

이런 상황을 감지한 롬멜은 장병들의 정신력을 일신시킴으로써 사막에서의 전투라 할지라도 자신감을 고취시켜 적에게 넘어간 작전의 주도권을 되찾고자 했다. 그는 휘하 참모들에게 다음과 같이 말했다.

"전투에서의 패배는 부적격한 지휘관이나 무능한 참모들 때문이다. 물론 직접적인 전투에서 패배하는 것은 장병들의 전의 상실 때문이겠지만, 이 모든 것이 지휘관과 참모들의 무능함에서 오는 것이다. 장병들의 전의를 북돋게 하는 건 지휘관에 대한 부하들의 신뢰다. 부하들의 신뢰를 얻는 길은 지휘관의 솔선수범에 있고, 따라서 지휘관은 어떤 위험에서도 앞장설 필요가 있다. 부하들 못지않게 지휘관이 위험을 감수할 각오를 보여준다면 부하들은 심리적인 안정을 찾게 되고, 이는 곧바로 전투력의 향상과 직결된다."

이렇게 참모들에게 설파한 뒤 롬멜은 자신부터 부하들과 똑같이 행동할 것을 다짐했다. 그는 휘하 장병들에게 아침 6시면 기상해서 밤 10시에 취침하게 했고, 열대 사막에서의 체력 유지를 위해 교대로 30분간 낮잠을 잘 수 있도록 배려했다. 그는 이 시간표를 단 1분도 어긋남이 없이 실천하게 했으며, 자신도 똑같이 행동했다.

그는 기관총 진지의 위치를 적의 입장에서 확인하기 위해 진지 전방 지역의 사막을 위험을 무릅쓰고 달리기도 했고, 지뢰 매설이나 직사화기 사격 지역까지도 손수 확인하고 감독했다. 참모들이 수차례에 걸쳐 그런 위험한 일은 사령관이 직접 나서지 않도록 건의하고 때로는 간청하기도 했지만, 그는 스스로 정한 규율에 따라 어떤 일이건 솔선수범하기를 마다하지 않았다.

사막 지역에서의 보급로 문제로 식량이 부족하게 되면 자신도 빵 세 조각에 통조림 한 통으로 끼니를 채웠고 병사들과 조금도 다르지 않도록 스파르타식의 생활을 유지했다. 그는 휘하 장병들에게 자신처럼 행동할 것을 위압적으로 강요하지는 않았지만 50세가 넘은 장군도 그렇게 생활할 수 있다는 사실을 직접 보여줌으로써 장병들로 하여금 그의 생활방식을 따를 수 있게 유도했다.

롬멜은 또한 부하 장병들에게 엄격하면서도 그들의 사기를 북돋는 일 또한 결코 소홀하지 않았다. 아침부터 밤까지 그는 휘하 부대를 늘 시찰하였고, 병사들과 즐거운 농담을 주고받았다. 장병들은 점차 롬멜의 생활방식을 따라갔고, 늘 모든 일에 앞장서는 그에게 깊은 존경심을 표하기 시작했다. 처음과는 달리 그의 부대가 강한 군대로 변하게 된 것은 당연한 결과였다.

그 유명한 사막의 롬멜 부대, 연합군에게 공포의 대상이었던 사막의 롬멜 군단은 이렇게 탄생했다. 그의 6만 아프리카 군단은 제2차 세계대전 중 세계에서 가장 강력한 군대로 성장한 것이다. 이 모든 일의 시작은 간단했다. 부하를 사랑하고 국가에 충성하는 롬멜의 애국정신이 사막의 최고 군단을 이룬 시발점이었던 것이다.

4. 이시하라 간지

"깨끗이 씻고 맛있게 먹는 것보다 더 큰 즐거움은 없다."

이시하라 간지. 우리 모두에게 생소한 이름의 그는 일본군이 만주 지역에 진출했을 당시 관동군 작전참모였고, 이후 보병 지휘관으로서 독특한 지휘통솔법으로 만주사변의 주역이 됐던 인물이다.

후세에 그가 탁견과 뛰어난 기략으로 장수 중의 장수요 불세출의 명장으로 평가받은 까닭은 용맹성과 명석한 두뇌 덕분이기도 하지만, "모든 부하 장병들을 실전에서 쓸모 있는 병력으로 만든다"는 그의 독특한 지휘통솔법에 있다고 하겠다. 독특한 그의 지휘통솔법이란 애국정신에서 오는 부하 장병들에 대한 사랑에 다름 아니다.

관동군 보병 제4연대장으로 근무할 때 그는 "병영생활을 즐겁게 하자"는 모토를 세우고 그것을 달성하기 위한 다양한 아이디어를 낸다. 그중에서 가장 두드러진 것은 명확한 지휘 방침을 세우고 그 방침에 따라 열심히 근무하는 장병들을 즉석에서 칭찬하고 포상하는 일이었다. 열심히 근무하는 장병들을 즉석에서 칭찬하고 포상하는 일은 장병들 모두에게 자신이 하는 일이 얼마나 중요한 것인지를 깨닫게 하는 하나의 방법이었다.

한번은 연병장에서 사열을 준비하던 말 한 마리가 무엇에 놀랐는지 날뛰기 시작했다. 거침없이 이리저리 뛰는 말의 힘이 워낙 거세 아무도 그 말을 붙잡을 생각을 하지 못하고 있을 때, 한 병사가 위험을 무릅쓰고 말에 다가가 고삐를 부여잡고 죽을힘을 다해 마침내 말을 진정시키는 데 성공했다. 그 모습을 본 이시하라는 그 병사의 용기를 크게 칭찬하고 그 즉시에서 포상휴가를 주었다.

또 한번은 중대 대항 멀리뛰기 대회에서 3중대가 우승하자, 그는 3중대를 일컬어 앞으로 '멀리뛰기 중대'라고 부를 것을 제안하고 그 즉시로 포상하기도 했다. 이처럼 이시하라는 연대병력을 개인이건 단체건 우수한 부분과 칭찬할 부분이 보이면 그 즉시 칭찬과 포상을 아끼지 않음으로써 부하 장병들로 하여금 소속 부대에 대한 긍지와 자부심을 갖게 했던 것이다. 부대는 늘 사기가 충천했고 전투가 있을 때마다 혁혁한 전공을 세우게 되었다.

당시 일본군의 특성을 감안할 때 이시하라의 지휘통솔법은 여간 위험하고 조심스러운 것이 아니었다. 일본군은 강하고 엄격해서 그와 같은 지휘통솔법은 제국주의 일본군으로서는 획기적인 것이었기 때문이다.

오늘날의 민주 군대처럼 이시하라는 또한 장병들의 복지문제에도 세심한 관심을 기울였다. 그는 병사들이 병영생활에서 얻을 수 있는 즐거움이 목욕과 수면과 식사임을 간파하고 부하 장병들이 이 즐거움을 최대한 누릴 수 있도록 배려했다. 정해진 훈련과 전투로 인해 부족한 수면이야 어쩔 수 없다 할지라도, 목욕과 식사는 지휘관의 관심 여하에 따라 얼마든지 개선할 수 있는 일이었다. 그는 부대 내 목욕탕을 순시하면서 목욕탕이 환기가 잘 안되어 냄새가 고약하고 비위생적인 것을 보고 '흡착장치'라는 새로운 환기장치를 개발해 문제를 해결했다. 병사들의 즐거움이 두 배로 늘어난 건 당연한 일이었다.

그는 식사문제도 획기적으로 개선했다. 장병들의 "양은 많지만 맛이 없다"는 불평에 착안한 그는 맛이 없는 이유가 전문요리사가 아닌 취사병이 음식을 만들기 때문이라고 생각했다. 그래서 그는 군속으로 전문요리사를 고용했다. 그날부터 식당에서는 남는 밥을 볼 수 없게 됐다. 그렇게 맛있는 식사를 배불리 하고 매일 목욕으로 몸을 풀면서 병영생활 자체를 즐기도록 하였기 때문에, 1943년 10월의 대기동 연습에서 오직 이시하라 연대만이 한 명의 낙오자도 발생하지 않고 성공적인 훈련을 달성했던 것이다.

먹는 것, 씻는 것, 자는 것에 대한 배려, 그리고 잘하는 것에 대한 칭찬, 보통은 그리 큰 가치라 생각하지 않지만 실제에 있어서는 이것들이 다른 어떤 것보다도 큰 가치를 갖는 것임을 간과하고, 이 모든 것을 개선하고 실천했던 이시하라의 지휘통솔법. 그의 성공적인 지휘는 이 통솔법에 따른 덕분이었다. 부하들에 대한 사랑, 곧 애국의 정신이 아닐 수 없다.

5. 홍순언
"이 돈으로 옥에 있는 아버지를 구출하시오."

선조 시대의 인물이었던 홍순언의 이야기는 여러 문헌에서 많이 발견되고 있다. 특히 「이장백전(李長白傳)」이라는 한문 단편 소설의 주인공인 이장백의 모델이 바로 홍순언이라는 것은 널리 알려져 있는 이야기이기도 하다.

홍순언은 학문이 높고 언변이 뛰어날 뿐만 아니라 중국말에 능통해 사신들이 중국에 갈 때마다 통역관으로 함께 가곤 했다. 어느 해, 홍순언은 사신 일행과 함께 명나라에 들어갔다.

연경에서 저녁을 먹은 그는 반주로 마신 술기운이 올라오자 안내를 맡았던 중국인의 소개로 명나라에서 가장 뛰어난 기녀들만 있는 청루로 올라갔다. 술기운을 빌려 중국 기녀와 함께 먼 길 여행의 객고를 풀 생각이었던 것이다. 안내인의 소개로 들어 간 집에서 만난 기녀는 정말로 보기 드문 천하절색의 미인이었다. 홍순언은 그녀의 미모에 흠뻑 반하고 말았고 그런 미인을 만 난 자신은 행운아라는 생각이 들었다.

그렇지만 그런 생각도 잠시 뿐, 그의 앞에 선 기녀의 눈에서 하염없이 흐르는 눈물을 보자 그는 필시 무슨 곡절이 있는가 보다 생각했다. 그는 기녀에게 까닭을 물었고 기녀의 대답은 이러 했다.

그녀는 본시 기녀가 아니라 명나라 병부상서(兵部尙書)의 딸이라고 했다. 병부상서란 오늘날로 말하면 국방장관에 해당하는 고위직의 벼슬이었다. 그런데 아버지가 정치적인 연유로 모함을 받아 지금 옥에 갇히게 됐고, 아버지를 구하려면 돈이 필요한데 친척도 형제도 없어 할 수 없이 자신의 몸을 팔아서라도 아버지를 구하려고 청루에 나왔다는 것이었다.

그녀의 모습에 거짓이 없음을 느낀 홍순언은 문득 술이 번쩍 깨면서 자신의 행동거지를 돌아보았다. 이역만리까지 사신 일행으로 온 그가 아직 중국에 온 공무도 시작하기 전에 이렇듯 청루에 들어와 기녀를 청한 것이 큰 잘못이라는 생각이 들었던 것이다. 아버지를 구하기 위해 기방에 나왔다는 그녀의 사연을 듣지 못했다면 자신은 아직도 술에 취해 정신을 못 차리고 있으리라 생각되자 자신의 모습이 새삼 부끄러워졌다.

그는 벌떡 일어나 밖으로 나오면서 그 여인에게 아비를 구하는 데 얼마가 필요하냐고 물었다. 그녀는 3천 냥이 필요하다고 대답했다. 홍순언은 두말하지 않고 큰돈인 3천 냥을 선뜻 그녀에게 내줬다.

그렇게 10년의 세월이 흐른 뒤 홍순언은 또다시 중국 사신으로 발탁되어 명나라로 가게 되었다. 그런데 그의 일행이 연경에 도착하자 여기저기 방이 붙어 있는데, '조선의 홍대인'을 찾는다는 방이었다. 조선의 홍대인이라면 자기밖에 없었으므로 홍순언은 그를 찾는 주소로 갔다.

그가 찾아간 곳은 커다란 저택이었고 자신을 찾는 이를 만나보니 그 사람은 10년 전 그가 도와준 일이 있었던 바로 그 여인이었다. 그 여인은 홍순언이 건네준 3천 냥으로 아버지를 구할 수 있었고 훗날 아버지의 모함이 풀려 높은 관직의 집안으로 출가해 잘 살고 있었던 것이다. 그녀는 그에게 큰절을 올렸고 그가 나올 때 자신이 매일매일 짰다는 비단을 그에게 선물로 건네주었다. 이것이 바로 그 유명한 '보은단(報恩緞)'이다. 은혜에 보답하기 위해 정성을 들여 짠 비단이라는 뜻이다.

1592년 조선 땅에 임진왜란이 발생했다. 조선은 명나라에 원군을 청했고 당시 명나라의 병부상서는 여인의 남편이었다. 조선은 그 덕에 명나라로부터 큰 도움을 받을 수 있었다. 이 모든 것이

홍순언의 국가를 위한 책임감에서 비롯된 것이었다. 그가 술에 취해 자신의 본분을 잊고 행동했다면 어찌되었을까? 여인을 통해 자신의 부끄러운 행동을 깨닫지 못했다면 그 여인과의 훗날의 인연은 없었을 것이다.

비록 술을 마시고 순간적 기쁨을 위해 청루를 찾았지만, 곧바로 정신을 차리고 자신에게 주어진 임무에 충실했던 홍순언이었기에 훗날 나라의 위기 때 더 큰 도움을 받을 수 있는 인연을 만들게 됐던 것이다.

자신의 사사로운 이익을 물리치고 책임에 충실했던 행동이 가져온 좋은 본보기로서 홍순언의 이야기는 우리 모두에게 시사해 주는 의미가 크다고 할 것이다.

6. 링컨
"시워드만큼 노련하고 능력 있는 인물은 없소."

링컨이 대통령에 출마할 때 그에게는 많은 정적(政敵)들이 있었다. 그중에서도 가장 강한 정적은 같은 공화당 내의 인물이었던 윌리엄 시워드, 당시 뉴욕 주지사였다. 그가 링컨과 정적이 된 가장 큰 이유는 대통령 지명전의 초반 선거에서 시워드가 선두주자였지만 시카고 전당대회에서 실패해 링컨에게 아주 근소한 차로 대권 지명전에서 패배했기 때문이었다. 게다가 그는 링컨보다 나이도 많았고 그래서 경력이나 정치인으로서의 노련미도 훨씬 더 낫다는 평가를 받아왔기 때문이었다.

하지만 대통령에 당선된 링컨은 자신의 최대 정적이었던 시워드를 국무장관에 임명했다. 링컨의 측근들은 그와 같은 링컨의 결정에 대해 무모하고 위험하다고 경고했다. 그에 대해 링컨은 시워드만큼 노련하고 능력 있는 국무장관감의 인물이 없다는 이유를 내세웠다.

하지만 측근들의 예상처럼 시워드의 반발과 불복은 매우 심했다. 링컨의 요청에 못 이겨 국무장관에 취임하긴 했지만, 그는 대통령인 링컨을 대놓고 무시하기도 하고 외교정책을 마음대로 뜯어고치기도 하는 등 사실상 대통령의 행세를 다했다. 하지만 시워드의 그런 태도에도 불구하고 링컨은 침묵으로 일관했다. 링컨에게 중요한 것은 어떻게 해서든 나랏일에 충실하는 것이었고 그런 점에서 시워드는 가장 유능한 각료라고 생각했던 것이다.

링컨의 이와 같은 태도에 대해 대놓고 무시하고 반발하던 시워드였지만, 시간이 지나도 자신에 대한 링컨의 태도에 변화가 없이 한결같이 자신을 믿고 그에게 힘을 실어주자, 마침내 시워드의 마음이 동요되기 시작했다. 대통령을 대통령으로 대하지 않고 옛 감정의 앙금을 내세워 제대로 협조도 하지 않았지만 시워드 역시 사사로운 개인적 감정을 앞세워 나랏일을 망칠 만큼 소심한 인물은 결코 아니었다.

그는 자신이 어떤 방해를 하건 묵묵히 침묵으로 일관하고 있는 링컨의 관대함과 애국심에 탄복했고 서서히 변하기 시작했다. 그리고 마침내 미국 역사상 가장 유능한 국무장관의 한 사람으로 우뚝 서게 됐다.

국무장관으로서 시워드의 가장 큰 공로 가운데 하나는 알래스카 주를 러시아로부터 헐값에 사들인 것이었다. 오늘날 미국의 가장 큰 보물창고가 된 알래스카 주의 매입을 추진하고 성공한 장본인이 바로 시워드였다.

링컨의 인재 등용은 여기에 그치지 않았다. 대권에 도전하고자 했던 샐먼 체이스 오하이오 주지사의 경우도 마찬가지였다. 재무장관이었던 체이스는 링컨이 재선 준비를 하고자 할 무렵 재무장관의 막강한 힘을 이용해 "체이스를 대통령으로"라는 발기문을 공화당 안팎의 중진들에게 돌렸다. 오늘날의 표현으로 친다면 집권당 내의 쿠데타에 해당하는 사건이었다.

하지만 이 사건이 발각됐음에도 불구하고 링컨은 침묵으로 일관했다. 기자들의 질문에 대해 링컨은 "그런 발기문을 읽어본 적도 없고 또 읽을 생각도 없다"고 일축했으며, 책임을 느끼고 사표를 제출한 체이스에게 사표를 반려했다. 그 시기에 링컨에게 정말 중요한 것은 대권 도전을 둘러싼 집안싸움이 아니라 남북전쟁에서의 승리였기 때문이다.

링컨의 이런 애국심과 관대한 도량은 체이스를 감복시켰고 이후 그는 링컨을 위해 모든 노력을 다했고, 마침내 링컨의 최대 관심사였던 남북전쟁을 승리로 이끌었던 것이다.

대통령 당시 국가의 각료는 모두 일곱 명에 불과했지만 링컨이 대통령으로 재직할 동안 경질된 장관은 취임 1년 만에 독직(瀆職)사건에 연루됐던 국방장관 단 한 사람뿐이었다. 그는 당정(黨政)을 떠나 능력 있는 인재를 두루 등용했고, 국가의 이익을 무엇보다 앞세워 사사로운 일에는 관용과 침묵으로 일관하는 큰 리더십을 발휘했다. 이것이 오늘날까지도 링컨을 미국 역사상 최고의 대통령으로 꼽는 이유라 하겠다.

7. 홍일식 박사
"노부모와 함께 오면 식사 무료입니다."

고려대학교 총장을 지낸 홍일식 박사가 미국을 방문하고 있을 때의 일이다.

어느 날 그는 한국인이 경영하는 한 음식점에 들렀다. 이국땅까지 와서 한국인이 만든 음식을 한번 먹어보고 싶다는 단순한 생각 때문이었다. 그런데 막상 그 식당에 가자 제법 많은 미국인들이 한국 음식을 먹고 있었다.

그것을 본 홍박사는 주인에게 "장사가 잘되는가 봅니다. 사람이 많이 붐비네요"라고 말을 걸었다. 그러자 주인이 그리 밝지 않은 표정으로 "잘되면 뭐합니까? 이리저리 뺏기는 게 더 많은데요"라고 대답하는 것이었다. 사연을 들어보니 그 지역에 흑인들이 많아 이틀이 멀다고 찾아와 행패를 부리기 일쑤고 툭하면 금품을 뜯어간다는 것이었다.

그 이야기를 들은 홍박사는 그런 사실이 매우 안타깝게 생각됐다. 뭔가 새로운 돌파구를 마련하지 않는다면 그런 일은 계속해서 반복될 것이고, 그것은 주인에게도 또 흑인들에게도 바람직한 게 아니었다. 홍박사는 잠시 생각에 잠겼다. 바로 그때 섬광처럼 아이디어 하나가 떠올랐다.

그는 그 아이디어를 토대로 주인에게 하나의 제안을 했다. 그 제안이란 어떤 특별한 날 하루를 정해 놓고 그날만큼은 노부모를 모시는 흑인들에게 음식을 무료로 제공하는 방법이었다. 그것도 그냥 무료라 하면 흑인들의 자존심을 상하게 할 수도 있기 때문에 노부모를 모시고 올 경우에만 무료라는 단서를 달고, 그렇게 하는 까닭이 노인공경이라는 한국의 오랜 전통을 홍보하기 위해서라고 설명해 보라는 것이었다.

홍박사는 계속해서 말했다. 만약 그 방법이 성공해 흑인들이 식당에 대해 좋은 이미지를 갖게 되면 자연 식당에서 행패를 부리거나 금품을 빼앗아가는 일도 줄어들 것이고, 동시에 노부모를 공경하는 한국의 좋은 전통도 홍보하는 셈이 될 것이므로 일석이조가 될 수 있다는 것이었다.

주인은 홍박사의 제안이 흑인들에게 통할 수 있을까 의구심이 들긴 했지만 달리 뾰족한 방법도 없었기 때문에 밑져야 본전이라는 마음으로 그 방법을 써보겠다고 말했다.

수년이 지난 어느 날, 홍박사는 다시 미국에 갈 일이 생겼다. 그는 옛 생각을 하며 다시 그 식당을 찾았다. 그가 식당에 들어서자 그를 본 식당 주인이 반색을 하면서 그를 맞았고 그간의 경위를 자세히 설명했다.

식당 주인은 포스터를 만들어 홍박사가 제안한 방법대로 일정한 날 하루를 무료 급식하기로 하고, 그 취지를 노인을 공경하는 한국의 전통을 살리기 위한 것이라고 널리 홍보했다고 한다. 내심으로는 과연 이 방법이 통할까 하는 의구심도 있었는데, 정작 그날이 되자 놀랍게도 많은 흑인들이 노부모를 모시고 와 그곳에서 식사를 했고, 그 반응은 엄청난 결과를 가져왔다는 것이다.

흑인들은 무료 급식 행사가 있는 날을 기다렸고 식당 주인은 약속대로 음식을 제공하자 점차 그 식당에 대한 흑인들의 행패가 사라져갔다는 것이다. 식당에 대한 좋은 소문이 퍼져가면서 타동네 흑인들이 그곳에 와 행패라도 부릴라치면 그 지역 흑인들이 나서서 보호해 줄 만큼 그 식당은 흑인들로부터 사랑을 받는 곳이 됐다는 것이다. 식당이 더욱더 번창하게 됐음은 물론이요, 노인을 공경한다는 한국의 전통에 대해서도 흑인들이 너무나 좋아해 한국 문화에 대해 더 알고 싶어 하는 흑인들의 수요도 점차 늘어가고 있다는 설명이 뒤따랐다.

식당 주인은 홍박사에게 거듭거듭 고맙다고 절을 했고, 그 아이디어를 살려 돈 버는 일뿐만 아니라 한국의 문화를 홍보하는 역할까지도 기꺼이 함께 해나갈 것이라고 말했다

나라 사랑이라는 것이 그리 거창한 것만은 아닐 것이다. 작은 일부터 우리 한국의 좋은 문화를 전파하고, 그래서 타국 사람들에게 한국의 좋은 이미지를 심어준다면 그것은 곧 애국심의 발휘에 다름 아닌 것이다.

8. 고당 조만식
"그래도 조선 가게를 만나 다행이었소."

고당(古堂) 조만식(曺晩植) 선생은 독립운동가이자 교육자로서 널리 알려진 인물이다. 1922년 오윤선 선생과 함께 조선물산장려회를 조직해 철저한 국산품 사용운동을 벌였던 애국지사로도 유명하다.

선생은 조선물산장려회를 이끌면서 선생 스스로도 청렴하고 검소하기 이를 데 없는 생활을 지속했는데, 그런 그의 생활태도를 보고 사람들은 선생을 가리켜 '조선의 간디'라고 부르기도 했다.

그의 국산품 사용운동에 대한 열정은 철저해서 선생은 이를

닦을 때도 일본 제품은 쓰지를 않았고 항상 소금으로만 이를 닦 았다.

어느 날 선생의 부인이 몸이 좋지가 않아 병원에 입원하게 되 었다. 의사는 그녀의 몸을 진찰한 뒤 선생에게 이런저런 주의사 항을 주었는데 그 속에는 절대 물을 먹여서는 안 된다는 것도 포 함되어 있었다.

그런데 선생의 부인이 계속해서 갈증을 참지 못하고 물을 달 라고 호소를 하자 선생은 의사를 찾아가 어떻게 해야 하느냐고 조언을 구했다. 그러자 의사가 물은 절대로 안 되고 갈증 해소에 는 오렌지가 좋을 듯하니 오렌지를 구해다가 그 즙을 먹이라고 일렀다.

의사의 처방을 들은 선생은 서둘러 밖으로 나갔다. 갈증으로 고통스러워하는 아내에게 빨리 오렌지 즙을 먹여야 하겠다는 생 각에서였다. 하지만 밖으로 나간 선생은 한 시간이 지나도 돌아 오지 않고 두 시간이 됐는데도 돌아오지 않았다. 선생의 부인은 이제 그녀의 갈증이 문제가 아니라 금방 오겠다고 나간 남편이 늦도록 돌아오지 않자 오히려 남편이 걱정되기 시작했다. 행여 사고나 당하지 않았는지 염려되기도 했고, 일본군 순사에게 붙잡 혀 가지나 않았는지 근심스럽기도 했다. 하지만 달리 방법이 없 어 그녀는 조마조마한 마음으로 남편이 무사하기만을 빌며 누워 있었다.

선생이 돌아온 건 그로부터도 또 두 시간이 지난 후였다. 잠깐 다녀오겠다던 사람이 무려 네 시간 만에 돌아왔으니 부인은 화가 났지만 그가 무사히 돌아오자 안도의 숨부터 나왔다. 허겁지겁 달려온 선생은, 두 손에는 오렌지를 한 다발씩 든 채 숨을 헐떡이고 있었다. 이제 안심이 된 아내가 왜 그렇게 늦었느냐고 묻자 선생의 태연한 대답은 이러했다.

"아 글쎄, 오렌지를 사려고 밖에 나갔는데 어찌된 영문인지 병원 근처의 가게란 가게를 샅샅이 뒤져봐도 왜놈들 가게에만 오렌지가 있지, 조선인 가게엔 도무지 오렌지가 없잖겠어. 그래서 조선사람 가게에서 오렌지를 사오느라고 이렇게 시간이 지체됐네 그려. 좀 걸리긴 했지만 그래도 조선 사람한테 오렌지를 사게 돼서 정말 다행이었소."

조선물산장려운동을 펼치고 있었던 선생의 눈에는 그 순간에 도 오직 조선인 가게만 보였을 것이다. 병상에서 목이 타 고통스 러운 아내였지만 아내 생각은 두 번째였던 것이다.

오직 조국만을 생각하고 나라만을 위해 헌신하고자 했던 선생 의 철저한 애국정신에서 비롯된 사례라 할 것이다.

9. 김산
"왜 조선인들 집이 이렇게 낡았나요?"

소설 『아리랑』이라는 작품을 기억하는가? 그 소설의 주인공인 독립운동가 김산이 아직 독립운동에 가담하기 전의 일이다.

열다섯 살이 되자 김산은 남만주에 있는 조선 민족주의자 군 관학교에 들어가기 위해 700리나 되는 먼 길을 떠났다. 도보로 떠난 길이기에 그는 매일매일 행여 길을 잃을세라 마차 자국이 있는 곳만을 따라 걸었고 피곤해서 걷기가 힘들어지면 수풀이 우거진 곳에서 눈을 붙였다.

그렇게 며칠을 걷던 그에게 어느 날 저녁 운 좋게도 마을 하나가 눈에 띄었다. 그는 기쁜 마음으로 그 마을에 들어가 조선인 집을 찾았고 그곳에서 하룻밤 묵고 갈 것을 청했다. 농부였던 집주인은 식구가 많고 방도 두 개밖에 없었지만 그에게 돈도 받지 않고 방 하나를 내줬다. 같은 조선 민족이라는 사실이 동포라는 따뜻함을 그에게 안겨주었던 것이다.

어쨌거나 김산은 농부가 내준 방에서 깊은 잠에 떨어졌다. 며칠 동안 제대로 발 뻗고 자지 못했던 터라 눕자마자 곯아떨어진 것이다. 그렇게 얼마나 잤는지 갑자기 한기가 들어서 눈을 뜬 그는 비가 오고 있다는 것을 알았다. 한밤중이었지만 갈라진 지붕틈 사이로 빗방울이 떨어졌기 때문이다. 그런데 정신을 차려보니 빗방울은 지붕 한 군데서만 떨어지는 것이 아니라 무수히 많은 곳에서 떨어지는 것이었다. 지붕 갈라진 곳이 한두 군데가 아니었던 것이다. 그렇게 여러 군데에서 빗방울이 떨어지니 제대로 잠을 이룰 수가 없었고, 비가 그친 새벽녘에야 그는 다시금 잠을 잘 수 있었다.

이튿날 늦은 시각에 잠에서 깬 그는 아직도 다 잠을 못 잔 탓으로 피곤이 얼굴에 그대로 남은 채 그 집을 나섰다. 그런데 밖으로 나온 그는 이 지역의 조선인들 집들이 모두 한결같이 초라하고 낡아빠졌으며 지붕이 제대로 된 집이 하나도 없음을 발견하고 이를 이상하게 여겼다. 궁금증을 이기지 못한 그는 그 까닭을 농부에게 물어봤다.

"아저씨, 제가 이상한지 모르겠는데요, 왜 조선인들 집이 이렇게 낡았나요? 지붕이 무너졌는데도 수리를 한 집이 하나도 보이질 않네요. 혹시 무슨 까닭이라도 있으신지 해서요."

그러자 농부가 이렇게 대답했다.

"이봐요, 총각! 도대체 뭣 때문에 우리가 이곳에 있는 집을 수리한단 말이요. 우린 곧 조선으로 돌아간 기요. 해방이 곧 될 텐데, 해방만 되면 우린 모두 이곳을 떠나 조국으로 갈 겁니다. 그때까지만 참고 사는 거요."

그 말을 들은 김산은 조국을 그리워하는 그들의 한결같은 마음에 깜짝 놀랐고, 한편으로 서글픔을 느꼈다. 언제 조국이 해방을 맞을지도 모르면서 이 땅에 정을 붙이지 못하고 다시 조국으로 돌아갈 날만을 기다리면서 지내는 만주의 조선인들의 처지가 너무나 안타까워 보였기 때문이다.

당시 만주에 살고 있었던 조선인들은 그렇듯 그곳에 정을 붙이지 않은 채로 20년을 살아왔던 것이다. 농부의 대답을 듣는 순간 김산은 어린 나이에도 불구하고 국내든 국외든 조국을 사랑하고 조국 땅에 파묻히기를 고대하는 애국자들이 얼마나 많은지, 또한 조국의 독립과 평화를 손꼽아 기다리는 애국 동포들이 얼마나 많은지 깨달을 수 있었다. 그는 그때의 아픈 기억으로 인해 조선독립을 위해 청춘을 바쳐 적과 싸웠다. 그렇게 시작된 김산의 독립운동이 멈춘 것은 중국 공산당에 의해 처형당하고 나서였다. 그의 나이 불과 33세였다.

10. 이봉창
"내 필생의 목표는 천황 암살에 있소."

이봉창 선생은 가난한 집안에 태어나 겨우 초등학교만을 졸업한 뒤, 상점 점원, 지게꾼, 짐꾼 등 막일을 하면서 생계를 이끌었다.

선생이 26세가 되던 해인 1925년, 그는 형과 함께 일본으로 건너갔다. 특별한 재주가 있었던 것은 아니지만 선생은 일본어가 유창해 일본에서도 뭔가 할 일이 있을 것이라는 막연한 기대감 때문이었다. 그리고 그 유창한 일본어 실력 덕분에 그는 한 일본인 상점에 쉽게 취직할 수가 있었다.

그렇게 몇 년의 세월이 흘러가면서 제법 생활 터전도 잡게 되자, 선생은 서서히 일본인 점원 생활에 염증이 생기기 시작했다. 그렇게 산다는 데 대해 회의가 일기도 했던 선생은 그저 그렇게 살 게 아니라 좀 더 보람된 일을 하고 싶다는 생각이 들었다.

그래서 선생은 서른이 넘은 나이임에도 상해로 건너가 그곳에서 다시 점원 생활을 시작한다. 그렇게 지내다가 때가 되면 김구선생 밑에 들어가 조국의 광복을 위한 애국운동을 해보고자 하는 큰 뜻을 품었기 때문이었다.

상해로 건너갔던 그해 6월, 그는 마침내 애국단을 찾아가 김구선생을 만나게 된다. 그날 김구 선생으로부터 그는 필생의 목표가 되는 말 한마디를 듣게 됐고, 이제 그의 나머지 생은 오로지 그 목표를 달성하는 데 쓸 것을 다짐했다. 김구 선생이 들려준 말은 다음과 같은 것이었다.

"나는 아직도 가슴에 한이 되고 있는 일이 하나 있다네. 그것은 독립운동을 한다면서 어찌 일본 천황을 죽이지 못하는가 하는 것일세. 작년에 난 천황이 거리를 지나가는 걸 봤었네. 만약 내 손에 수류탄이 있었다면 난 기필코 그걸 천황에게 던졌을 걸세."

그해 11월, 선생은 정식으로 한인 애국단에 가입했고, 11월 17일 김구 선생으로부터 두 개의 수류탄을 건네받은 뒤 선생과 함께 기념사진 촬영을 하고 다시 일본으로 건너갔다. 그에게는 특별한 임무가 주어졌기에 그는 우선 유창한 일본어 실력을 토대로 기노시다라는 이름의 일본인 행세를 했다.

일본에 도착한 다음 그는 천황의 일정에 대한 정보를 분석해 김구 선생에게 "1932년 1월 8일 거사 예정"이라는 암호 전문을 보냈다. 일본에 다시 온 그의 임무는 기필코 천황을 암살하는 일이었던 것이다.

마침내 1932년 1월 8일이 다가왔다. 그날은 일본 천황이 만주국 황제인 부의(溥儀)와 함께 관병식에 참가하는 날이었다. 수많은 인파가 몰려들었지만 선생은 사전에 철저히 준비한 대로 먼저 관병식이 끝날 때까지 숨을 죽이며 기다렸고 천황의 일거수일투족에 온 신경을 곤두세웠다. 마침내 사열식이 끝나고 히로히토 천황이 마차에 오르는 그 순간, 선생은 재빨리 관중석에서 튀어나와 천황이 있는 마차를 향해 수류탄을 던졌다.

그러나 불행하게도 수류탄은 마차를 빗나갔고 엉뚱한 곳에서 터지고 말았다. 천황을 죽이고야 말겠다는 선생의 결심과 목표가 좌절되고 만 것이었다. 선생은 그 즉시 현장에서 체포됐고 감옥으로 이송됐다.

관병식에서 있었던 천황 시해 사건은 삽시간에 전 세계로 보도됐고 중국 신문들은 일제히 "한국인 이봉창 수류탄 투척, 일황 불행히도 명중되지 않았음"이라고 보도했다.

선생은 그 길로 감옥에 끌려가 모진 고문과 박해를 받았다. 그리고 그로부터 10개월 후인 1932년 10월 10일, 평생의 목표였던 천황 저격이 실패한 데 대한 통한의 울분을 삼키면서 처형대에 섰다.

11. 채명신
"나 죽거든 병사묘역에 묻어주오."

채명신 장군은 1948년 육사 5기로 임관한 후 6·25 전쟁은 물론이요, 베트남 전쟁에도 참전해 큰 공을 세웠던 인물이다.

1972년 중장으로 전역할 때까지 평생을 조국의 자유와 평화를 수호하는 데 헌신했을 뿐만 아니라, 부하들을 다루는 데 있어서도 골육지정(骨肉之情)을 기본철학으로 삼았던 그는 지휘통솔에 있어서 오늘날까지 어느 누구보다도 더 많은 찬사를 받고 있다.

1948년 소위로 임관한 그는 당시 제주도에 주둔하고 있던 9연대로 발령을 받았다. 조국이 독립한 지 3년여가 지나지 않았던 상황이었고 그 당시 제주도에서는 '4·3 사태'가 발생해 제주도 지역은 공산당 세력으로부터 안전한 곳이 아니었다. 당시 마르크스주의를 신봉하는 지성인들이 적지 않았고 그와 같은 이데올로기적인 대립은 군에서도 예외가 아니었다. 특히 제주도 지역은 그 정도가 더욱 심했다.

바로 그와 같은 분위기 속에서 소대장들에게 가장 중요한 것은 부하들로부터 배타적인 시선을 받지 않는 일이었다. 이념적인 대립으로 소대장과 병사들이 대립하게 된다면 부대 지휘는 결코 성공할 수가 없을 것이기 때문이다.

채명신 당시 소위는 그래서 항상 자기 자신에게 이렇게 다짐했다. "어떤 일이 있어도 부하들을 두려워하지 말자. 그들 속에 내가 뛰어들어 그들과 함께 호흡하고 그들을 사랑으로 감싸주고 보살펴주도록 하자."

채소위의 병사들에 대한 이와 같은 태도는 그를 위해 마련됐던 별도의 장교 숙소로부터 그를 나오게 했다. 장교 숙소를 나와 소대원들과 함께 막사생활을 했고, 그러면서 병사들과 항상 가까워지도록 노력했다.

어느 날인가 한밤중에 소대원 하나가 급히 밖으로 나가는 것을 보고 이상하게 생각한 채소위는 병사의 뒤를 따라갔다. 알고 보니 그 병사는 설사가 나 화장실을 들락거린 것이었다. 그는 그 소대원을 잘 기억해 두었다가 다음 날 아침 점호시간이 되자 그를 불러내 훈련으로부터 열외를 시켰다. 게다가 취사반장을 불러 별도로 죽을 쑤어주도록 지시했다. 그가 소대원들과 함께 막사생활을 하지 않았더라면 결코 할 수 없는 일이었다. 당사자였던 그 병사는 물론이요 다른 소대원들까지도 소대장의 세심한 배려에 감동했고, 소대의 사기는 높아질 수밖에 없었다.

그 일 이후 채소위는 소대원들의 일신을 돌보는 데 더 많은 관심과 시간을 할애했다. 특히 그들이 잠든 시각에는 막사를 돌아보면서 모포를 덮어주기도 하고 창문을 닫아주기도 하면서 마치 어머니나 친형처럼 그들의 일거수일투족에 온 정신과 정성을 쏟아부었다.

　소대원들은 점점 더 소대장을 신뢰하게 됐고 그러는 사이, 이제는 그에게 적의를 품고 경계하는 부하들은 아무도 없게 됐다. 그는 소대원들과 고향인 이북에 대해서도 함께 이야기를 나누면서 친밀감을 갖게 했고, 조금이라도 공산주의에 관심을 갖는 병사들이 있을 때는 밤새 토론도 하면서 그들을 계도해 나갔다.

　그런 가운데 그는 커다란 교훈을 하나 얻게 된다. 그것은 병사들과 '골육지정(骨肉之情)'을 나누는 것이 지휘통솔에 얼마나 중요한 일인지를 깨닫게 된 일이었다. 골육지정, 글자 그대로 뼈와 살을 나눈 육친의 정을 담아 부하들을 지휘하고 통솔하는 것이 부대 장병들의 사기에 결정적인 영향을 미친다는 사실을 온몸으로 배우게 된 것이다. 바로 애국정신의 구현이었다.

　1950년 6월 전쟁이 났을 때, 채명신은 안동에 주둔하고 있던 25연대의 중대장으로 근무하고 있었다. 채대위는 연대장으로부터 특수명령을 하달받게 된다. 그것은 삼척 지구에 상륙한 북한군 3천여 명을 격파하라는 것이었다.

　당시 1개 중대 병력은 200명에 불과한데 3천 명의 적군을 물리치라는 것은 상식적으로 납득하기 어려운 명령이었다. 그것은 결국 죽기를 각오하고 싸우라는 것이었다.

　채대위는 그 상황에서 임무를 성공적으로 수행할 수 있는 방법을 생각해 봤다. 그는 상대적으로 적군에 비해 아군이 지형지물에 익숙하다는 지형상의 이점을 이용해 게릴라 전법을 생각해 냈고, 그리하여 적군이 침투할 수 있는 계곡로에 부하들을 매복시켰다.

　채대위의 생각은 적중했다. 몇 시간이 지나 적군은 아군이 매복하고 있는 지점으로 들어왔던 것이다. 적의 첨병 소대가 매복 지점 한복판에 도달했을 때 아군은 일제히 함성과 함께 사격을 가했고, 적은 순간적인 아군의 기습공격에 혼비백산하여 도주하고 말았다. 채대위는 도망치는 적군을 따라가며 계속 공격했고 그 결과 두 명의 포로를 제외한 첨병 소대원 전원을 섬멸하는 전과를 올렸다. 적군의 주력부대가 더 이상 그곳으로 접근하지 못한 것은 당연한 결과였다. 채대위는 임무를 성공적으로 달성한 것이었디.

채명신 대위의 탁월한 전략과 작전에 힘입어 적의 공격을 물리친 연대장 김용태 대령은 채대위의 공헌을 치하하고, 그에게 대대장 진급을 제안했다.

하지만 채대위는 연대장의 호의에 대해 이렇게 말했다.

"연대장님, 제 능력을 높이 평가해 주셔서 감사합니다. 하지만 제 생각으로는, 진급도 중요하지만 저는 제 부하들과 함께 근무하는 게 더 중요합니다. 지금은 전시입니다. 언제 또 적군과 싸워야 할지 모르는 판국에 생사고락을 함께했던 부하들과 헤어져 저만 진급한다는 건 옳지 않다고 생각됩니다. 전쟁이 끝날 때까지 제 부하들과 함께 싸울 수 있도록 허락해 주십시오. 그들과 함께 싸우고 싶습니다."

함께 동고동락했던 부하들과 헤어질 수가 없어서 대대장으로의 진급을 거부했지만 연대장의 호의 또한 무시할 수가 없었던 채대위는 연대장에게 새로운 제안을 했다. 그것은 자신이 중대를 그대로 지휘하게 하되, 대대급의 특별중대로 대우해 달라는 제안이었다. 부하들과 함께 싸우게 해달라는 채대위의 말에도 일리가 있다고 생각한 연대장은 진급 문제는 차후에 생각해 보자고 한발 양보하면서 그의 중대를 대대급의 특별중대로 임명했다.

채대위의 판단은 옳았다. 그 당시는 전쟁 중이었고 무엇보다도 중요한 건 부하 장병들과의 결속력이었다. 전투부대로서 생사를 함께하겠다는 단결력보다 더 중요한 것은 없기 때문이다. 이미 전쟁이 시작되면서 채대위와 부대원들은 태백산 지구에서 함께 죽기로 맹세했던 것이다.

채대위가 여전히 중대장으로 남게 됐다는 소식을 전해 들은 부대원들은 환호성을 올렸다. 그들은 "중대장님은 우리와의 약속을 지켰다. 우리도 중대장님 뜻에 따라 전선에서 함께 죽자"고 소리쳤고 연대에서 복귀한 채대위를 얼싸안고 목말을 태웠다.

그날 채대위는 난생처음으로 행복하다는 느낌을 받았다. 자기를 따르는 부하들이 많다는 사실이, 그것도 그냥 단순한 부하가 아니라 생사고락을 함께 나누겠다는 부하들이었기에 그것은 정녕 축복이라는 생각이 든 것이다.

이후 부하들과 함께했던 수많은 전투에서 채대위의 부대는 승리했고, 한국전에서는 물론이요 월남전에서도 그의 용맹성은 크게 빛났다. 월남전 당시에는 어느 부대나 미군의 지휘를 받아야 했지만 채사령관은 맹호부대의 독자 지휘권을 부여받아 이미 한국전에서 성공한 경험이 있었던 게릴라 전법으로 맹위를 떨치게 된다.

월남전에서의 임무를 성공적으로 수행한 채명신 중장은 수많은 국민의 환호 속에 귀국했지만 훗날 대장 진급에서 좌절을 맛보게 된다. 당시 박정희 대통령의 유신을 반대했기 때문이었다.

한국의 현실을 내세워 재집권 의사를 밝혔던 박대통령에게 장기집권의 문제들을 들어 고언(苦言)으로 호소했던 그에게 돌아온 것은 '채명신 중장 예비역 편입'이라는 박대통령의 친필 서류였다. 자신에게 돌아올 불이익을 뻔히 알면서도 "장기집권은 각하를 죽이는 길"이라고 간언(諫言)했던 그는 10 · 26 사태로 박대통령이 서거했다는 소식을 듣고 비통해 했다. "부부로 산 57년 동안 그이가 그렇게 슬퍼한 날은 없었다." 채장군 부인의 말이다.

생전의 마지막 인터뷰에서 밝힌 다음 일화는 그의 애국정신이 얼마나 큰 것인지를 잘 보여준다. 그가 맹호사령관으로 있을 때의 일이다.[18]

"월남전 당시 장병들이 김치를 먹고 싶어 했다. 그런데 고국에서 온 김치 뚜껑을 따자 핏물이 나왔다. 기술이 없어서 녹이 슬었던 것이다. 나는 우리 장병들에게 '여러분이 이걸 안 먹으면 2주 뒤 일본 김치가 도착할 것이고, 김치 값은 일본 사람 손에 간다'라고 말했다. 그러자 장병들이 '핏물이라도 먹겠다. 고국의 부모 형제에게 돈이 가게 해달라'고 했다. 나도 울고 장병들도 모두 울었다. 박대통령에게 이 사연을 적어 보냈다. 그러자 기술이 개발되기 시작했다. 질 좋은 김치 통조림과 군화, 군복이 공수되기 시작했다. 우리는 그런 애국심으로 일어선 민족이다."

그의 표현처럼 그의 가슴은 언제나 애국정신으로 가득했다. 누구도 하기 어려운 고언을 대통령에게까지 했던 그의 용기나, 핏빛의 김치를 장병들에게 눈물로 삼키게 했던 그의 호소도 모두가

---

18 『중앙일보 · 중앙선데이』, 2013년 5월호 참조.

애국정신의 실천이 아니면 설명할 길이 없다.

죽어서도 장군묘역이 아닌 병사묘역을 선택했던 채명신 장군. 전쟁터에서 늘 자신의 병사들과 함께 고락을 나누고자 다짐했던 그 말을 죽음 앞에서도 유언으로 남겨 실천했던 참 군인 채명신 장군. 그것은 늘 스스로 강조했던 골육지정의 지휘철학이었고, 애국정신의 실천이었다.

에필로그(결어)

　'위대한 사람들의 위대한 정신'이라는 제목에 이끌려 혹시라도 이 책이 위대한 철학자들의 사상을 펼치고 있는 책이 아닐까 생각한 독자가 있었다면, 필자로서 미안한 마음을 전하고자 한다. 필자 나름의 논리와 철학적 근거를 제시하고 있기는 하지만 위대한 철학자들의 사상을 다룬 책은 아니기 때문이다.

　위대한 정신이 어떻게 이 책의 주제가 되고 있는 여섯 가지 덕목뿐이겠느냐고 묻는 독자가 있다면, 이 역시 미안한 마음을 표해야 할 것이다. 아마도 위대한 정신이라고 한다면, 이것 이외에도 훨씬 더 많은 덕목들이 거론될 수 있을 것이기 때문이다.

　필자는 개인적으로 '위대한 리더'가 갖추어야 할 덕목으로서 충성과 진실성, 용기와 책임, 명예, 그리고 역사적 통찰력, 이렇게 여섯 가지 덕목을 선정한 바 있고, 이들 덕목에 대해서 필자 나름의 필요성과 논리적 근거를 이미 다른 책에서 논의한 바 있다.19

하지만 이 책에서 다루고 있는 많은 사례를 읽어본 독자라면 이들 덕목들이 위대한 리더나 지휘통솔자들만을 대상으로 선정된 것이 아님을 알 수 있을 것이다. 이 여섯 가지 덕목들은 전장(戰場)의 지휘관이나 다른 조직의 리더에게도 필요한 정신이지만, 사례가 밝혀주고 있듯이 혹독한 곤경에 처해 있거나 인생에서 새로운 돌파구를 찾고자 했던 평범한 사람들에게도 꼭 필요했던 정신의 힘이 아닐 수 없다.

사례 속에 등장하는 사람들 모두는 인생의 고난과 갈림길에서 이들 덕목들에 힘입어 어려움을 헤집고 나갈 돌파구를 찾았고, 새 삶의 길을 모색할 수 있었다. 그래서 이 덕목들을 필자는 위대한 정신이라 칭하였고, 그 정신으로 난관을 극복하고 새 길을 찾았던 이들에게 위대한 사람들이라는 찬사를 붙였던 것이다.

그렇지만 이 여섯 가지 덕목들은 머리글에서 밝혔듯이 군인정신 6대 요소에서 빌려온 것이었다. 군인은 전쟁을 위해 존재하는 사람들이고, 전쟁은 그 어떤 것보다도 혹독한 난관들의 연속일 것이기에, 군인에게 요구되는 정신으로 무장한다면 다른 어떤 난관이나 곤경도 헤쳐 나갈 수 있을 것이라는 생각에서 이 여섯 가지 덕목을 우리의 일반적인 삶 속에도 풀어보고자 했던 것이다.

하지만 필자의 이와 같은 의도와는 상관없이, 필자는 이 책에서 소개되는 많은 사례들을 접하면서, 때로는 깊이 감동하기도 하고, 때로는 부끄러움을 느끼기도 하고, 때로는 처연한 슬픔에 가슴 아파하기도 했지만, 이들 덕목들의 위대함에 찬탄하지 않을 수가 없었다. 그 까닭은 이 덕목들을 꿰뚫고 있는 하나의 위대한

---

19 필자의 다른 저서, 『전쟁과 리더』(철학과현실사, 2013), 8장과 9장 참조.

힘 때문이었는데 그것은 정의와 옳음, 그리고 진실성이었다.

충성, 용기, 명예, 신념, 무퇴, 애국의 여섯 가지 덕목은 모두 다른 내용을 갖고 있고 그래서 각각 다른 이름으로 불리는 정신이었지만, 이들 덕목에 공통된 특질은 정의와 옳음, 그리고 진실성이었다. 적어도 이들 덕목들에 '진정한', 혹은 '참다운'이라는 수식어를 붙일 수 있다면 말이다.

바꾸어 말하면 이렇다. 충성이 위대한 정신이긴 허되 이것이 참나운 중성이라면 정의와 옳음에 기초하고 있을 때이고, 오직 그때만이 충성은 위대한 정신이 된다는 것이다. 용기가 위대한 정신이긴 하되, 그 용기가 정의와 옳음에 기반하고 있지 않다면 그것은 참다운 용기가 아닐뿐더러 결코 위대한 정신이라고 할 수 없다는 것이다.

이것은 다른 덕목들에도 똑같이 적용된다.

명예가 위대한 정신이되 정의와 진실성에 입각하지 않다면 허명(虛名)이 될 것이고, 이런 거짓 명예가 결코 위대한 것일 수는 없다. 진정 신념이 위대한 마력이라 할지라도 그것이 진실성과 정의에 뿌리를 두고 있지 않으면 참다운 신념이라 할 수 없고, 무퇴가 불굴의 위대한 정신이긴 하되, 그것이 정의와 옳음에 근거하지 않으면 결코 위대하다고 할 수가 없는 것이다.

이 모든 덕목들을 포괄한다고도 말할 수 있는 애국이 정녕 진실과 정의와 옳음에서 나온 것이 아니라면 그것은 참다운 애국이라 할 수 없으며, 그와 같은 거짓에서 비롯된 애국적 행동을 위대하다고 할 수는 결코 없는 것이다.

이렇게 볼 때 이 책의 결론은 간단하다. 이 책에서 다루고 있는 여섯 가지 덕목은, 설사 그것이 열 가지, 아니 그 이상이라 할지라도 그것들을 위대한 정신이라고 말할 수 있다면, 그 덕목들이 정의와 옳음, 그리고 진실성에 뿌리박고 있을 때뿐이라는 것이다.

더불어 누군가가 이들 여섯 정신으로 난관을 이겨냈거나 새로운 삶의 길을 개척했다 할지라도, 그것이 정의와 진실성에 기초하고 있지 않은 것들이라면, 그 사람들의 성취와 업적이 아무리 크고 위대해 보인다 할지라도 그들을 일컬어 진정 위대한 사람이라거나 그들의 업적을 가리켜 위대하다고 찬사를 보낼 이유는 결코 없다는 것이다.

참고문헌

강성재, 『참군인 이종찬 장군』(동아일보사, 1986).

국방부 전사편찬위원회, 『해동 명장전』(1987).

김국헌, 『일 군인 사십년의 지향』(신오성, 2012).

김종성, 『길이 드리울 그 이름』(샘터, 1998).

김창규, 『사과나무를 심는 뜻은』(1, 2권, 평화연구원, 2000).

김태길, 『새로운 가치관의 지향』(민중서관, 1975).

김태길 외, 『한국인의 가치관 연구』(문음사, 1982).

김홍철, 『전쟁론』(민음사, 1991).

노만 필, 성동호 옮김, 『적극적 사고방식』(홍신문화사, 1979).

다니구치 마사하루, 김해룡 옮김, 『생활독본』(한국교문사, 1999).

대표작 에세이, 『생각하는 실타래』(동아일보사, 1967).

류시화, 『마음을 열어주는 101가지 이야기』(1, 2, 3권, 이레, 1997).

박경석, 『재구대대』(병학사, 1966).

방민준, 『달마가 골프채를 잡은 까닭은?』(서해문집, 1998).

서진규, 『나는 희망의 증거가 되고 싶다』(북하우스, 1999).

신정근, 『마흔, 논어를 읽어야 할 시간』(21세기북스, 2011).

아리스토텔레스, 최명관 옮김, 『니코마코스 윤리학』(서광사, 1984).

_____, 최명관 옮김, 『향연, 파이돈, 니코마코스 윤리학』(을유문화사, 1994).

양희완, 『군대문화의 뿌리』(을지서적, 1988).

에드거 퍼이어, 이민수 · 최정민 옮김, 『영혼을 지휘하는 리더십』(책세상, 2005).

앨빈 토플러, 이규행 감역, 『전쟁과 반전쟁』(한국경제신문사, 1996).

유현종, 『백마고지』(을지출판공사, 1985).

이남규, 『첨단전쟁』(조선일보사, 1992).

이민수, 『전쟁과 윤리』(철학과현실사, 2005).

_____, 『전쟁과 리더』(철학과현실사, 2013).

_____, 『위대한 군인정신』(1, 2권, 도서출판 봉명, 2001).

이형석, 『세계 명장 일화』(한국능률협회, 1970).

임어당, 김병철 옮김, 『생활의 발견』(을유문화사, 1963).

조승옥 외, 『군대윤리』(도서출판 봉명, 2003).

잭 캔필드 · 한센, 김원영 옮김, 『세상을 향해 가슴을 펴라』(이레, 1998).

클라우드 브리스톨, 정성국 옮김, 『신념의 마력』(홍신문화사, 1995).

클라우제비츠, 강창구 옮김, 『전쟁론』(병학사, 1991).

David Shoemaker, "Personal Ethics", *Infantry Magazine*(July/August, 1975).

Josiah Royce, *The Philosophy of Loyalty*(Lightning Source Inc., 2004).

Larry Collins and Dominique Lapierre, *Is Paris Burning?*(New York, 1966).

Lee, Min-Soo, *Military Virtues and Superior Orders*(1992).

Malham Wakin, *War, Morality, and the Military Profession*(Westview Press Inc., 1986).

Michael Walzer, *Just and Unjust War*(Basic Books Inc., 1977).

Sidney Axinn, *A Moral Military*(Temple University Press, 1989).

이민수(李珉秀)

육군사관학교를 졸업하고 서울대학교 철학과와 동 대학원을 졸업하였다. 미국 테네시대학교에서 철학 박사학위를 받은 뒤, 육군사관학교 철학 교수를 거쳐 지금은 서울과학기술대학교 기초교육학부 교수로 재직 중이다.

주요 논문으로「존 롤즈의 정의론에 있어서의 선과 정의」,「반성적 평형과 윤리학의 방법」,「공동체의 정의와 개인의 선은 정합 가능한가?」,「과학 기술의 발달과 전쟁윤리」,「전쟁범죄와 개인의 책임에 관한 연구」 등이 있으며, 주요 저서로는 『전쟁과 윤리』,『열린 군대와 리더 윤리』,『지휘통솔의 철학적 원리』,『전쟁과 리더』,『멋의 본질과 군인의 멋』,『위대한 군인정신』(전2권),『멋 — 멋있는 사람, 아름다운 세상』,『영혼을 지휘하는 리더십』(역서) 등이 있다.

이메일: msl0728@naver.com

위대한 사람들의 위대한 정신

1판 1쇄 인쇄	2014년 2월 10일
1판 1쇄 발행	2014년 2월 15일
지은이	이 민 수
발행인	전 춘 호
발행처	철학과현실사
등록번호	제1-583호
등록일자	1987년 12월 15일

서울특별시 종로구 동숭동 1-45
전화번호 579-5908
팩시밀리 572-2830

ISBN 978-89-7775-772-1   03100
값 15,000원